Leaving Living Loving

일러두기

- 중국 인명과 지명은 최대한 국립국어연구원의 중국어표기법을 따르되, 제2장 Living in Shenzen, '나의 선전' 부분의 주요 장소만 국내 독자들에게 익숙하지 않은 지명임을 고려해 한자어 발음으로 우선 표기했고, 실제 그곳을 찾을 독자들을 위해 중국어 발음을 병기하였습니다.

- '선전(深圳, Shenzhen)' 역시 국립국어연구원의 표기법을 따른 것이나, 중국 현지 발음은 '쉔젠'에 가까움을 이곳 여행을 계획할 독자들에게 미리 밝힙니다.

Leaving 리빙 Living 리빙 Loving 러빙

중국에서 두 번째 삶을 시작한 그녀의 열정어린 러브레터

글 · 사진 김은정

앨리스

Prologue

그 도시에 빠져든 한 여자의 러브스토리

2006년 겨울, 잠원동의 한 제과점 테라스. 아빠, 엄마, 아이가 머리를 맞대고 무언가에 대해 심각한 대화를 나누고 있다. 엄마는 아이를 걱정스럽게 바라보고 아이는 묵묵히 아빠의 얘기를 듣고 있다. 마음을 크게 먹고 아빠는 '중국'이라는 화두를 꺼냈다. 중국은 그들 앞에 난데없이 나타나 삶을 통째로 바꿔놓으려 하고 있었다.

서울의 이 안락한 테두리를 떠날 것인가 말 것인가. 그것이 문제였다. 떠날 기회가 주어졌을 때 세상에는 '떠나는' 이들과 '떠나지 않는' 이들이 있다. 기회라고 믿으면 떠나는 것이고 포근한 둥지에 계속 안주하고 싶으면 있는 것이다. 그리고 난 '떠남'을 선택했다. 정이 깃든 모든 것을 뒤로 하고 새롭게 정을 붙일 곳, 이제 그곳은 중국이었다. 내 마음 어느 곳에도 자리 하나 만들지 못했던 중국. 매정하지만 사실이었다. 운명은 마음속에 중국을 위한 자리도 만들라고 이런 기회를 내게 주었는지도 모른다. 매정한 내 마음이 섭섭했던 모양이다.

돌이켜보면 남편과 나, 우리 둘 다 외국에 나가 살았으면 하는 바람을 가슴에 늘 품고 있었다. 바깥 세계에서의 삶이 남편과 내게 지식의 주머니를 불리는 자양분이 되었듯 아들에게도 그와 같은 경험을 갖게 해주고 싶었다. 다른 세상과 만나면 앎의 폭이 넓어지고 '생존' 확률이 높다는 한 친구의 말이 두고두고 떠오른다. 수년 전 파리에 출장 갔을 때 프랑스「마리 끌레르」전직 패션 스타일리스트였던 나탈리와 저녁 식사를 하던 중 그녀는 내게 이런 말을 했다. "넌 프랑스 음식도 먹을 줄 아니 좋겠다." 그녀의 부러움을 샀던 건 한국과 프랑스, 두 문화를 자유로이 오갈 수 있는 내 삶의 유동성이었다. 김치도 먹고 치즈도 먹을 수 있는 융통성이 삶을 부드럽게 하는 힘이라고 했다. 뻔하지만 그 보편적인 진리는 내 안에 '세계'를 더 열심히 키우는 동기가 되었다.

남편도 나도 어린 시절을 외국에서 보냈다. 남편은 일본, 홍콩, 스리랑카, 미국을 경험했고 내 인생엔 베트남, 스위스, 프랑스가 들어왔다. 우리는 고추장과 설렁탕, 동남아시아의 향신료, 스테이크와 크림 파스타를 똑같이 사랑한다. 함께 나눌 수 있는 즐거움이 배를 이룬다. 부모님 덕분에 일찍이 터득한 외국 생활은 귀중한 소통의 열쇠를 선물로 안겨주었다. 물론 낯선 땅에서의 생활이 말랑말랑했던 것만은 아니다. 새로운 언어와 문화를 습득하는 가운데 강도 높은 노력을 요구하는 공부까지 가세되는 타국에서의 삶은 엄청난 에너지를 소진시켰다. 결과적으로 그것은 자산이 되었다. 변화의 두려움을 극복하고 마음의 칸막이를 치지 않도록 돕는 열린 마음은 그런 과정을 통해 자랄 수 있었다. 이는 궁극적으로 '중국으로의 떠남'에 손을 들어준 배경이기도 하다.

『40대에 하지 않으면 안 될 50가지』의 지은이 나카타니 아키히로는 40대에 접어들면 인생의 전환점이 찾아온다고 이야기한다. 난 그의 말을 믿기로 했다. 정든 모든 것과의 작별을 끝이 아닌 시작으로, '전환점'으로 달리 내다보기로 작정했다. 그러면 힘차고 아름다운 뭔가가 짜여질 것 같았다. '그 사람이 아니면 할 수 없는 일을 40대에 이루라'는 그의 주장은 그 어느 때보다 큰 울림으로 폭신한 안락의자의 품 속에 묻혀있던 날 잡아 흔들었다. 그러한 동요가 내겐 필요했다. 실제로도 그 동요는 옳은 것이었다. 내가 아니면 그려질 수 없는 그림을 남기고 싶었다. 새로이 기록될 내 중년 인생의 배경이 되어줄 캔버스, 그것은 중국으로 들이닥쳤다. 제2의 삶의 터로 우리네 인생 극장으로 흘러든 중국은 이로써 나의 가슴에 네 번째로 새겨진 외국이 되었다. 그 무겁고도 거한 이름 중국을 난 운명으로 받아들일 수밖에 없었다. 이산가족이 되지 않으려면 선택의 여지가 없었다. 결과적으로 난 중국을 선택했고 선택했으니 그건 분명 운명이었다. 한자, 기름진 음식, 공산주의, '소문난' 화장실, 세상의 중심이라고 맹신하는 자부심과 자만심 등 들려오는 소리 중 매력적인 것을 통 찾을 수가 없었기에 이렇다 할 관심을 두지 않았던 중국이다. 모르면 좋지 않은 감정이 좋은 감정을 치고 올라와 괜한 편견만 가중시켜 놓는다. 중국은 30킬로그램짜리 아령처럼 무거웠다.

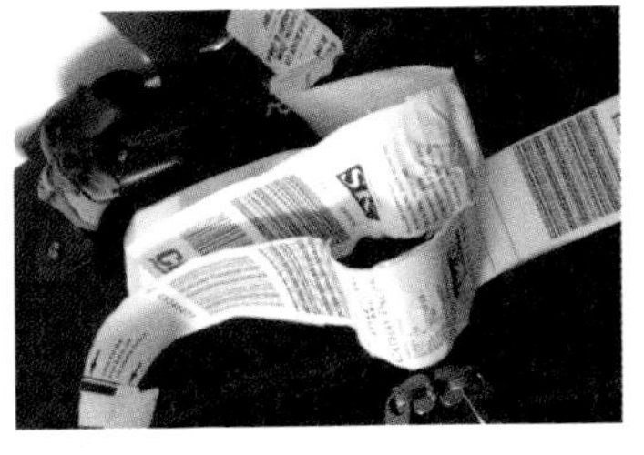

선전에 온지 '어느새' 2년을 넘겼다. '어느새'가 붙을 만큼 난 선전이라는 새로운 둥지가 편해졌다. 얼굴을 찡그리게 하는 풍경은 여전히 많지만 웃음 짓게 하는 행복의 요소들과 마음을 적시는 감동도 수두룩하다. 식은 물 같던 나의 '중국 감정'은 모락모락 김이 나는 따뜻한 성질로 변했다. 스트레스를 푹푹 뿜어내던 독기가 사라졌다. 이 책이 나오는 시점 나의 중국 체류는 2년 4개월을 기록할 것이다. 짧다면 짧고 길다면 길수도 있는 것이 시간이다.

나의 '선전 라이프'에 관하여 책을 쓴다고 하자 책을 쓰기엔 다소 빠른 거 아니냐는 우려의 소리를 들었다. 충분히 일리 있는 얘기다. 인생에서 처음으로 내놓는 책이 될 것인 만큼 나 또한 좀더 시간을 보낸 뒤 쓰고 싶었다. 적어도 3년 뒤 정도면 아는 것도, 익숙한 것도 늘어나 훨씬 다양하고 탄탄한 내용을 전달할 가능성이 높기 때문이다. 그러나 문제는 '처음의 그 느낌'을 지금만큼 담아낼 수 없다는 것이다. 시간이 지날수록 처음이 선물하는 풋풋함은 퇴색될 확률이 높다. 더 깊숙이 길들여지면 면역 기능이 강화되어 '처음 그때'가 들려주는 미세한 울림을 듣지 못할 것이다. 적응해가는 과정의 따끈따끈한 목소리들이 고스란히 담겨지길 원했다.

이 책은 부족함으로 얼룩진 정착 체험기라고 불릴 수 있을 것이다. 중국을 소개하는 지침서도, 선전을 안내하는 여행 가이드북도 아니다. 중국을 달갑지 않게 여겼던 한 여자가 선전이라는 도시를 만나게 되면서 서서히 중국과 사랑에 빠지는, 일종의 러브스토리라고 보면 좋을 것 같다. 지극히 개인적인 나의 러브스토리는 2007년 6월에 시작되었다. 경이로운 호기심으로 물든 열정의 2년에 대한 고백을 통해 난 눈부시게 성장하고 있는 중국의 선전을 여러분들에게 알리고 싶었다.

중국 4대 도시로 꼽히는 선전은 중국에선 그 명성이 자자한 데 비해 우리에게는 아직까지 베일에 가려진 곳으로 남아 있다. 선전은 젊고 에너지가 넘치는 새로운 부의 도시다. 들여다볼수록 끄집어낼 것들이 자꾸자꾸 생기는 미묘한 현대 도시 선전을 나 혼자 품고 있기에는 아깝다는 생각이 들어 마침내 글을 쓰게 되었다.

세계는 점점 좁아지고, 지구는 지구촌으로 거듭나고 있다. 꿈의 단어였던 '여행'은 지상으로 내려와 일상의 키워드로 자리잡았고 생존을 위해 국경을 넘는 일이 다반사가 되었다. 태어나고 자란 곳에서 편안히 잘 먹고 잘 살기엔 경쟁력이 무섭도록 치열해졌다. 사람들은 더 나은 삶을 위해 기회를 바깥에서 찾는다. 그렇게 떠나는 사람들. 떠남과 정착을 무수히 반복하는 이 시대 유목민들을 난 중국에서 만났다. 베이징과 상하이처럼 남부 도시 선전도 떠나고 새로이 도착하는 사람들로 부유한다. 주변이 트렁크를 곁에 두고 사는 사람들로 가득하다. 한국에서 '노마드'가 내게 문화 현상이었다면 중국에서는 삶이 되었다. 언제 한국으로 돌아갈지 우린 알 수가 없다(남편이 다니는 다국적 유통 기업은 한국 시장에서 철수했다). 그 '알 수 없음'은 오묘한 설렘을 일으키며 잠시 머무는 곳에서의 하루하루를 감싸 안도록 밀어붙인다.

나는 면밀 주도한 계획을 몹시 사랑하지만 이런 종류의 무계획이라면 흔쾌히 환영한다. 전모를 알면 재미가 없다. 다음 삶은 어디에서 전개될지, 어떤 집을 만날지, 스위트홈을 어떻게 꾸밀지, 어떤 친구들과 사귈지, 어떤 열정을 찾아 전에 없는 취향과 정서를 품게 될지, 제2의 삶의 무대가 되어준 중국 다음으로 조우할 인생 무대에서 우리는 어떤 경험을 얻게 될지 궁금증이 한 줌이다. 한 가지 확실한 건, 세상을 품을수록 차이를 보듬는 마음도 커질 것이다. 더불어 사는 세상에서 사랑보다 효과적인 묘약은 없다.

떠남과 정착을 반복하며 건설적인 변화를 주도하는 노마드라이프. 그 안에서 나는 적극성(열린 사고)과 배려(이해)를 생산하는 여유를 배워 나가고 있다.

2009년 중국 선전에서

김은정

Contents

Living in shenzhen

Loving my life

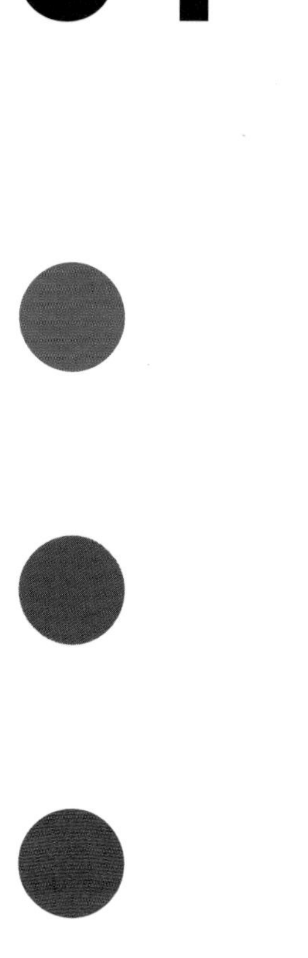
01

Leaving

S e o u l

한자만 보면 늘 뭔가에
걸리는 느낌을 받곤 했다.
보면 늘 피하고 싶을 만큼 껄끄러웠다.
그러니 한자의 천국 중국에 살러 가는 일은
전혀 달갑지 않은 소식이었다.

떠나기 전 ● ○ ○ ○ ○ 망설임

웬 중국?

"은정아, 너 중국에 가서 살 자신 있니?"

"……"

처음에는 말도 나오지 않았다.

"일, 그만둘 수 있는 거지? 너의 '예스'가 필요해."

"……"

외국에서의 삶을 꿈꿔본 적은 있어도 막연하기만 했던 그 꿈이 중국에서 펼쳐질 줄이야.

솔직히 내 안에 중국은 없었다. 우선 만날 기회가 그다지 없었으니 조막만한 내 심장 속에 13억 인구가 숨쉬는 어마어마한 땅이 자리를 잡을 리 만무했다. 아니, 이 말은 수정이 필요하다. 홍콩이나 상하이 또는 파리나 밀라노에서 중국 본토에서 온 패션 에디터들을 통해 중국의 향을 일찌감치 맡긴 했지만, 가슴을 찌르는 아름다움에만 몸을 파르르 떨던 그 시절 나의 감각은 눈으로만 보았던 중국에 별다른 호감을 느끼지 못했다. 감각을 건드리지 않았다는 건 관심을 불러일으키지 못했다는 얘기다. 호기심이 고개를 들지 않았던 것이다. 그 어떤 매력도 느껴지지 않았다. '칭창총'으로 들리는 옹알거림, 무대의상의 화려함이 실린 무서운 패션 스타일, 호들갑스러운 언행,

패션 업계를 잠식해가는 막대한 영향력. 여기에 중국이 멀게 느껴졌던 결정적인 이유는 바로 한자 때문이었다. 한자는 내게 그리 친숙한 존재가 아니었다.

굳이 변명을 하자면, 한자를 익힐 틈을 갖지 못했다. 중학교 1학년이 되기가 무섭게 가족 모두 스위스 제네바로 떠나 고등학교 3학년 때 한국으로 돌아왔으니 애석하고 불행하게도 난 한자와 친해질 기회를 놓쳐버린 셈이다. 알파벳이 한자보다 더 편하게 와닿았던 데에는 여덟 살에서 열 살까지의 감수성 풍부한 시간을 베트남에서 보냈기 때문이 아닌가 싶다. 초등학교 1학년을 마치자마자 영문도 모른 채 엄마 손에 붙들려 '월남'이라는 낯선 땅에 가 난데없이 영어라는 것을 접하고 '꼬부랑' 글씨에 익숙해질 무렵 서울로 돌아와 다시 우리말의 체계에 적응하기까지는 생각보다 많은 노력이 필요했다.

이야기가 길어졌지만 분명한 건 한자와 나 사이에 존재했던 불편한 거리감이다. 한자만 보면 늘 뭔가에 걸리는 느낌을 받곤 했다. 보면 늘 피하고 싶은 껄끄러운 대상이었다. 그러니 한자의 천국을 좋아할 까닭이 내겐 없었다. 따라서 중국은 내게 '매력 0퍼센트'인 오지에 불과했다.

그런데 중국이라고? 그토록 가고 싶지 않은 곳에 가야 한다는 현실을 받아들이기가 버거웠다. 게다가 홍콩이나 상하이, 베이징이라면 몰라도 선전深圳이라니. 최신 유행의 향기를 맡지 못하면 시들어버릴 것 같은 두려움이 앞섰다. 유행에 뒤처질까 심히 걱정되었다.

선전? 그런 도시도 있었나?

난생 처음 들어보는 지명. 도시 이름 자체가 마음에 들지 않았다. 주변 패션인들의 놀란 얼굴이 연상되는 건 또 뭔가. 눈을 뚱그렇게 뜨고 "선전이요?" 라고 반복해 물어올 것이 불을 보듯 뻔했다. 이런 발상 자체도 겉멋인

가. 전혀 알지도 못하는 도시에 대해 불필요한 상상만 키우는 건 위험한 일 아닌가?

그러나 아내의 의향을 존중하는 고마운 남편의 질문에 대한 답은 어렵지 않게 나왔다. 엄밀히 말하면 주사위는 처음부터 던져져 있었다. 가족은 다 같이 붙어 있지 않으면 안 된다는 것이 우리 부부의 지론이었으니. 함께 살을 부대끼며 저장되는 무지갯빛 추억보다 귀한 보물은 없다. 나의 '예스!' 한마디로 그이는 더할 나위 없이 행복해했다. 그런데도 내 마음은 왜 그리도 아렸는지.

남편의 마음을 헤아리다

다음은 중국 도착 이후 수 개월을 넘긴 시점에서 남편과 나누었던 대화 내용이다. 중국으로 가게 되었다는 사실을 알았을 때 기분이 어땠는지, 평소 중국을 내키지 않아 했던 아내[W]를 둔 남편[H]의 솔직한 대답이 듣고 싶었다.

W 중국으로 발령이 났다는 소식을 접했을 때의 느낌은?

H 좋은 시기, 좋은 기회라는 생각이 들었고 꼭 잡고 싶었다.

그이는 도전을 넘치도록 사랑하는 사람이다. 자신의 능력을 '바깥 세계'에서 펼치고 싶어 했던 그였기에 모처럼 찾아온 기회를 쉽게 포기하지 않으리라는 사실을 짐작하고 있었다. '큰 시장'에서 경험을 쌓고 싶은 욕구가 워낙 큰 사람이라 중국은 의심할 여지없이 그가 100퍼센트 가야 할 곳이었다.

W 내 걱정은 안 됐던가?

H 당신이 일을 그만둘 수 있을지 확신이 없었다. 커리어를 포기할 수 있을지 걱정이 컸다. 더욱이 행선지가 선전이라는 점이 마음에 걸린 건 사실이다.

그이는 너무도 잘 알고 있다. 내가 새로운 일(샤넬)에 얼마나 큰 기대와 애정을 쏟고 있는지를. 마음속에 가장 소중하게 품었던 브랜드에서 일하게 되었음에 둘도 없는 행복을 느끼는 나에게 '중국 발령'은 찬물이 아닌 얼음물이 될 수도 있다는 것을 그는 누구보다 잘 알고 있었다. 입사한 지 1년을 갓 넘긴 시점에 사직을 한다는 건 당사자로서는 당황스럽고 회사로서는 황당하기 짝이 없는 일이다. 그의 근심 또한 컸을 것이다.

W 왜? 선전의 어떤 점 때문에?

H 전세계적으로 알려진 메트로폴리스가 아니라서. 선전이 중국을 대표하는 대도시 중의 하나라는 것은 익히 알고 있었겠지만 당신의 머릿속에 선전이 없으리라는 걸 왜 모르겠나.

앞서 얘기한 바와 같이 난 선전의 '선' 자도 몰랐다. 지금 생각하면 한없이 '민망할' 따름이다. 출장을 다니던 곳이 파리 아니면 밀라노, 어쩌다 홍콩이나 뉴욕, 상하이 등 패션이 앞서는 대도시였던 관계로 중국의 '신도시'는 알 턱이 없었다. 선전은 문화보다는 돈 냄새가 강한 '신개발 도시'라 감성에 죽고 사는 내 신경을 건드리기에는 그곳의 힘이 달릴 우려가 있어 내심 염려하고 있었다.

W 만약 가기 싫다고 했다면?

H 혼자라도 가거나 뭔가 다른 방도를 찾았을 것이다. 외국에 혼자 나가 있는 '기러기'가 되지 않았을까?

그는 기러기 부부가 되는 건 싫은 일이지만 중국에서 쌓을 경력이 훗날 가족의 미래를 밝혀줄 첫 신호탄이 될 거라는 예감이 들었다고 한다. 그랬기에 중국의 부름을 거절할 용단이 서지 않았다고. 만약 내가 거절을 했다면 내 마음을 조금 더 끌어당길 다른 나라를 물색했을 것이다.

W 선전의 어떤 점이 혹시라도 나의 마음을 움직일 것 같았는가?

H 홍콩과 가깝다는 것, 온화한 날씨 그리고 현대적인 도시라는 점.

선전에서 홍콩까지는 넉넉잡고 1시간 정도 걸린다. 배, 버스, 기차 등 교통 수단도 다양하다. 홍콩은 쇼핑의 천국, 중국은 공간의 천국이다. 홍콩을 이웃으로 두면 여러 모로 좋은 점이 많다. 없는 물건이 없는 홍콩은 기분 전환에는 최적이다. (때로는 골치를 아프게도 하지만 매력을 부르는) 향수 냄새가 홍콩에는 존재한다. 두 번째로 꼽는 선전의 이점은 따뜻한 기후. 남쪽이라 베이징이나 상하이와는 전혀 다른 표정을 보인다. 야자수가 즐비한 곳, 휴양지의 분위기를 풍기는 선전의 '매력적인' 날씨는 내 마음을 움직이는 데 혁혁한 공을 세웠다. 세 번째로는 선전의 현대성이다. 혹자는 역사의 부재로 선전은 중국스러움이 전혀 없는 도시라고 꼬집는 면이 없지 않지만 이러한 '무매력'의 이면에는 가속화된 현대화로 쾌적한 삶을 누릴 여지가 많다. 말이 통하지 않는 도시에서 생활의 문제들이 신속하게 해결되지 않으면 웬만하다는 나의 인내심은 바닥나고 말았을 것이다.

아무렇지 않은 듯,
남편이 원하던 대답은
입에서 쏙 나왔건만 속은 안개로 자욱했다.
꼬리에 꼬리를 무는 '걱정 컬렉션'은
입 바깥으로 한숨만 푹푹 내쉬게 만들었다.

망설임보다 더 큰 두려움

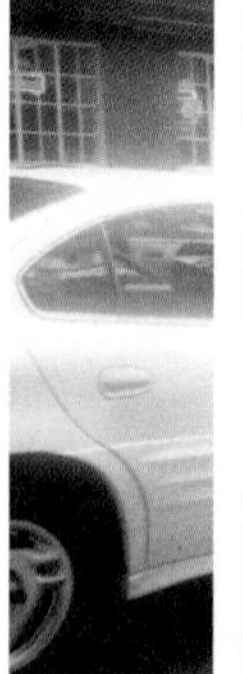

내가 쌓아온 커리어, 포기해야 하나

'어느 회사의 누구'에서 수식어를 동반하지 않은 '누구'로 잘살 수 있을까?

다음은 정도의 차이는 있지만 마음 전체에 불안감을 심어준 일련의 질문들이다.

"중국으로 가신다면서요?" 소문은 소리 없이 빠르게 퍼진다는 사실을 실감했다 "일은 어떻게 하시고요?" "선전이요? 거기가 어디예요?" "선전… 아, 들어본 것도 같네요. 아저씨들 골프치러 가는 곳 맞죠?" "홍콩이나 상하이라면 더 좋았을텐데." "그럼 일은 완전히 그만두시는 건가요?" "떠나신다는 거, 거짓말이죠?" "선전… 흠… 잘은 모르지만 부장님하고 매치가 안 돼요."

심기가 불편할 때 수없이 쏟아지는 질문들은 마음의 통증을 가중시킨다.

그런가 하면 나의 선택이 그릇되지 않았음을 다시 한번 확인시켜준 고마운 의견들도 적지 않았다.

"잘되셨어요. 이 참에 힘든 일 힘들지 않게 그만 둘 수 있으니 좀 좋아요?" "애들 학교 때문에 외국에 일부러라도 나가는데, 마침 잘됐네요!" "인생 뭐 있어요? 사랑하는 가족과 함께하는 삶이잖아요. 외국에 나가면 가족이 똘똘 뭉쳐 더 잘산다고 하네요." "세상을 더 넓게 볼 수 있는 기회잖아요, 부러워요." "중국이 뜨잖아요. 그러니 중국어를 배울 더없이 좋은 기회네요! " "외국에서 살아보는 경험, 언제 또 오나요?" "어머, 베이징 올림픽 구경가시면 좋겠다!" "중국이잖아요! 이 기회, 잡으셔야 해요. 다들 중국어 배우려고 하잖아요. 타이밍이 적절해요."

그들은 '남음'보다 '떠남'을 종용하고 격려했다. 40대를 풍성하게 살찌워줄 기회라고. 그러니 미련 같은 것은 버리라고.

그동안 난 일에 푹 빠져 살았다. 패션에 대한 미련을 못 버려 불문학과를 졸업한 뒤 곧바로 패션을 공부하러 파리로 떠났고 이후 프랑스와 패션은 내

삶의 일부가 되었다. 패션 전문 잡지와 인연을 맺게 된 것도, 그리고 잠시나마 프랑스의 멋을 대표하는 가브리엘 샤넬 여사의 숭고한 이름을 등에 업고 커뮤니케이션 업무를 맡게 된 것 또한 내겐 모두 과분한 선물이었다.

매달 잡지 한 권씩 내는 일을 미치도록 좋아했고 패션을 알기 시작한 순간부터 사모해왔던 마드모아젤 샤넬의 이름을 알리는 새로운 직업 역시 사랑하지 않을 수 없었다. 고백하자면 (에디터일 때는) 브랜드 홍보 담당자들을 만나고 (홍보 담당일 때는) 잡지사 에디터들과 조우하는 일만큼 흥분을 가져다주는 직업도 그리 많지 않다. 둘 다 새로운 정보를 전달하는 보람이 크다.

에디터든 홍보 담당자든 그들의 삶 중심에는 늘 '참신한 트렌드'가 서 있다. 이전 트렌드의 자리를 차지해버리고마는 따끈따끈한 새로운 경향들은 일상을 활기로 채우는 역할을 담당한다. 쉴 새 없이 움직이는 이 트렌드라는 변화무쌍한 바람은 우리의 삶을 조금씩 바꿔놓는다. '못 보던, 못 느끼던 새로운 것'이 평이한 삶 속으로 스며들면서 일상은 낯선 빛을 발하기 시작한다. 세상의 관심을 받는 화려한 빛 말이다. 끊임없이 창조에 몰두하는 아티스트와 디자이너라는 직업을 가진 이들은 혁신을 위해 심신을 불사르는 수고를 마다하지 않는다. 최신 소식 전달의 의무를 짊어진 에디터들 역시 이 놀랍고 아름다운 볼거리와 호흡을 같이 한다. 즐거운 비명이 새어나오는 운명이라고 말하지 않을 수 없다.

가만히 있어도 '끝없이 새로운' 입을 거리, 들고 다닐 거리, 신을 거리, 피부에 바를 거리, 화장할 거리, 먹을 거리, 마실 거리, 느낄 거리, 생각할 거리가 줄짓는 세상에 있다보면 잔잔했던 수면에 작은 파장이 일듯 생활이 그 모습을 조금씩 달리하게 된다. '아점' 대신 '브런치'라는 단어를 자연스럽게 입에 올리며 세간의 주목을 받기 시작한 브런치 카페를 즐겨 찾고, 시에나 밀러처럼 아이보리색 스키니진에 V 네크라인이 고혹적인 보들보들한 질감의 면 티셔츠를 입고 앞코가 동그란 하이힐을 신은 '심플 섹시' 스타일에 감명 받고, 르 클레지오의 노벨 문학상 수상작에 다시금 눈길을 주고, (창조의 귀재로 불리는) 패션 디자이너 칼 라거펠트의 빈틈없는 감각을 접하는 삶을 '내 것'으로 받아들이게 되면 특별한 그 무엇으로 장식되지 않아 무표정했던 삶이 슬그머니 미소를 머금는다.

「엘르」 초보 기자 시절
「엘르」 시절 퓨처리즘 콘셉트 화보 촬영 진행 중
「엘르」 초창기 사무실 풍경
200TMZ 7 KODAK P3200TMZ 8 KODAK P3200TMZ 9 KODAK P3200TMZ
1993년 프랑스 「마리 끌레르」 패션 디렉터 방한 때
이탈리아 패션 디자이너 안나 몰리나리 방한 때
패션 칼럼니스트 심우찬,
패션 디자이너 바네사 브루노와 함께
200TMZ 13 KODAK P3200TMZ 14 KODAK P3200TMZ 15 KODAK P3200TMZ
서울 컬렉션 기간 중 방송사와의 인터뷰 때
13 13A
프라다 행사 때 변정민과 함께
14 14A
클라란스 회장 방한 때
15 15A
KODAK P3200TMZ 21 KODAK P3200TMZ 22 KODAK P3200TMZ 23 KODAK P320
데스크에 꼭 붙어 있던 「마담 휘가로」 편집장 시절
바비 브라운 행사 때
샤넬 메이크업 신상품 런칭 프레스 행사 때
18A 19 19A 20 20A 21 21A

이영희 한복 패션쇼 관련하여 평양 출장 갔을 때
패션 디자이너 이정우, 모델 장윤주와 함께
태국 패션화보 촬영 갔을 때
200TMZ 7 KODAK P3200TMZ 8 KODAK P3200TMZ 9 KODAK P3200TMZ
madame
「마담 휘가로」 시절
페라가모 디자이너 취재를 마친 뒤
1996년 랑콤 모델이었던 크리스티아나 레알리 방한 때
200TMZ 13 KODAK P3200TMZ 14 KODAK P3200TMZ 15 KODAK P3200TMZ
스타일리스트 정윤기, 메이크업 아티스트 이경민과 함께
박여숙 갤러리의 박여숙 관장님과 패션 디자이너 박지원과 함께
패션 디자이너 진태옥 선생님과 김영주 본부장님과 함께
새로 선보인 샤넬 향수 프리젠테이션 중
파리 컬렉션 무대 뒤에서
샤넬 근무 시절 파리 출장 갔을 때

집안 일은 해본 적이 없는데

“그럼, 우리 모두 함께 움직여야지.”

아무렇지 않은 듯, 남편이 원하던 대답은 입에서 쑥 나왔건만 속은 안개로 자욱했다. 근심으로 꽉 들어찬 먹구름 더미가 정신을 뒤덮은 것 같았다. 꼬리에 꼬리를 무는 '걱정 컬렉션'은 입 바깥으로 한숨만 푹푹 내쉬게 만들었다.

“하루 온종일 집에서 뭐하나?” “중국어 하나 모르는데 어떻게 사나? 한자가 춤추는 가게 간판은 또 어떻게 읽으란 말인지…” “지금 일 그만두면 영영 잊혀질 존재가 될텐데.” “김치는 어떻게 담그나?” “아이가 좋아하는 곰탕은 어떻게 끓이나?” “장조림은 또 어떻고.” “촌스러워지면 어떡하나?” “기계들이 고장나면 어떻게 고치지?” “새로운 친구를 사귈 수 있을까?” “아이가 국제학교에 잘 적응할까?” “친할머니의 손맛 나는 요리를 못 먹여서 어쩌나?” “사장님께 말씀드리면 쇼크 받으실 텐데, 어떻게 말씀드리나, 이 기막힌 사실을.”

소통의 걱정, 남들 다하는 보편적인 요리를 잘 못해서 걱정, 전업주부라는 타이틀로 살아야 하는 걱정, 아이가 학교에 적응하지 못하면 어쩌나 하는 걱정, 촌스러워지는 걱정, 아프면 어쩌나 하는 걱정…. 걱정은 무지[無知]에서 비롯되는 것.

사실 내겐 중국어를 모른다는 스트레스보다 아이에게 친할머니식 곰탕이나 오징어채조림을 내가 직접 해줘야 한다는 부담이 더 컸다. 친할머니와 외할머니 두 분의 정성이 듬뿍 들어간 맛깔스러운 밑반찬을 해결하는 것이 내겐 더 큰 과제였다. 아이가 잘 먹는 친할머니식 설렁탕, 장조림, 맑은 고깃국과 외할머니식 소고기 완자[동그랑땡]를 요리해야 한다는 사실은 남편의 중국 발령 소식을 접했던 순간부터 심장을 야금야금 짓누르기 시작했다. 남편은 이런 내가 이상했던 모양이다.

"남들은 중국어 모른다고 걱정이 태산인데. 그래도 다행이다. 언어가 아닌 음식 조리 걱정을 해서. 요리야 하는 법을 익히면 해결되는 거니까."

아이의 행복을 보장하는 '밥'도 언어만큼 중요했다.

일을 뒤로 한다는 두려움은 살림살이에 그 뿌리를 내리고 있었다. 어설프면 편치 않은 법이다. 어설픔의 반복 속에서 행복을 찾을 수 있을까. 고정관념과 습관이 쉽사리 바뀌지 않는 이 나이에. 그래도 다행인 건 정 붙이고 살아온 테두리를 벗어나고 싶은 마음이 메말라 있지는 않다는 사실이다. 세계인으로 살고 싶은 호기심. 두 발바닥 밑에서 기회를 엿보며 몸을 숨기고 있었을 뿐 세계를 느끼고 싶은 욕구는 늘 살아 있었다.

살면서 이렇게 강도 높게 고민을 해본 적이 없었다. 원고를 의뢰했던 필자가 마감을 못 맞춰 심하게 당황한 적도, 의도했던 결과물을 보지 못해 머리가 지끈지끈 아팠던 적도, 광고주 때문에 비위가 상한 적도, 잘못된 커뮤니케이션으로 인해 취재원과 오해를 풀어야 했던 적도, 광고 에이전시 공개 프리젠테이션 준비로 심장이 거세게 울렁거린 적도, 원하는 매체에 기사 소개가 잘 되지 않아 속이 상하거나 뜻밖의 문제가 생겨 가슴이 철렁 내려앉았던 적도 있었으나 이번 남편의 제안만큼 세포를 놀라게 한 경우도 드물다. 머리에 구멍이 날 정도로 생각하고 또 생각하고 또 한번 생각하고 더 생각했다. 선전에 가면 얻게 될 새로운 보물이 뭐가 있을까 하고. 득이 될 요소들을 생각나는 대로 적어보았다.

01. 제2외국어로 한창 뜨고 있는 중국어를 배운다.

02. 아들 영기가 국제학교에 감으로써 영어 교육이 자연스럽게 해결된다.

03. 세계의 관심이 집중된 땅으로 가는 만큼 '세계'를 체감한다(올림픽 게임 개최국에 대한 매스컴의 지대한 관심은 실로 놀라웠다).
04. '마이 스위트 홈'을 스스로 꾸미는 미지의 즐거움을 맛본다.
05. 홍콩을 이웃으로 둔다(페리 타고 1시간이면 홍콩에 갈 수 있다).
06. 여행할 기회가 많다(중국 전역을 비롯하여 주변 국가만 돌아도 시간은 빨리 갈 것이다).
07. 한국에서 오는 손님 맞이로 가슴 설레는 분주함을 맛본다.
08. '인간' 김은정을 새롭게 발견한다.
09. 책 읽는 시간이 늘어난다.
10. 골치 아픈 미팅 스케줄에서 해방된다.
11. 방과 후 이어지는 영기의 각종 레슨 스케줄 체크에서 자유로워진다.
12. 좀더 넓은 집에서 산다.
13. 가장 싫어하는 계절인 겨울과 멀어진다.
14. 외국인으로 살아본다.
15. 영기 아빠의 비전을 달성한다.
16. 운동할 시간이 생긴다.
17. 여유로운 아침 목욕이 가능하다.
18. 일요일 저녁 월요병에 시달리지 않아도 된다.
19. 사춘기에 접어드는 영기 곁에 늘 있을 수 있다.

고민 끝에 내린 결론은 잃는 것보다 얻는 것이 적지 않다는 것이었다. 이런 시간이 있으면 저런 시간도 있는 법이라고, 사회적 지위와 책임이라는 갑옷을 입고 있다보면 진정한 '나'를 잊어버리게 된다고, 하루에 몇 번을 되뇌었는지 모른다. 진정한 나를 되찾기 위해서는 갑옷을 벗는 결단력이 적절

편집장, 홍보부장 김은정에서
타이틀을 빼면
어떤 김은정이 남을까?

한 처방인 것 같았다.

편집장, 홍보부장 김은정에서 타이틀을 빼버리면 어떤 김은정이 남을까? 자신감과 의욕을 상실한 김은정일지. 아니면 의외로 호호거리며 잘사는 김은정일지. 일하던 사람이 일에서 손을 놓으면 비실거린다던데 나는 어떨지 새삼 오기 비슷한 것이 고개를 내밀고 있었다.

샴페인, 파티, 초대장, 패션쇼, 보도자료, 출장, 인터뷰, 파리, 할인 혜택, 창조적인 일을 하는 다양한 사람들과의 흥미로운 만남, 새롭고 멋진 이슈를 먼저 접하는 기회, 호텔에서의 만찬… 이 모든 것들이 삶에서 떨어져 나갔을 때 김은정의 표정은 어떤 것이 될지, 그 빈자리가 내줄 허전함을 다스려 나가는 김은정을 만나고 싶었다. 결국 온전한 '내 것'이 아니면 신기루일뿐이다. '또 다른 나'도 존재할 수 있을 것 같았다. 정체를 알 수 없는 즐거움이 다가오고 있었다. 그것은 도전이었다.

우리 세 식구는 삼각형이다.
꼭지점 세 개가 완벽하게
들어맞는. 아직까지
내 삶은 이 삼각형에
뿌리를 두고
있다.

가족이라는 이름의 ○ ○ ● ○ ○ 다독임

가족 안에 있을 때 행복하다

손에 쥐었을 때는 그만두고 싶고, 없으면 하고 싶은 것이 일이다. 나 또한 그런 생각을 해본 적이 있다. 일에서 벗어나는 것에 이의를 제기할 수 없는 어떤 절호의 기회가 내게도 찾아왔으면 하는 깜찍한 바람. 아침 8시쯤 일어나 모닝커피를 느긋하게 마신 후 9~10시 사이 운동하러 가는 모습을 슬쩍 그려본 적이 있다. 실현되지 않을 것이라고 믿고 상상의 나래를 펼치곤 했다. 상상이나 하자고. 하지만 상상이 현실로 변하면 뛸 듯이 기뻐해야 하는데 그게 또 그렇지가 않은 것이 현실이다. 일이 지긋지긋하다고 외치지만 이는 어디까지나 일을 하고 있는 상태에서 외치는 엄살에 불과하다. 크든 작든 감투를 썼을 때 감수해야 하는 불편함보다 벗었을 때의 허전함을 다스리는 일이 더 쉽지 않다. 형형색색의 종합선물세트 같은 이해관계가 어느 날 갑자기 삶에서 사라지고 나면 그 (머리 아픈) 다채로움은 그리운 향수로 남게 된다.

사십 줄에 찾아온 인생의 전환점을 난 잡기로 했다. 한자리에 가만히 앉아 고인 물이 되긴 싫었다. 머리를 구멍 나게 했던 고민은 하루아침에 묘한 흥분으로 옷을 갈아입었다. 따지고 보면, 이 행복한 변화는 든든한 버팀목, 나의 두 남자 덕분에 일어났다. 가족은 긍정적인 힘을 선물하는 나의 '전부'다. 그 안에서 놀아야 난 행복하다. 남편에 이어 아이도 자나깨나 마감치는 엄마와 인연을 맺으며 마감이란 존재를 알게 되었다. 마감이 오면 엄마 얼굴을 못 본다는 사실을 아이는 일찌감치 터득했다. 엄마의 '일'을 자랑스럽게 여겨 며칠을 꼬박 새고 집에 들어와도 불평 한마디 하지 않았다. 한 달 평균 야근 일수는 대략 12일 가량 된다. 하지만 마감이 끝남과 동시에 연일 (그것도 저녁에) 이어지는 각종 행사 패션, 뷰티, 문화, 리빙 등 우리 생활이 필요로 하는 모든 것을 만들어 시장에 내놓는 업체들은 매체 기자들을 초대하여 그들의 새로운 제안(신상품)에 대해 설명하고 보도자료를 배

포하기 위해 크고 작은 행사를 끊임없이 주최한다 로 야근 아닌 야근은 보통 7~10일 정도 늘어난다. 마감 후 눈을 뜨면 그 다음 달 마감이 성큼 코앞에 와 있다. 그나마 아이와 함께할 수 있는 절호의 시간은 마감 직후 맞는 첫 주말이 전부인 셈이다. 이 마감 직후의 주말만큼은 '가족'의 것이었다. 그래서 주말은 늘 박물관이나 미술관 전시를 관람한다거나 백화점에서 두 남자를 위해 옷을 산다거나 미루어놨던 장을 보러 간다거나 용산가족 공원에 피크닉을 간다거나 양가 할아버지 할머니와 식사를 함께하며 보냈다. '홍 패밀리'의 토요일과 일요일은 남부럽지 않을 만큼 풍요롭고 특별했다고 난 자신 있게 말할 수 있다.

일하는 엄마에 대한 일반적인 편견 일하는 엄마들은 애한테 신경을 안 쓴다, 어디 데리고 돌아다니지 않아 애가 뭘 본 게 없어 상식이 부족하다, 애가 뭘 배우는지조차 모른다 등을 보란 듯이 깨고 싶었다.

좀더 많은 걸 보고 느끼게 해주고 싶었다. 차진 주말을 보내고 나면 몸은 축 처져 있건만 정신만큼은 재충전되어 환히 웃고 있었다. 가족 사진 혹은 아이의 독사진을 미친 듯이 찍었던 것도 따지고 보면 결국 충분히 '함께하지 못함' 때문이었다. 가정적인 남편을 만난 건 더 없는 행운이다. 아내의 몫까지 더하는 남편이 없었다면 여기까지 오지 못했을 테니 말이다. 엄마와 함께하지 못한 시간을 아빠와 같이 한 아들은 그래서 아빠를 더 따르는 모양이다.

우리 세 식구는 삼각형이다. 꼭지점 세 개가 완벽하게 들어맞는. 물론 언젠가는 꼭지점이 두 개로 줄어들어 새로운 균형에 익숙해져야 하겠지만 아직까지 내 삶은 이 삼각형에 뿌리를 두고 있다. 시간과 함께 나의 삶 속으로 스며든 커리어를 뒤로 흘려보내는 일은 가시를 삼키는 것처럼 아픈 일이다. 그러나 내겐 잊지 말아야 할 것이 있다. 내 손에 쥔 모든 것이 가족의 품 안에서 이루어졌다는 사실이다.

제일 잘할 수 있는 일을 마음껏 하며 앞으로 나아갈 수 있도록 지속적으로 밀어준 김은정의 두 '옥동자' 곁을 지킬 시점이 드디어 온 것이었다.

참 이상하다.
머리를 땋아주고 도시락을 싸주고
'영양치킨' 집에서 통닭을 사주고
친구들과의 계모임에 딸을 데려갔던
엄마는 기억나는데 왜 '짐싸는 엄마'에
대한 기억은 없는 건지.

열정의 ○ ○ ○ ● ○ 짐싸기

만만치 않은 짐들

영기 아빠는 먼저 떠났다. 덩그러니 우리 모자를 남긴 채. 하지만 월급을 꼬박꼬박 타려면 감수해야만 하는 일이었다. 혼자 가서 자리 잡는 일도 만만치 않을 터. 그렇지만 남은 우리 역시 만만치 않았다. 14년 간 축적된 세간살이에 그이와 나의 개인 짐까지 더해지다보니 이건, 완전 기절할 노릇이었다. 어디서부터 시작을 해야 할지 감을 잡을 수가 없었다.

70년대 초, 베트남을 향해 아이 셋을 데리고 짐을 쌌던 엄마는 어땠을까. 그리고 70년대 말 또 한 번 짐을 싸야만 했던 엄마를 한 번 더 떠올렸다. 참 이상하다. 머리를 땋아주고 도시락을 싸주고 '영양치킨' 집에서 통닭을 사주고 친구들과의 계모임에 딸을 데려갔던 엄마는 기억나는데 왜 '짐싸는 엄마'에 대한 기억은 없는 건지. 살면서 단 한 번도 생각을 안 했던 것 같다. 그때 엄마는 얼마나 힘들었을까. 뭐든지 그 입장이 되어봐야 사정을 알게 된다.

짐을 싸는 '거사' 擧事는 2007년 5월 1일부터 6월 19일까지, 한 달 하고 2주가 조금 넘게 걸렸다.

"짐 다 싸셨어요?"

"아니. 아직 더 해야 돼."

"포장이사 하는 거 아니었어요?"

"그래, 포장이사 맞는데, 집에 있는 짐을 다 가져갈 건 아니니까 문제지."

"아, 그렇군요…."

문제는 짐을 싸는 것이 아니었다. 포장할 짐을 추려내는 것이 골칫거리였다. 짐을 싼다는 행위는 버릴 것, 팔 것, 줄 것, 가져갈 것으로 이루어진다는 것을 그제야 비로소 알았다. 버릴 것 정말 버려야 할지, 팔 것 결국 하나도 못 팔고 우정의 선물로 증정되었다, 줄 것 받아서 기분 좋은 것을 줘야 하니까, 챙겨 가져갈 것 가져가지 않은 걸 후회할까 봐서 등

살림살이 하나하나에 이런 분류를 매겨야 하니 힘도 두 배가 들 수밖에. 여기서 얻은 교훈 하나, 살면서 살림살이를 처분하며 사는 것이 나중에 웃을 수 있는 지름길이라는 것이다 제때에 정리를 하면서 사는 현명한 주부들이라면 아무런 문제가 없겠지만

이 기간 동안 얻은 값진 교훈을 공유해보자.

1. 모든 물건에 자리를 찾아주자. 머리핀, 옷핀, 고무줄 등 모든 생활용품은 아무리 사소한 것이라도 자신만의 자리가 필요하다. 정돈된 모양새를 선사할 뿐 아니라 이사할 때 훨씬 수월하게 짐을 쌀 수 있다.

2. 더 이상 사용할 것 같지 않은 생각이 들면 즉시 처분할 것. 이 시점을 놓치면 짐만 계속 늘어난다. 마음 아파하기 시작하면 끝도 없다.

3. 사진 정리는 그때 그때 해둘 것. 현상해놓은 사진들을 상자 안에 방치해두지 말 것. 상자 안에 잘 보관해두는 것이 끝이 아니다. 수천 장의 사진 정리 작업은 한 살이라도 젊을 때 하는 것이 바람직하다.

4. 가까운 후배 또는 지인, 친구, 친척들 중 누가 어떤 물건을 필요로 하는지 늘 관심을 갖고 촉각을 기울일 것. 그래야만 처분하는 데 드는 시간을 줄일 수 있다.

5. 아름다운 가게, 어린이집, 종교기관, 구호단체 등 생활용품을 기증할 수 있는 기관 리스트를 확보해둘 것. 인터넷 검색도 바쁠 때는 큰일이 된다.

6. 서랍 안은 가능한 한 정리를 해둘 것. 책상 위 물건을 다 치운 후 열어본 서랍 안이 엉망진창이면 힘이 단번에 쏙 빠진다.

7. 각종 콘센트, 전깃줄, 충전기, 리모콘 등 일명 '기기'에 부속된 전기 관련 부품에는 어떤 제품에 해당되는지 (포스트잇에 기재하여) 표시해둘 것.

8. 옷이나 액세서리, 주방용품 중 '남 주기는 아깝고 갖고 있으려니 쓸 데는 별로 없는' 아이템들은 가차 없이 나눠줄 것. 품에 끼고 있어봤자 소용없다.

9. 짐이 컨테이너로 옮겨지는 날 본인이 계속 사용할 소위 '비운송' 용품들은 한 곳에 따로 보관해둘 것. 그렇지 않으면 보낼 물건들과 함께 컨테이너로 다같이 휩쓸려 들어가게 된다.

지난 시간을 어루만지다

일독에 빠져 사는 동안 난 집에서 숨 붙이고 사는 살림살이의 존재들을 몰라도 한참 몰랐다. 그들이 어디에 어떻게 갇혀 살고 있는지 종잡을 수 없었다. 집안 구석구석에 교묘히 자리를 비집고 들어간 상자들 안에서 쏟아져 나온 물건들의 행렬은 끝이 없었다. 꺼내고 또 꺼내도 끊이지 않는 추억의 흔적 속에서 난 재발견의 시간을 누릴 수 있었다.

그간 잊고 살았던 것이 많음에 놀랐다. 계속되는 '오늘'에 치여 미처 어루만지지 못했던 지나간 삶의 흔적들. 수습기자 시절 기록해둔 일련의 메모들이런 걸 언제 이렇게 써놨나 싶다. 기자의 자세, 지켜야 할 원칙, 마감 때 행동 등 선배들로부터 하달된 지침 사항을 지키지 않으면 큰일나는 줄 알았다, 패션 화보 촬영 전에촬영 당일 당황하지 않기 위해 꼼꼼히 적어둔 스타일링 공식한 컷 한 컷 촬영할 의상을 미리 폴라로이드 카메라로 찍어두거나 스타일화로 그려놓지 않으면 꼭 뭔가를 잊어버리게 된다. 난 이 과정을 무척 좋아했다. 짝을 맞춰 놓은 의상과 액세서리를 그리고 난 후 여유가 있을 때 색칠까지 하고 나면 마냥 뿌듯했다, 83년 서울에 갓 도착했을 당시 스위스의 중고등학교 친구들이 보내준 편지 더미이메일이란 것이 있었더라면 지금껏 연락을 하고 살았을 텐데. 너무도 아쉽다. 사춘기를 함께 맞이하며 서로의 고민에 귀 기울여주던 그들은 지금 어디서 무엇을 하며 살고 있을까. 좋아하는 밴드의 음반을 사면 테이프에 녹음해 서로서로 교환하는 취미를 가졌던 우리들. 콘서트에 간다고 어설픈

화장을 하고 한껏 멋을 냈던 '우리들'을 다시 만날 수만 있다면. 90년대 중반까지만 해도 몇몇과는 편지를 주고 받았다. 하지만 편지쓰기에 그토록 부지런했던 내가 우체국에 가지 않게 된 것은 영기가 이 세상에 온 날 이후부터였다. 일과 가정을 동시에 잡으려다 보니 책상에 차분히 앉아 펜을 들 마음의 여유가 없었다, **남편으로부터 받은 꽃다발과 함께 왔던 생일 축하 카드**이제 축하 카드 같은 건 없다. 그렇다고 섭섭하지도 않다. 온 식구가 함께하면 그만인 것을, **영기가 유치원에서 만들었던 최초의 어버이날 카네이션**뭔지도 모르고 만들었을 테지만 엄마 아빠 준다고 집으로 가져온 그 자체가 신기하기도 했고 감동적이었다, **지금은 활동하고 있지 않는 옛날 모델들의 연락처, 파리 유학 시절 때 미친 듯이 찍어두었던 쇼윈도 디스플레이 사진 뭉치**파리는 시간이 흘러도 그다지 촌스러워 보이지 않는다는 생각을 했다. 그 때의 색채 감각이 지금봐도 유효하다는 사실이 흥미로웠다. 당시 진열장을 찍을 때 얼마나 조심스럽게 찍었는지를 생각하면 허망한 웃음이 나온다. 너무도 소중했던 자료들이 지금은 책장 서랍 속에 갇혀 있으니 말이다,

사진 · KT KIM

95년 패션 디자이너 바네사 브루노를 처음 만났을 때 그녀로부터 받았던 카탈로그 그 시절 브루노의 카탈로그 모델로 섰던 레티시아 카스타는 프랑스 톱 모델에서 배우로 거듭나 대 스타가 되었으니 시간이 부리는 마술의 힘이란 실로 대단하다!, 결혼 전 이바지하던 날 곱게 한복을 차려입고 수줍은 웃음을 지었던 나, 쓰다 만 인터뷰 질문지, 작은 흰색 봉투에 보관해놓은 수십 개의 서울-파리 탑승권 출장을 가기만 하면 파리였다. 파리는 제2의 집과도 같은 곳이다. 반겨줄 친구들로 언제나 넘치던 도시, 파리가 빠진 내 삶은 상당히 괴로울 거라는 믿음을 그때는 갖고 있었다. 좋아하는 일로 파리를 매년 갈 수 있어 정신 없이 행복했다, 파리 에스모드 유학 시절 도시에 dossier, 한 달에 한 번 제출하는 과제를 위해 밤을 새고 그렸던 스타일화 묶음, 1981년부터 91년까지 써온 일기 열다섯 살부터 쓰기 시작하여 한국으로 돌아오기 바로 전까지 쓴 푸르디 푸른 젊은 날의 고백서라는 점에서 또 한 번 날 웃겼다, 경태 씨 업계에서는 사진가 KT KIM으로 알려져 있다의 아이디어로 빛을 본 '친구들만을 위한 청첩장' 남편과 나, 우리 둘의 어릴 적 사진을 담는 방식으로 개성을 표출하려 했던 신혼 부부의 열정을 엿볼 수 있는 대목… 예전에 걸어왔던 길을 다시 걸을 때의 쿵쿵거림. 버거웠던 나의 짐싸기는 정겹게 옛일을 돌아볼 수 있게 해줬고, 지친 정신을 이내 미소 짓게 만들었다.

6월 20일, 135개의 상자가 우리 집에서 유유히 빠져 나갔다. 그 중 30개는 책상자다. 그간 내 손을 거쳐 나온 잡지들, 유학 시절부터 애지중지하던 프랑스 잡지 컬렉션, 틈틈이 사모은 패션 관련 원서, 메이크업 관련 서적, 화집, 소설, 패션 디자이너에 관한 자료, 선물로 받은 책 등 어느 하나 내칠 수 없는 보물들이었다. 책만은 도저히 부피를 줄일 수가 없었다. 특히 한 달 한 달 산고 끝에 빛을 본 예쁜 '자식'들, 편집팀의 땀방울이 들어간 잡지는 모두 가져간다는 원칙을 고집하고 있었다. 혹자는 추려서 갖고 가라고 했다. 어떻게 다 품을 생각을 하냐고. 그렇다면 무엇을 가져가고 무엇을 남길 것인가?

이 질문에는 영원한 멘토이자 잡지 에디터 시절 상관이었던 영주 본부장님이 명료한 해답을 주셨다.

"김 부장이 집에서 시간을 가장 많이 함께 보낼 것이 뭔지 생각해봐."

집에 혼자 있을 때 벗이 되어줄 수 있는 것. 수백여 권에 스민 글쓴이의 앎과 함께하는 것. 풍요로운 동거. 나의 똑똑한 종이 군대는 그렇게 선전행 컨테이너에 몸을 싣게 되었다.

반드시 처리해야 할 행정 업무들

짐을 싸는 동안 다른 한편으로는 가히 매력적이지 않은 '행정 업무'가 기다리고 있었다. 사무실 바깥에서의 행정 업무도 결코 만만하게 볼 게 아니었다. 이렇게 적어놓지 않으면 뒤죽박죽이 될 것 같았다.

1. **통장에서 빠져나갈 것** 신문 대금, 수익증권, 급식비, 우유 대금, 보험.
2. **우편물 발송중지 요청** 이동통신사(두 군데), 은행(두세 군데), 신용카드사, 항공사, 국민건강보험공단, 구청, 지역 케이블 TV 방송사, 도시가스, 자선단체, 백화점.
3. **결제 계좌 변경** 신용카드사, 이동통신사, 국민건강보험공단.
4. **핵심 업무 A** 집 전세 계약 관련 업무, 전화국 업무, 각종 통장 관련 은행 업무, 건강 점검, 비자 서류 준비, 등본 · 인감증명서 등 신상 증빙 서류 떼어놓기, 컴퓨터 상태 점검.
5. **핵심 업무 B** 의류와 액세서리(가방, 구두) 세탁 및 수선, 생활용품 분배, 영기 안경 맞춤, 아름다운 가게 증정 아이템 추려놓기, 중국 관련 자료 리서치.
6. **피플 이슈** 친척 인사 전화, 친구·잡지 선후배 · 회사 상사 및 동료, 직원·그 밖의 지인들 만나기, 영기 선생님들 감사 인사.

바삐 살 때는 모른다. 우리가 얼마나 복잡하게 살고 있는지. 필요에 의해 거미줄을 쳐놓았지만 막상 쳐놓았던 줄을 걷는 일이 단순하지 않아 적잖게 당황했다. 여기엔 자동 응답기의 '친절한' 목소리도 한 몫했다. 반복되는 음성은 짜증을 불러일으켰고, 마지막 마무리를 깔끔하게 하려는 마음을 몇 번이나 헝크러트렸다. 무수히 빼고 더하는 가운데 나의 '떠날 준비'는 서서히 그 모양새를 갖춰 나가고 있었다.

막다른 교훈

시간이 갈수록 두려움과 설렘이 번갈아가며 끊임없이 찾아왔다. 두 눈은 달력의 날짜만 좇으며 다급한 마음을 재촉했다. 연일 이어지는 환송 모임. 고맙고 미안하고 피곤하고 허망하고 또 고맙고 미안한 나날이 이어졌다. 겉으로 드러나는 기분은 햇살로 반짝이는 수면 같고, 보이지 않는 쪽은 MP3의 뒤엉킨 이어폰 줄 같았다. 희망을 부르는 설렘이 아무리 크다 해도 정들었던 테두리 바깥으로 발을 내디뎌야 하는 부담감이 뇌와 심장을 짓누르는 건 어찌 할 수가 없었다.

불안은 조급함을 낳고 조급함은 무리수를 두게 한다. 비축해둔 힘을 한번에 소진하는 멍청한 행동주의자가 되어버리다니. 짐과 무식하게 엎치락뒤치락하는 사이 몸 하나 까딱 못하는 사태가 벌어졌다. 허리와 등을 과용한 결과였다. 한번 시작을 본 이상 끝을 봐야 한다는 의지에 사로잡힌 나머지 하루도 쉬지 않고 새벽까지 짐을 정리한 것이 발단이었다.

더 구체적으로 말하자면 수십 개의 상자와 비닐봉투 속에서 빛을 못 보고 있던 옛 사진들을 앨범에 정리하는 작업이 몸에 무리를 준 것이다. 먼지가 소복이 쌓인 지난 시간의 흔적을 세상 밖으로 꺼내지 않고는 배길 수 없었다. 고속터미널 영풍문고에 앨범을 사러 가길 수 차례. 방황하던 사진 더미에 보금자리를 마련해주기까지 10일 이상 걸렸다. 누구는 대충 싸가서 중국에서 차근차근 정리하라고 했지만 아무래도 내키지 않았다. 어떤 날은 새벽 4시까지 계속될 때도 있었다. 꿈쩍 않고 등을 구부린 채 '시간'을 구분하고 있다보면 마음이 편안했다^{이제와 보면 사무실이라는 단어와의 이별을 떠올리기 싫어 스스로 빠져든 돌파구였다는 생각이 든다}. 한방병원의 신세를 지며 꼬박 일주일을 누워 보냈다. 아무것도 할 수가 없었다. 아무렇지 않은 듯 화장실을 오가는 것, 자리에서 일어나는 것, 테이블 위에 놓인 전화를 집는 것, 4분 이상 앉아 있는 것, 몸을 구

떠나기 전 소중한 시간을 내준 지인들과
함께한 고맙고 미안한 만남의 자리

한국을 너무나도 사랑하는 카트린

「마담 휘가로」라는 이름 아래 뭉친 팀원들

친구 미하와 영주 본부장님

늘 멋있는 혜수

샤넬 코리아의 스타브리데스 사장님

초창기 「마담 휘가로」 팀

「엘르」 신유진 편집장과 스타일리스트 한혜연

샤넬 홍보부 여인들

부려 다리를 수건으로 닦는 것. 다 나으면 내 뜻대로 몸을 움직일 수 있다는 것을 감사하며 살겠다고 다짐했다. 일상을 메우는 소소한 제스처들이 소소하지 않다는 진리를 익히 알고 있으면서도 우린 자주 잊어버린다. 매 시간, 매 분, 매 초 시계바늘만 바라보며 지냈다. 최고의 약은 시간이다. 하루빨리 짐을 싸고 싶었다. 기꺼이. '떠나야 함'에 대한 주저하는 마음을 미련 없이 버리고 '떠남'을 힘껏 포용하자는, 생각의 변화는 이렇게 시작되었다.

건강한 몸만한 보물이 없다. 사람의 마음은 놀랍도록 간사하다. 침대에서 일어날 수만 있다면 그 어떤 근심거리도 대수롭지 않을 것만 같으니. 아끼던 일과 친구들, 공들여 일궈놓은 것들과 이별해야 하는 일이 뭐 그리 어려울까도 싶었다. 괴로운 '쉼'은 설득력이 있었다. 이 땅에 두 발 딛고 우뚝 서는 것만큼 중요한 것이 없다고. 그리고 그 외에는 마음에 두지 않기로 했다. 몸은 말을 잘 듣지 않았지만 마음은 안정을 되찾았다. 떠날 준비가 되어 있었다.

지금껏 떠남이란
출장 아니면 휴가, 둘 중의 하나였다.
그 둘에 속하지 않은 떠남의 맛은
어딘지 모르게 씁쓸한 구석을
남기고 있었다.

그리고 ○ ○ ○ ○ ● 떠남

기분 묘한 날

떠나는 날은 6월을 마지막으로 장식하는 금요일로 정했다. 6월 29일. 우리 가족사에 평생 잊지 못하는 날이 하나 더 생겼다. 이 글을 읽는 독자 여러분, 혹시 이런 질문을 내게 하고 싶은 건 아닌지? 중국으로 떠나는 게 뭐 그리 대수냐고. 사실 호들갑 떨 일은 아니라는 걸 안다. 그럼에도 찡한 마음을 금할 길이 없는 이유는 한국으로 돌아올 시점에 대해 확실한 약속을 할 수 없다는 사실 때문이다. 국내 대기업의 주재원으로 나가는 것도, 사업하러 이민을 가는 것도, 더더욱 유학의 길에 오른 것도 아니기 때문이다. 남편은 다니던 회사 월마트가 한국에서 철수하게 되자 해외 확장의 초점인 중국으로 부름을 받게 되었다. 한국에 재투자가 이루어지지 않는 한, 또는 한국에서 일하고 싶어 다른 일자리를 알아보지 않는 한 우리 가족은 (그를 필요로 하는) 세계 곳곳을 유람하며 살아야 하는 운명을 맞게 된 것이다. 상황이 이러하니 '떠남'의 무게는 잴 만한 가치가 있었다.

출발 당일 우리 모자는 몇 달 간 못본 가장과의 상봉에 한편으론 들떠 있었다. 슬며시 걱정이 되는 건 아들 영기였다. 바쁜 아빠 엄마의 자리를 늘 채워주던 할아버지 할머니 그리고 새 할머니함께 지내던 가정부와의 이별이 눈물 많은 영기에게 닭똥 같은 눈물을 안겨줄 것이 분명했다. 본인은 태연한 척했다. 적어도 공항행 차를 타기까지는. 자신을 오랫동안 돌봐준 새 할머니와 헤어지는 순간 울음보가 터져나왔다. 소리 없이. 꾹 참고 있던 모양이다. 영기의 구슬픈 흐느낌은 한동안 멈출 줄 몰랐다. 떠나는 자리에는 양가 부모님, 영기 작은아버지, 여동생, 영주 본부장님, (「마리 끌레르」에 이어 「마담 휘가로」까지 인연을 이어간 광고부의) 서철환 부장님이 자리를 함께했다.

지금껏 떠남이란 출장 아니면 휴가, 둘 중의 하나였다. 그 둘에 속하지 않은 떠남은 어딘지 모르게 씁쓸한 맛을 남기고 있었다. 두 귀가 물에 반쯤 잠겨 바깥의 왁자지껄한 소리가 불완전하게 들릴 때의 느낌. 뚫림과 막힘이 반복되는 언짢은 그런 느낌이었다.

중국이 보고 싶어졌다

영기와 나, 단 둘이 비행기를 탄 것은 처음이었다. 늘 셋 아니면 나 혼자였으니. 둘은 가능한 한 말을 아꼈다. 목소리에 실린 감정을 드러내고 싶지 않았기 때문이다. 비행기의 이륙을 알리는 육중한 기계음, 창밖으로 보이는 인천공항, 가족과의 마지막 통화로 열이 채 식지 않은 핸드폰, 공항 서점에서 꾸역꾸역 더 사넣은 몇 권의 책, 가방 안에 새로운 자리를 차지한 한중사전. 잘은 몰라도 제1장을 넘긴 기분이 들었다. 이제 남은 건, 그리고 남을 건, 가족뿐이라는 것, 남편과 아이 외에는 기댈 기둥이 없다는 것 그리고 이제부터 입국, 출국 신고서 '직업' 기재란에 적을 게 없다는 것이다.

새파란 하늘을 수놓은 구름들, 그 사이로 눈부신 자태를 드러내는 태양, 우리와 함께 같은 비행기를 타고 중국으로 향하는 사람들… 문득 눈앞에 펼쳐지는 이런 그림 속에 들어가 있다는 사실이 유쾌하게 다가왔다. 일련의 반짝임 속에 녹아들고 있었다. 떠남에 대한 우울함도 세계라는 큰 그릇에 담기면 그 색을 달리할 것이라고 마음속으로 외쳤다. 큰 그릇에서 허우적거리다보면 힘이 생길 거라고. 그 허우적거림이 얼마나 지속될 것인지는 나 하기에 달렸다고. 세계가 주시하는 또 하나의 세계, 중국이 갑자기 보고 싶어졌다.

Leaving

…Seoul

선전 거주자들의 조언

선전에 살고 있는 한국인, 세계 각국의 사람들, 중국인들에게
떠나기 전에 알아두면 좋은 것들 세 가지를 물어보았다.
선전에 둥지를 튼 '그들'은 선전 땅을 밟지 않은 '이들'에게
자신들의 이야기를 들려주길 원한다.
시간이 선물한 값진 체험을 공유하고 싶어한다.
친숙하지만 잘 모르는 곳이 중국 아니던가.
대충 이런저런 조언을 들으며 살면 되겠지 라고 생각하면
뜻밖의 상황에 심장이 덜컥 내려앉는 느낌을 받을
확률이 높다. 먼저 겪은 이들의 말 한 마디 한 마디는
그래서 참고할 가치가 충분히 있다. 물론 사람에 따라서는
공감하는 부분이 같을 수도 비슷할 수도 아니면
다소 다르거나 전혀 다를 수도 있다.
때문에 체험자들이 해주는 모든 이야기를 귀담아 들어야
한다고 강요하고 싶지는 않다. 단지 새로움이 안겨줄 설렘 반
두려움 반이라는 즐거운 모순을 온몸으로 껴안기를 원하는
개척자들에게 도움을 주고 싶다.

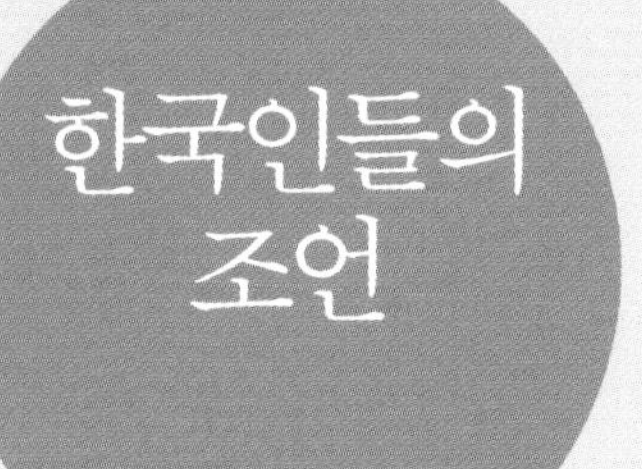

한국인들의 조언

이동현
선전 거주 4년째

염두에 두면 좋을 팁 첫째, 두 나라의 역사에 대한 책을 조금이라도 읽고 오는 것이 중국인을 알아가는 데 도움이 된다. 숨을 붙이고 사는 거주 국가의 역사적 배경과 흐름은 '현재'를 이해하는 원동력이다.
둘째, 중국어 습득은 필수. 언어를 빨리 배울수록 적응도 빠르다.
셋째, 병원에 가는 일이 수월하지 않으므로(언어의 문제, 병원 시설) 아이들의 예방 접종은 연령에 맞춰 빠짐없이 맞고 올 것. 그 밖의 상비약은 병원에서 미리 조제 받아 갖고 오는 것이 좋다.
넷째, 김치 냉장고를 가져 오면 여러 모로 편하다. 선전은 날씨가 더운 곳이라 음식 보관에 어려움이 많다.

꼭 사가는 것 책을 가장 많이 사온다. 해외 배송을 하면 가격이 너무 높아 필요한 책을 미리 주문하여 가져오는 게 바람직하다. 또 하나 꼭 사오면 좋은 건 아이들 내복. 선전의 겨울은 (난방 시설의 부재로) 뼈가 시릴 정도로 음산하므로 내복이 필요하다. 그러나 너무 두꺼운 것으로는 준비하지 않는 것이 좋다.

선물 아이템 중국인들은 한글이 써 있는 한국 화장품을 좋아한다. '메이드 인 코리아'에 대한 믿음이 있어서 굳이 비싼 것이 아니더라도 폼 클렌징 같은 제품을 선물해주면 기뻐한다. 그런가 하면 서양 친구들의 경우에는 한국의 전통적인 이미지를 살린 물건을 더 반가워 한다. 인사동에서 산 북클립도 매우 좋아했다.

임연선
선전 거주 2년째

염두에 두면 좋을 팁 어른들을 비롯하여 아이들까지 말라리아 약을 가져올 것과 A형 간염주사를 꼭 맞고 올 것을 권하고 싶다. 선전은 중국의 다른 어느 지역보다 날씨가 습하고 모기가 심하게 많아 말라리아 약이 꼭 필요하다고 들었다(선전에 오기 전 살았던 하와이의 한 클리닉에서 들은 말이다).

꼭 사가는 것 우선 아이들 감기약, 설사약 등 구급약 등을 장만한다. 말이 통하지 않는 것도 사실이지만 중국의 병원을 믿을 수 없는 관계로 병원에 가기보다는 약에 의존하는 경우가 많다. 화장품 또한 가능하다면 친정과 시부모님이 계시는 미국에 가는 김에 장만한다. 일본 슈퍼마켓 저스코(Jusco)에 입점한 시세이도 숍을 가보니 가격이 두 배나 차이가 나는 걸 알았다.

염두에 두면 좋을 팁 중국어를 조금이라도 미리 배울 엄두가 나지 않는다면 1부터 10까지의 숫자라도 확실히 익히고 갈 것. '기대 이상'의 도움이 된다. 중국이라고 영어를 쓸 일이 없다고 생각하면 곤란하다. 베이징이나 상하이만큼 선전도 다국적이다. 한국과 중국 외의 문화권 사람들과 교류하고 싶다면 간단한 영어회화 스킬이 필요하다. 영어를 잘하면 대접 받는 것은 중국도 예외가 아니기 때문이다.

이경연
선전 거주 5년째

다음은 가장 중요한 조언이 될 수도 있겠다. 바로 느긋하고 자비로운 마음을 갖는 것이다. 중국인들의 템포는 상당히 느리다. 물건을 구입하고 계산할 때 속이 터지기 십상이니 인내심을 키우는 것이 여러모로 유익하다.
중국은 더 이상 싸지 않다. 어느 수준의 생활을 유지하는데 있어서 한국보다 생활비가 절대 덜 들지 않는다(외국인들이 밀집해 거주하는 셔커우에 살아 물가가 더 비싸게 느껴질 수도 있다). 품질이 어느 정도 되는 물건은 품질 대비 가격이 높은 편이다.

꼭 사가는 것 처음에는 고기, 생선, 양념 등 모든 식품을 한국에서 사가곤 했다. 하지만 체류 기간이 장기화되다 보니 현지에서 조달하는 편이다(단, 고춧가루는 예외!). 한국에서 사게 되는 것은 내복이다. 홍콩에도 쇼핑몰이 즐비하나 한국의 유혹을 뿌리치기는 쉽지 않다. 이상하게 한국에 오면 눈에 들어오는 옷이 많다. 뼛속까지 한국인이라서 그럴지도 모르겠다.
간과하지 말아야 할 것이 또 있다. 바로 습기 제거제와 방충제(옷장용, 신발장용 등). 선전은 습한 기후에도 불구하고 관련 제품의 종류가 다양하지 않다.

선물 아이템 김, 한국 화장품, 한국 옷(면의 품질과 바느질 솜씨를 높이 평가, 하지만 알고 보면 '메이드 인 차이나' 인 경우가 대부분이긴 하다), 아이들 머리 핀(예쁘고 고급스러운 디자인 때문에).

염두에 두면 좋을 팁 중국 학교에 아이들을 보낼 경우 아이들이 적응을 잘할지 심사숙고 후 결정한다. 중국어를 가르치려고 아이들을 중국 학교에 보내는 사례를 많이 봐오며 깨달은 건 중국의 학교 문화, 분위기를 알고 오는 것이 후에 낭패를 덜 본다는 것이다. 중국 학교는 한국보다 더 엄격하기 때문에 아이들이 이에 적응하지 못하는 경우를 종종 봤다.
가사 도우미를 급하게 구하지 말라는 것. 일하는 아줌마를 오자마자 못 구해 안달할 필요가 전혀 없다. 지인을 통해 소개받는 방법이 제일 확실하다. 적합한 사람을 찾을 때까지 끊임 없이 물색하는 인내심을 키우자. 때가 오면 좋은 사람을 만나게 되니 처음부터 걱정은 금물.
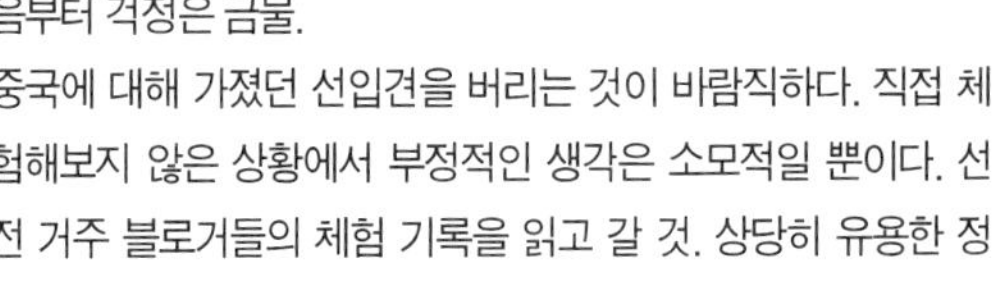
중국에 대해 가졌던 선입견을 버리는 것이 바람직하다. 직접 체험해보지 않은 상황에서 부정적인 생각은 소모적일 뿐이다. 선전 거주 블로거들의 체험 기록을 읽고 갈 것. 상당히 유용한 정

김현희
선전 거주 3년째

보를 얻을 수 있다. 단 부정적인 내용은 100퍼센트 수용하지 말고 참고만 할 것.

한국어로 표기된 중국 지도를 사놓도록. 말도 통하지 않는 상황에서 본인이 어디에 있는지조차 모르면 정말 답답하다. 한자로만 표기된 중국 지도는 한자 박사라면 몰라도 그리 큰 도움이 되지 않는다.

집 계약할 때는 보증금을 최대한 적게 낼 것. 주인과의 계약 내용을 꼼꼼히 적어두는 세심함도 필요하다. 상식을 넘어서는 이유로 보증금을 못 받는 일이 비일비재하다. 돈을 받을 때는 아무런 문제가 없지만 막상 내줄 때는 태도가 360도 확 바뀐다는 사실만 유념하자.

집을 고를 때 위아래 층이 혹시 공사를 하고 있는지 알아볼 것. 중국의 아파트는 집주인이 인테리어를 직접 관장하므로 공사 한번 들어가면 소음에서 벗어나기가 힘들다. 소통의 문제로 스트레스가 쌓인 상황에서 잠까지 못 잘 수는 없는 일 아닌가.

중국에서 한국으로 송금할 때 드는 수수료가 너무 높기 때문에 인터넷 뱅킹은 반드시 신청하고 오는 것이 좋다.

최소한 간단한 중국어는 익히고 오도록 한다. 한자를 쓰니 이해하게 되겠지 하는 생각은 버릴 것. 소통 문제로 당황하는 수위가 매우 높다. 가능하다면 선전대학 중국어 코스를 다니는 것이 중국어를 머리에 확실히 심어두는 방법이다.

꼭 사가는 것 중국은 항생제를 남용하는 경향이 적지 않다. 그런 이유에서 질병의 증세에 따른 항생제 복용법을 미리 알고 오도록. 어느 정도 분량의 항생제를 복용하면 좋을지에 대한 지식만 있어도 문제는 감소된다.

식료품의 경우에는 고춧가루 같은 건조 식품은 가능한 한 한국에서 마련하는 것이 좋다. 고춧가루를 구할 수는 있으나 대부분 중국산이라 우리 맛을 고수한다면 번거롭더라도 한국에서 사갖고 가는 것이 좋다. 또한 렌즈 착용자들은 하드 렌즈 세척제를 챙기라는 말을 하고 싶다.

박재영
선전 거주 3년째

염두에 두면 좋을 팁 온화한 기후를 자랑하는 남부 도시 선전이라도 겨울로부터 자유롭지 못하다. 최근 지어진 아파트들이 아닌 이상 난방 시설 기대는 꿈꿀 수도 없는 일. 추위를 탄다면 전기장판이나 전기담요를 준비해 가면 좋을 듯하다.

'알아서' 일을 척척 하는 가정부나 파출부를 만나기가 쉽지 않다는 것. '내 마음을 알겠지' 하는 생각은 아예 하지 말 것. 그들의 느릿한 속도에 심히 놀라지 말기를. 꾸준한 교육만이 답답함에서 헤어나는 길이다.

한국 식품점, 식당, 학원 등이 밀집한 한국인 거주 지역이 좋을

지, 국제학교가 가까운 셔커우에서 사는 것이 좋을지 장단점을 꼼꼼히 따진 후 집 물색에 돌입한다.

꼭 사가는 것 목우촌 햄, 참치 캔(한국 식품가게에서 판매는 하고 있으나 다소 비싼 관계로 기회가 되면 무조건 사넣는다), 마늘을 찧을 절구, 쥐포, 오징어채, 치약, 칫솔, 비누, 린스, 샴푸, 속옷, 운동화, 회충약, 정로환, 항생제.

윤지선
선전 거주 3년째

염두에 두면 좋을 팁 중국인이 어떻다고 말할 정도로 그들을 잘 알지는 못한다. 단지 남편 말을 빌자면, 비즈니스로 만난 중국인은 '60세 노인'에 비유할 수 있는 반면 한국인은 '20~30대 청년'에 가깝다고 한다. 특유의 여유로움이 있으나 그 속을 알 수 없는 '노인'들과 빠르고 대범하지만 빨리 끓어서 속내를 금방 알아차리게끔 하는 '젊은이'들. 중국인과 한국인은 이렇게 다르다.

선전은 홍콩과 가깝고 경제특구로 지정된 이른바 특별 구역이라 비싼 것이 흠일 뿐 쇼핑하는 데 큰 불편은 없다. 이에 반해 병원은 수준 미달이다. 홍콩 병원을 이용하는 외국인들이 아직까지는 많다.

중국 음식은 기름이 많아 한국 사람 입맛에 맞지 않는다는 선입견으로 인해 아예 중국 음식을 거부하는 사람들을 보아왔다. 물론 억지로 되는 일은 아니다. 한참이 지나서야 그 진정한 맛을 깨닫게 된다. 이곳의 환경과 기후, 생활양식을 조금 이해하고 나면 훨씬 나아진다. 단점이 있다면 장점도 있는 법이다. 중국 음식은 그 종류가 다양하여 잘 골라 먹으면 문제 없다.

차를 많이 마시면 치아 색이 누렇게 변질된다. 그래서 그런지 화이트닝 제품은 한국보다 더 다양하다.

이사 갈 곳에 대한 정보를 두세 사람으로부터 의견 수렴한다. 한 사람의 의견이 때로는 강한 선입견을 심어줄 수 있기 때문이다.

살 집을 고르기 전 남편과 상의를 충분히 하도록 한다(집에서 가장 많은 시간을 보내는 사람이 누군지 잘 생각해보자. 외국 생활에서 집은 더욱 더 중요한 의미를 갖는다). 평수, 방향, 베란다, 현관, 방의 형태, 붙박이장, 가구 선택 등이 잘 되어 있는지 조목조목 짚고 넘어갈 사항들이 적지 않다. 또한 화장실은 수리가 잘 되었는지, 에어컨에 히터 시설이 장착이 되어 있는지, 방마다 에어컨이 설치가 되어 있는지, 제습기는 제공하는지, 냉장고 크기는 어느 정도인지 등 리스트 목록을 미리 만들어 두도록 한다. 선전의 아파트는 대부분 집 내부에 가구가 구비되어 있다. 따라서 본인이 무엇을 필요로 하고 필요로 하지 않는지 집주인과 면밀히 상의해야 한다.

한국 식품점이 있어 크게 불편한 건 없다. 하지만 조미료나 장류, 소금은 한국 것을 추천한다. 설탕은 중국 것도 무방하다. 가져갈 거라면 분량은 적당히 조절하는 것이 현명한 처사(더운 날씨에 찌든 라면 맛을 보고 싶지 않다면). 고춧가루나 건어물은 이삿짐에 싼다. 단 주의할 점은 이삿짐 통관 시 농산물은 적용이 안 되는 품목에 해당되므로 운송 업체와 상의해야 된다.

가전 제품은 중국과 전압은 비슷한데 헤르츠가 다르니 해당 업체에 문의해 본 후 결정한다(전자레인지는 헤르츠에 가장 민감한 제품임). 밥솥은 IH고급형(Induction Heating을 의미하며 코일로 감싼 밥솥 내부로 유도 전류를 방생시켜 밥솥 내부에 열을 골고루 빠르게 전달, 밥의 품질이 기존 열판식에 비해 월등하다고 함)보다는 기본형을 권한다. 우리 집의 밥솥도 처음에는 IH고급형이었으나 와서 두 달 만에 고장이 나서 한국으로 보내버렸다. 절대 간과하지 말 것 또 하나. 추위가 싫다면 전기장판(깔고 잘 사람의 수만큼)도 리스트에 올리도록 한다.

겨울 옷은 너무 두꺼우면 별로 입지 않게 된다. 이곳의 겨울은 늦가을의 싸늘함과 초겨울의 쌀쌀함 사이를 오가는 정도로 생각하면 된다(단, 난방 시설이 받쳐주지 않으니 결코 녹록하게 볼 추위가 아니라는 점을 명심한다). 아이들 책은 필히 갖고 가야 한다. 한국어 동화, 위인전, 전래동화, 문제집, 참고서 등.

꼭 사가는 것 김, 멸치, 미역, 다시마, 북어포 등의 건어물. 홍삼 액기스, 학용품, 문구류 등을 사간다. 특히 문구류는 한국 제품의 디자인이 세련된 관계로 꼭 사게 된다.

선물 아이템 한국적인 분위기를 체험하게 하는 것도 좋은 선물이 된다. 한국 음식점에 초대를 한다거나 직접 음식을 만들어서 초대하거나 나눠먹어도 좋다. 선물 아이템은 시립미술관이나 선재아트센터, 인사동 등지에서 파는 전통 한국 수공예품(조각보 무늬가 있는 거울, 탈 액자, 민속화를 담은 자석 세트 등), 한국적인 북마크 등.

세계인들의 조언

클로디 프랑스

선전 생활 1년 후
현재 베이징에 거주

염두에 두면 좋을 팁 '딴 세상'을 만나게 될 거라는 사실에 동요되지 말라고 권하고 싶다. 환경이나 사람들의 태도가 다르다는 이유로 쇼크를 받거나 이에 따른 스트레스를 받을 수 있다. 그러므로 보다 관대해질 필요가 있다. 아니 관대해져야 한다. '차이'를 수용하는 자세를 키우도록 한다.

꼭 사가는 것 프랑스어 책들.

안자 독일

선전 거주 2년째

염두에 두면 좋을 팁 교통 질서가 심각하게 엉망이라는 것. 운전할 생각이라면 고심 후 결정하도록. 여기에서 본 중국인들은 교통 법규 준수를 원치 않는 것 같다. 아니 원치 않는다기보다는 자신만 피하면 된다는 짧은 생각이 공중도덕 불감증을 낳는 듯.

꼭 사가는 것 마치판(Marziepan, 아몬드, 달걀, 설탕으로 만든 독일의 디저트)을 잊지 않고 사온다. 물론 선전에 있는 메트로(Metro, 독일 유통회사)에서 독일 제품을 구입할 수는 있지만 맛난 것은 없다.

선물 아이템 독일산 초콜릿과 그 유명한 '코롱 워터 4711'.

준코 일본
선전 거주 3년째

염두에 두면 좋을 팁 아이들의 학교와 살기 좋은 동네가 어딘지 미리 정보를 얻어 가면 현지에 도착해서 찾는 시간을 단축할 수 있다. 중국인들은 가족을 중시하며 체면 세워주는 것을 목숨처럼 소중히 여긴다. 그러니 그들의 체면을 구기는 언행에 조심할 것.
돈은 매우 중요한 문제이며 돈에 대해서만은 '직접적'이다. 엄청나게 솔직하다.

꼭 사가는 것 일본어 책, 장난감(중국산 장난감은 금세 망가진다), 약, 장기 보관이 가능한 식품(중국산 식품엔 신뢰가 가지 않는다). 그러나 식품 같은 경우 홍콩에서 얼마든지 구할 수 있으므로 사실 그리 심각한 고려 대상은 아니다.

선물 아이템 일본 과자와 작은 주머니.

클라우디아 브라질
선전 거주 4년째

염두에 두면 좋을 팁 영어가 조금이라도 통할 것이라는 추측은 빨리 버릴 것. 가기 전, 숫자만이라도 익히면 생소함의 강도를 조금은 줄일 수 있을 것이다.

중국에서도 운전을 하고 싶다면 할 수는 있다(사실 나의 경우는 운전을 하고 나면서부터 세상이 다르게 보이기 시작했다). 그러나 중국인들의 운전 매너는 '제로'라는 점을 감안해둘 것. 마음을 굳게 먹는 것이 정신 건강에 좋다.

모든 중국인들이 전부 그렇다는 얘기는 아니지만 융통성의 부재로 가슴이 터질 것 같은 느낌을 자주 받게 될 것이다. 하나는 알고 둘은 모르는 경우가 대부분이다. 또한 효율성과 '친하지 않은 곳'이 중국이다. 화는 분명 나겠지만 중국 땅에 발붙이고 사는 이상 우리 스스로를 길들일 수밖에 없다. 이런 현상을 난 '차이나 모먼트(China Moment)'라고 부른다. 차이나 모먼트가 다소 오랫동안 지속되면 여행이 최선의 묘약이다(선전은 여행하기에 최적인 위치에 있다).

중국에 간다고 하면 가히 매력적이지 않은 얘기를 더 많이 듣는다. 그러나 안심해도 좋다. 선전은 중국이어도 중국 같지 않은 곳이다. 기후가 온화하고 잘 지은 아파트들과 현대적인 빌딩들이 우뚝우뚝 들어선 신도시라 생활하기에 불편함이 없다.

꼭 사가는 것 브라질 요리에 필요한 각종 소스와 양념, 초콜릿. 옷은 원하는 천으로 얼마든지 맞춰 입을 수 있으므로 굳이 사가는 품목이 아니다(브라질은 옷값이 비싸다).

선물 아이템 브라질 음악 CD, 축구선수 고유 번호를 새긴 티셔츠(중국에서도 같은 티셔츠를 구할 수 있는데도 브라질에서 직접 갖고 온 것을 좋아한다!).

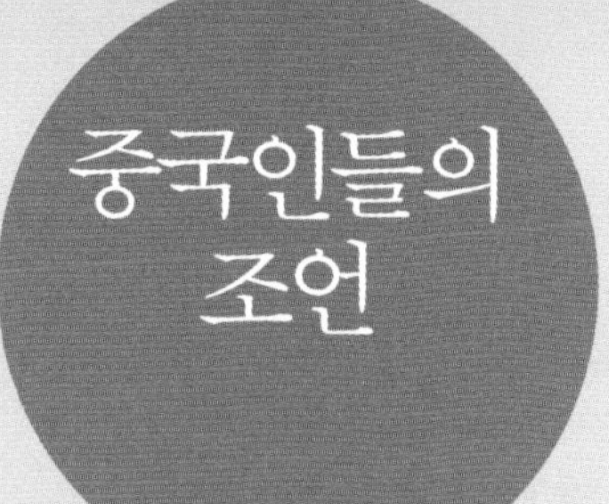

샤오창
외국기업 임원

염두에 두면 좋을 팁 중국이 공산국가였다는 사실을 잊지 말 것. 평등함을 강조하는 사회주의 이념 속에서 중국인들은 그들 모두가 국가의 주인이었다고 믿었다. 누가 누구를 섬기는 개념이 없었다. 위 아래가 없는 사회주의 체제에서 숨쉬어 온 사람들이 다른 누구를 받들기란 자연 생소할 수밖에 없다. 중국에 와서 놀라는 요인들을 분석해보면 결국 공산주의 체제에서 비롯됨을 알 수 있다. 중국, 중국의 문화에 대해 잘 안다고 생각하는 외국인들이 꽤 많다. 그런데 우스운 건 잘 모르는 것에 대해 잘 안다고 말하는 일부 외국인들의 섣부른 확신이다. 친절함은 존경심을 보일 때 고개를 드는 법. 이는 어디에서든 통하는 진리라는 생각이 든다.

황밍
중국어 교사

염두에 두면 좋을 팁 중국인들은 웃기를 좋아하니 유머 감각을 겸비하면 친구 만들기가 훨씬 수월하다. 중국인들에게 인권 문제에 대한 얘기를 화두로 꺼낼 때 자신의 의견을 지나치게 강하게 피력하지 않는 것이 바람직하다. 얘기하는 것은 얼마든지 가능하나 개인적인 주장을 내세우는 행위는 자제하는 것이 좋다. 인권 유린에 대한 불만을 중국인들에게 표출하는 행위는 부질 없는 짓이다. 중국은 56개의 민족으로 이루어진 나라라는 사실을 늘 마음에 새겨두면 좋을 것이다. 이들 민족은 각기 다른 언어와

문화, 전통, 삶의 가치관을 갖고 있다. 다문화적인 중국은 그래서 수백 가지 표정을 하고 있다. 하나의 중국이지만 결코 하나의 문화로 대변될 수 없는 곳이 바로 중국이다.
비즈니스 모임에서 술을 권하는 경우를 자주 접할 것이다. 이 때 가능한 한 술잔을 사양하지 않는 것이 바람직하겠지만 술을 진정 못 마실 경우에는 지혜롭게 거절하는 미덕이 필요하다.

선물 아이템 한국의 화장품을 선물하면 매우 좋아한다. 한국 여자들의 피부는 환상이다.

슝첸
은행원

염두에 두면 좋을 팁 중국인들은 크게 말하고 웃으며 떠들기를 그 어떤 민족보다 즐긴다. 구정이 오면 연일 폭죽을 터뜨리며 핸드폰으로 통화하며 (장소에 상관없이) 언성을 높이는 건 그리 놀랄 일이 아니다.
중국인을 처음 만났을 때는 가벼운 미소로 맞는 것이 예의에서 어긋나지 않는 법. 일반적으로 중국인들은 친한 사이가 아닌 이상 신체적 접촉을 매우 꺼린다. 비즈니스 미팅의 악수 정도는 통용된다.

선물 아이템 젊은 층은 와인이나 초콜릿을, 중 장년층은 차를 좋아한다.

염두에 두면 좋을 팁 새로운 세상을 눈으로만 보지 말고 마음으로 보았으면 한다. 열린 마음으로 대하면 새로운 세상이 보일 것이다. 중국인들은 더 나아지기 위해서라면 어떤 의견이나 조언도 받아들인다. 중국인들은 생각을 크게 갖는 사람을 좋아한다.

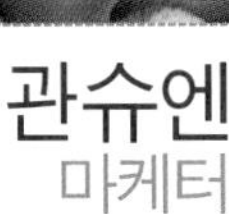

관슈엔
마케터

천신
치아 교정사

염두에 두면 좋을 팁 중국인들은 우회적으로 의사를 표현한다. 그 것이 상대방을 불편하지 않게 하는 예의라고 생각한다. 이는 중국을 찾는 수많은 외국인들을 당혹스럽게 만드는 요인이기도 하다.
중국인과 대화할 때는 시간을 오래 갖는 것이 중요하다.

떠나기 전 알아두면 좋을 팁

★중국인들은 외국인에게 매우 호의적이다. 이 점은 '외세'에 방어적 본능을 갖고 있는 한국인의 전통적 가치관에 비해 매우 대조적이다. 서구 열강에 일본까지 가세한 침략의 역사를 들여다보면 싫어할 만한 데도 전혀 그렇지 않다는 것이 놀라울 따름이다. 과거보다는 현재, 현재보다는 미래를 꿈꾸며 더 나은 미래를 만들려는 중국인들의 집념은 실로 대단하다.

★중국인들은 중국의 면적이 크다는 사실을 매우 자랑스럽게 생각한다. 뭐든지 크면 좋다는 성향이 높다. 자랑스럽게 여기는 것에 대해 뭐라 할 말은 없지만 나라의 크기에 대한 자부심이 자만심으로 비쳐 한국인의 비위를 상하게 하는 경우가 종종 있다(물론 의도적인 것은 아니다). 처음에는 흥분이 앞선다. 하지만 몇 번 겪다 보니 미처 헤아리지 못했던 중국의 과거사에 다시 한 번 눈뜨게 되면서 따뜻한 이해심이 생긴다. 바깥세상에 대해 보고 들을 기회가 주어지지 않았던 이들에게 듣고자 하는 대답을 기대하기란 어려운 일이다. 오랜 세월 그들은 '다른 세상'이 어떻게 존재하는지 모르고 살았다. 중국이 세상의 중심에 있다는 맹목적인 믿음에서 비롯된 것이기 때문에 이는 시간이 해결해줄 것이라고 본다.

★택시를 탈 때, 가게에서 물건을 고를 때, 무엇인가를 확인하기 위해 물어볼 때 상대방으로부터 "메이 웬티" "메이 셜"(메이 웬티는 '문제가 없다', 메이 셜은 '괜찮다' 라는 뜻)이라는 멘트를 듣게 될 것이다. 문제가 없다고 해도 무엇이든 확인을 거듭하는 것이 좋다. 문제가 있어도 '문제 없다' 고 할 것이다. 어차피 해결될 문제이므로 궁극적으로는 '문제가 없다' 는, 앞선 답변을 내놓는다. 그다지 대수롭지 않은 것이 우리에게는 대수로울 수 있다. 그렇다고 그들을 전적으로 신뢰하지 말라는 소리는 아니다. 인식의 차이일 뿐, 피해를 주려는 것은 아니다.

★선전의 날씨는 홍콩의 아열대성 기후와 같다고 보면 된다. 여름이 길고 겨울은 짧아 겨울을 싫어하는 이들에게 제격이다(여름 대 겨울 비율을 굳이 나눈다면 8:4 정도, 하지만 이건 개인마다 더위, 추위를 느끼는 정도에 따라 다를 것이다). 한겨울 옷은 몇 벌 챙기는 것이 현명하다(다른 추운 지방을 여행할 기회를 대비하여). 여름은 35~38도를 웃도는 습하고 무더운 날씨가 계속된다. 티셔츠와 반바지를 가장 많이 입는다.

★부친 짐이 도착하고 옷을 정리하고 나면 곧장 좀약부터 재빨리 사서 옷 중간 중간에 걸어둘 것. 좋은 옷이 여기 와서 '불구' 가 되는 경우가 적지 않다.

★선전은 모기의 천국이다. 나무가 많은 곳에 살면 더더욱 대비할 것. 말 잘 듣는 모기약이 필요하다. 집에 모기향이야 두말 할 필요 없고 팔 다리에 스프레이를 뿌리고 외출하는 건 기본 중의 기본이다.

★중국의 지도를 (컨테이너로 부칠 짐 안에 넣지 말고) 소지하고 떠나길. 가자마자 소통도 전혀 안 되는 상황에서 본인이 있는 곳이 어디인지조차 모르면 답답해 미친다. 한자만 살아 있는 중국 지도는 별 도움이 되지 않는다. 10분 보다 보면 머리가 지끈지끈하다. 한자가 불편하면 홍콩에 가서 영어 표기 지도를 하루빨리 구하도록 한다.

★우리말이 통하는 조선족 가정부를 원하면 「교민세계」 「G 타임스」 등 여러 교민 정보지 구직란을 찾아본다. 물론 가장 이상적인 해결책은 지인의 소개를 받는 것. 잡지의 광고 한 조각이 신뢰를 주는 고용 방법은 아니지만 조선족과 끈이 닿는 고리가 될 수는 있다. 여러 사람을 면접하는 과정에서 마음에 맞는 사람을 만나면 다행이고 그렇지 않을 경우에는 면접자들을 통해 또 다른 조선족 후보를 소개받을 수 있다. 비교적 신뢰도가 높은 교민세계의 웹사이트(www.kyomin.org)에 들어가 현지 상황을 미리 파악하는 것도 시간을 벌 수 있는 한 방법. 가자마자 인터넷이 바로 연결되지 않을 수도 있으므로 조선족 아주머니를 하루빨리 구하길 원할 경우 서울에서부터 알아봐도 좋을 듯하다.

★혹시 선물리본을 모아두었다면 가져가는 게 좋다. 독특하거나 예쁜 포장 리본을 막상 찾으면 홍콩에 가지 않는 이상 찾는 데 애를 먹게 된다. 훌륭한 리본을 갖고 있는 것만 해도 시간을 버는 셈이다.

★자전거 도둑 없는 나라 없겠지만 중국에는 자전거를 훔쳐가는 사건이 잦다. 한 프랑스 친구는 세 번이나 도둑맞았다. 도둑을 질리게 할 듬직한 자물쇠를 마련해 가도록. 하긴 그래도 증발해버리는 경우가 있으니 운이란 것도 작용하는 모양이다.

★중국 비자용 사진은 중국용이 따로 존재한다. 한국에서 미리 찍어간 (어느 정도 리터치된 봐줄 만한) 사진은 소용이 없다. 현지 사진관에서 새빨갛거나 푸른색 배경으로 다시 촬영을 해야 한다. 그러니 한국에서 애써 수십 장 뽑아가지 않아도 된다.

★ '떠남'을 준비하는 이들에게 절대적으로 필요한 건 알짜배기 정보일 것이다. 이를 위해서는 경험자들의 이야기를 듣는 것이 가장 바람직하다. 그러나 만약 조언을 구할 길이 마땅치 않다면 SWIC(Shekou Women' s International Club, www.swiconline.com)의 문을 두드려보라고 권하고 싶다. '부인들'에게 필요한 쏠쏠한 생활 정보를 얻을 수 있으며 호스피털리티(Hospitality) 담당을 찾아 이메일을 보내 '코리안'이라고 하면 '외국어 핫 라인 서비스'의 한국어 담당인 내게(SWIC에선 난 EJ Kim으로 불린다) 연결시켜 줄 것이다. 알아둘 사실 하나. 한국에서는 SWIC 웹사이트로 들어가는 데 무리가 없는 데 반해 현 시점(2009년 10월) 중국 땅에서는 페이스북이나 트위터 등의 소셜 네트워크 사이트와 동영상 공유 사이트인 유튜브가 접속 불가이듯 SWIC 사이트 또한 열리지 않고 있다(중국 정부는 국가의 공식 입장에 반하는 정치적 이슈를 담은 사이트라고 판단하면 접속을 차단하고 있다).

★ '다국적' 성격을 띤 정보에 관심이 있으면 SWIC을 통하는 것이 지름길이며 협회 멤버들을 만나려면 매주 월요일 오전 9시 셔커우 해상세계 스타벅스로 오면 된다(단, 아이들 여름방학 기간인 6~8월은 온 셔커우가 텅 비는 관계로 9월부터 나오는 것이 좋다). 그런가 하면 한국인에게 걸맞는 정보는 심천한국상공회(http://szkorean.sshel.com), 광둥성 교민들을 대상으로 한 생활정보지 교민세계(http://www.kyomin.org)가 제공해줄 수 있을 것이다. 또한 한인 교회를 통해서도 필요한 정보를 얻을 수 있다.

02

Living

in Shenzhen

China

헤이룽장성
허베이성
지린성
닝샤후이족 자치구
네이멍구 자치구
산장웨이우얼 자치구
랴오닝성
베이징
서울
톈진
산시성
산둥성
청하이성
간쑤성
산시성
허난성
장쑤성
티베트
(시짱 자치구)
상하이
안후이성
후베이성
쓰촨성
청두
저장성
후난성
장시성
태평양
푸젠성
구이저우성
충칭직할시
쿤밍
광둥성
광시좡족 자치구
윈난성
광저우
선전
홍콩
난닝
마카오
하이난섬
남중국해

Shenzhen

후난성
장시성
푸젠성
사오관
메이저우
광둥성
허위안
차오저우
광시좡족
자치구
칭위안
지에양
산터우
후이저우
광저우
둥관
산웨이
포산
선전
자오칭
중산
장먼
원푸
주하이
홍콩
마카오
마오밍
양장
잔장
남중국해
하이난섬

지나간 시간을 돌아보면
지난 것들이 특별한 것이었음을 느끼게 된다.
도착하자마자 지인들에게 보냈던 메일들을
다시 읽어보니 날생선의 생생함이 묻어 있다.
시간의 투정인가 시간의 마술인가.
그러고는 또 한 번 놀란다.
보내는 메일이 뜸해지고 있음에.
선전 거주 5개월을 넘어서면서부터
서울을 향해 '보내기' 버튼을 누르는 횟수는
줄어들고 있었다.
내 마음이 이렇게 간사했던가.

중국에서 보내는 편지 하나

2007년 7월 2일, YJ 본부장님께

이제서야 메일을 씁니다. 사실 싸이는 '개통'을 했어요. 오자마자 인터넷부터 해결을 했어요. 영기아빠가 인터넷 맨들을 불렀더군요. 싸이가 되니까 우선은 불안감이 조금 사라지더라고요. 묘하죠? 커뮤니티의 힘 말이에요.

여긴 온지 벌써 4일째를 맞이하고 있네요. 아파트는 좋아요. 너무 넓은 것 같기도 하고. 그렇게 우겨서 큰 데로 왔는데, 막상 오니, 운동장 같아요. 1층과 2층, 분리된 공간이 독립성을 확보해 줘서 좋던데요.

이휴… 무엇부터 쓰지. 영기는 꽤 괜찮아 해요. 우선은 학교를 갈 시점이 아니고, 맨날 게임하고, 디비디 보고, 한가하죠, 뭐. 그것도 다 한때라 지금은 너무 스트레스 주지 않으려고 해요.

어제는 와서 처음으로 집에서 저녁식사를 했어요. 셋이 모여서 먹는 식사다운 식사. 그야말로 우리 셋(아줌마가 없으니까). 메뉴는 된장찌개와 계란을 한데 섞은 고기볶음, (어머님이 싸주신) 밑반찬. 밥이 너무 질었던 게 흠이었죠. 일본 쌀로 했는데, 원체 제가 밥을 꼬들꼬들하게 하는 데 익숙하다 보니, 이번엔 그러지 말아야 할 거 같아서, 물을 좀 넉넉하게 부었더니 그만 찐득한 밥이 되어버렸어요. 시행착오죠 뭐.

오늘은 월요일. 영기아빠는 사무실 가고 없어요. 핸드폰도 아직 없고. 하루 계획을 어떻게 찌야 할지. 대충 큰 그림은 그려놨어요. 그런데 누가 벨을 눌러 물어보면 꽝이죠 뭐. 허 참, 가게에서, 말이 안 통하니까, 저도 모르게 한국말이 튀어나오는데 미치겠어요. 왜, 연세 드신 분들, 외국에서 한국말 자연스럽게, 점원들에게 하는 것처럼 말이에요.

마음이 왜 이리도 급하죠? 뭘 해야 할 거 같은데, 그게 안 되니까 불안해지고. 중국어, 앞으로 써나가야 할 책에 대한 미션, 영기 교육, 아줌마 구하는 것 등. 조선족 아줌마가 구해지질 않아요. 생각보다 일손이 귀한 것 같아요. 다들 식당에서 일하고 싶어하지 가정집 도우미 일은 원하지 않는 듯해요. 지금은 우선 중국 아줌마가 일주일에 2~3번 정도 와서 빨래와 청소를 하니까 괜찮아요.

매니큐어를 곱게 바른 손톱이 벌써 울고 있네요.
이제 지워버려야 되겠어요. 매니큐어를 바른다는 게 사치 같네요.

오늘은…영기, 점심 때 뭘 해 먹이지? 또 저녁엔 우리 집 두 옥동자, 뭘 준비할까, 한 끼 끝나면, 다음 끼 생각하고. 쉬우면서, 맛있고, 개성 있는 그런 음식 뭐가 없을까. (개수대가 한국보다 작아서 그릇 씻는 데 답답해요).

조금 있다 오치 저희 관리해 주는 부동산의 셜리에게 가서, 단지 내에 있는 수영장 등록 건 관련해서 물어보러 나갔다 올 계획이에요. 그녀는 다행히 영어를 해요. 단지는 좋아요. 리조트 온 기분이에요. 사진 몇 장 보낼게요.

7월 9일, 너무도 그리운 G.클럽 멤버들에게

오늘 드디어 밥상다운 상을 차려 먹을 수 있었답니다. 바로 아주머니께서 오셨다는 사실! 물론 이전에 영기 부자가 맛없게 먹었다는 얘긴 절대 아닙니다. 나름 맛있다고 잘들 먹어 줬습니다. 그 미세한 차이는 고깃국과 콩나물 무침에 있었다는 거지요. 참으로 그렇다는 건, 오늘 아주머니께서 오시자마자 부엌에서 나는 칼 소리가 무척 '전문적'으로 느껴졌습니다. 저는… 칼질이 그리 능숙하지는 않거든요. 써는 데 시간이 좀 걸려요.

중국어 아무리 가까워도 본부장님 멘트처럼, 외국이 맞긴 맞아요. 우리한 스트레스가 뭔지 아세요? 제가 워낙 현지인 같다 보니 말들을 마구마구 걸어요. 그래서 제가 I DONT' UNDERSTAND에 해당하는 중국어 '팅부동'을 연신 외쳐대면, 이상한 듯이 저를 쳐다보며 다시금 중국어를 외쳐요. 그럼 제가 '워 쉬 한구어런'으로 답하면, 그제서야, 이해했다는 듯이, 웃으며 더 이상 말을 안 걸더라고요.

아, 참, 국장님!(싸이를 더 이상 안 하시니), 아니면 싸이를 안 하는 분들! 제 홈피에 오시면, 방명록과 사진첩 댓글을 올리실 수 있습니다. 전체 공개로 해놓았습니다. 싸이 안 하시는 여러분 일부를 위해.

여기 와서 두 번째 맞는 월요일입니다. 월요일은 월요일이더군요.

처음에는 영기아빠 없으면 큰일 나는 줄 알았어요. 정말 그랬어요. 근데 요즘 들어 조금 나아지고 있습니다. 놀랍게도. 하지만 주말이 제일 즐겁지요. 영기도 아빠가 옆에 있어야만 안정을 되찾으니 말이에요.

중국에 와서 영기와 제 두 눈에 명백히 박힌 몇 가지를 열거하자면 :

1. 중국 남자들은 '란닝구'를 즐겨 입으며 틈날 때마다 (날씨가 너무 더운 관계로) 러닝 셔츠를 치켜 올리며 배를 만지거나 두드리는 습관이 있다는 것.
2. 찬물을 안 마신다는 것(늘 더운 차를 마심).
   위장에 찬물이 좋지 않다고 아무리 더워도 뜨거운 물을 마시더군요. 아마도 음식이 기름져서 그런 거 아닐까요.
3. 소고기보다는 돼지고기를 사랑한다는 것.

슈퍼 가면 소고기 찾느라고 시간 다 허비해요. 온통 돼지와 닭 세상이에요.

4. 한류스타, 모르는 사람이 없다는 것.

놀랍도록 많이 안다라고요. 여기 와서 보니 우리 배우들, 서울에 있을 땐 잘 몰랐는데, 세련됐어요.

5. 빨간색 속옷을 즐겨 입는 이유는 빨간색이 악을 막아주기 때문에.

근데 솔직히 빨간 내복, 진하더라고요.

6. 8이 복을 부른다고, 전화번호에 8888을 많이 쓴다는 것.

좋아해도 엄청 좋아해요. 이 888에 눈이 돌아갈 정도.

7. 선전의 여인네들은 원피스를 선호한다는 것.

아마도 여성스럽기 때문에 원피스를 즐겨 입는 듯. 하나짜리 옷, 편하잖아요.

8. 긴 머리(생머리)를 선호한다는 것.

(그래서 사람들이 저를 중국 사람으로 보나 봐요).

9. 개천물 냄새를 아무렇지 않게 생각한다?

(이건 순전히 제 사견입니다. 개천물 냄새가 코를 찌르는데 그런 냄새를 잘 견디는 것처럼 보였어요).

선전의 첫 인상은 그저 그랬다.
예뻐 보이지 않았다.
비가 그치면 좀 나아지겠지 하는
나의 기대가 이루어지기를
바랄 뿐이었다.

처음 ● ○ ○ ○ 느끼다

나는 비를 좋아하지 않는다.
비 오는 날씨는 렌즈에 뭐가 묻었을 때
찍히는 흐릿한 사진과 같다.
부슬부슬 끝없이 내리는 비는 정말 싫다.
선전에 처음 도착했을 때 우리를 맞아준 건
우중충한 잿빛 하늘이었다.
웃을 기미를 전혀 내보이지 않는 슬픈 선전.
침울함이 앞섰다.
차창에 맺힌 빗방울에 선전이 있었다.
시원하면서도 어딘지 모르게 황량한 냄새를
풍겨내는 무지막지한 공간,
근심의 부피만 키우는 시커먼 구름들,
획이 무시무시하게 꿈틀거리는 한자들로
뒤덮인 대문짝 만한 간판들,
멋없이 위로만 쭉 뻗은 은회색의 마천루,
뭔가를 기념할 목적으로 허공을 가로지르는
울긋불긋한 풍선 퍼레이드
그리고 동공을 뒤덮어버리는 뿌연 공기.

선전을 만나다

선전의 첫인상은 그저 그랬다. 예뻐 보이지 않았다. 비가 그치면 좀 나아지겠지 하는 기대가 이루어지기를 바랄 뿐이었다. 의심 반 기대 반이었던 불안한 바람은 시작에 불과했다. 6월부터는 태풍이 뻔질나게 들락거리니 선전의 이 같은 '투정 부림'에 익숙해져야 한다고, 이런 건 아무것도 아니라고, 끈질긴 비와 친해져야 한다고 경험자들이 말해주었다. 태풍을 너그럽게 품는 노력이 필요했다.

시간이 지나면서 새록새록 알게 된 여러 가지 새로움 가운데 가장 흡족했던 것은 완연한 온기를 품은 선전의 날씨였다. 아름다운 기후는 단순히 날씨에만 영향을 미치는 것이 아니다. 아침에 눈뜨면 몸 전체에 스며드는 그날의 에너지는 하늘이 미치도록 웃느냐 조용히 웃느냐 시무룩하냐 화를 내느냐 소리를 지르느냐 훌쩍 우느냐 엉엉 우느냐에 따라 큰 차이를 보인다. 대기의 표정은 세포 속을 파고든다. 3~4개월을 넘기지 않는 추위. 여름옷에 기대어 살게 하는 더운 날씨의 연속. 넘치는 햇살과 빗방울로 꽃과 나무가 무럭무럭 자라는 토양. 언제가 될지 모르겠지만 이곳의 따스함이 그리워질 것 같은 기분. 쌩쌩 부는 바람을 뚫고 따뜻한 커피가 담긴 두툼한 머그잔을 두 손에 슬그머니 잡았을 때의 훈훈함. 선전은 그렇게 나를 끌어들이고 있었다.

누구든 어디를 가게 되면 첫눈에 꽂히는 뭔가가 있게 마련이고 이 뭔가는 그곳의 윤곽을 어렴풋이 그려주는 역할을 맡는다. 어떠한 윤곽이 그려지느냐에 따라 마음가짐이 달라지고 삶의 빛깔이 결정된다.

잘은 모르지만 선전에 대한 그 '무엇'은 이렇게 쓰여지고 있었다.

Shenzhen is

어설프다 그럴 듯해 보이는 건물 외관도 들어가 보면 어딘지 엉성하고 삼빡해 보이는 식당도 서비스가 불만족스럽다. 부족함 38퍼센트(허나 이를 부정적으로 받아들이기보다는 '발전의 현장'을 체험하는 절호의 기회로 인식하면 흥분할 이유도 그리 없다).

현대적이다 쭉 뻗은 도로와 위협적인 마천루, 신 기술의 산업 도시 선전은 베이징과 상하이의 뒤를 이어 '움직이는 중국'의 표본으로 급부상하고 있다(선전이 속한 광둥성의 수도는 중국 남부 최대의 무역 도시, 광저우. 순번을 매기자면 선전은 광둥성의 두 번째 도시, 쉽게 말하면 광저우의 동생 격. 역사와 문화, 상업적 수완으로 광저우는 수도로서의 면모를 굳힐 수 있었다. 그러나 2000년대 들어 선전은 광둥성의 새로운 별로 떠올랐고 현재 중국 남부를 유복하게 만드는 효자 도시로 기운찬 자리매김을 해나가고 있어 광저우 못지 않은 명성을 구축하고 있다).

삭막하다 개발이 지나치게 빠른 속도로 이루어진 탓일까. 온통 유리로 도배한 '현대적' 건물들은 퍽퍽한 느낌을 준다. 고도의 세련미에서 우러나오는 마력 같은 카리스마가 없어서 다소 황폐하다.

역동적이다 도처에서 들리는 불도저의 굉음. 하루가 지난 후 굉음은 하루 전만 해도 존재하지 않았던 몇 백 그루 야자수를 탄생시켜 놓는 마법의 소리로 둔갑해버린다. 소리 없이 난데 없이 갑자기 나타나는 나무와 가로등 그리고 건물들. 중국에서는 얼마든지 가능한 일이다.

슬기롭다 『론리 플래닛 중국편』에 의하면 선전은 '전국적인 복권에 당첨된 것과 같은 행운을 잡아 1980년에 경제 특구가 되기 전까지만 해도 일개 어촌에 불과했다'고 나와 있다. 일찍이 서양 문물이 자리잡았던 상하이의 눈부신 발전 저변에는 어느 정도 '여지'라는 실현 가능성이 있었다. 그에 비해 선전은 (덩샤오핑이 경제특구로 지정하기 전까지는) 그 누구도 주목하지 않았던 시골 마을이었다고 한다. 선전의 신화는 그야말로 '무'에서 '유'를 창조해 낸 대표적인 모범 케이스로 꼽힌다.

부유하다 선전은 알고 보면 상하이 못지않게 눈부신 성장으로 주목받는 곳이다. 해가 갈수록 늘어나는 외국 주재원과 유학생으로 선전의 물가는 몸을 낮출 줄 모른다. 택시 값도 상하이보다 비쌌으나(상하이는 11위안, 선전은 12.5위안) 2009년 10월 10일 이후 10위안으로 변경되었다(참고로 상하이는 2009년 10월 11일 이후 12위안으로 가격이 상승되었음). 중국에서 1인당 소득이 가장 높은 곳으로 알려져 있다(http://www.china.org.cn/e-company/05-11-15/page050914.htm 참고).

매력적이다 선전의 매력은 첫눈에 잘 드러나지 않는다. 그러나 시간을 두고 가만히 살피면 결코 그렇지 않다는 사실에 야금야금 행복해진다. 사계절이 뚜렷하지 않은 것이 바로 선전의 기후가 갖는 매력이다. (12월부터 3월까지를 제외하면) 여름과 같은 기후가 이어져 일 년 내내 휴양지에 온 듯한 착각을 갖는다. 바다, 구름, 바람, 나무, 그림자, 하늘, 공원, 공들인 조경, 여자들의 기나긴 생머리, 중국의 전 지역 그리고 세계 곳곳에서 온 사람들. 순간순간 짓게 되는 미소, 그 행복의 열쇠는 선전이 내주는 '여유'에서 찾을 수 있다.

편하다 홍콩이 바로 옆에 붙어 있는 지리적 조건은 선전을 여러 모로 살기 편한 곳으로 도시의 수준을 한 단계 올려 놓았다. 홍콩처럼 세련되지는 않았지만 걸러지지 않은 중국스러운 맛은 정감 있게 다가온다. 지나치게 날이 서면 어딘지 불편하다. 선전에 온 사람들은 하나같이 말한다. 이곳에서는 편안함을 얻는다고.

사교적이다 이 말은 국제적이다, 는 의미와 일맥 상통한다. 중국 각지에서 몰려든 이주민들이 일군 신 도시라는 특수성은 외국 자본을 불러들여 국제적인 도시로 발돋움하는 데 적지 않은 영향을 끼쳤다. 중국의 다른 대도시에 비해 선전 사람들은 친절하다.

운이 좋다 덩샤오핑이 없었다면, 홍콩을 이웃으로 두지 않았다면 오늘날의 선전은 없었을 것이다. 중국에서 비즈니스를 펼치길 원하는 이들에게 홍콩이 바로 옆에 있다는 사실은 여러 모로 유용하다. 홍콩이 이처럼 가까이 없었다면 매 주말 선전으로 놀러 오는 홍콩인들도, 홍콩으로 쇼핑하러 가는 돈 많은 중국인들도 없었을 것이다. 홍콩이 중국 본토로 반환된 이후 선전은 그 수혜를 가장 많이 보고 있다.

이 정도면 선전에 대한 밑그림이 얼추 그려질 것이다. 한마디로 선전은 불행인지 다행인지, 가장 중국스럽지 않은 곳이다. 갈수록 증가하는 외국인 거주자의 수요에 맞추어 발전해가는 생활 환경, 현대적인 시설물은 편리한 삶을 보장해주는 장치가 되기는 하나 마음의 양식으로 남는 문화 유산의 부재는 '전혀 매력적이지' 않은 곳이라는 인상만 더해주며 선전의 가치를 깎아내리는 데 결정적 역할을 한다. '돈을 벌기 위해 잠시 머무는 도시' 정도로밖에 인식이 되지 않는 것이 선전의 아킬레스건이다. 한마디로 선전은 일이 불러서 가는 곳이다. 엄청난 뭔가를 보고 느끼러 가는, '꼭 가야만 하는' 여행지는 아니다.

그러나 한편으로 이런 생각도 들어 뿌듯해진다. 선전의 눈부신 발육의 현장 한가운데에 지금 서 있는 것 자체가 개혁 개방 중인 중국의 미래를 앞서 경험하고 있는 것이라고, 이 순간에도 역사는 켜켜이 쌓여가고 있다고, 하루가 다르게 진화하는 선전과 함께 호흡하는 것은 행운이라고. 그러면 나도 모르게 벅찬 미소가 내 얼굴을 환하게 밝힌다. 언젠가는 심하게 광이 나는 이 도시도 시간을 탄 고가구의 예스러운 빛을 발할 때가 올 것이다. 난 이 시간 속에 들어와 있다. '새것'의 냄새가 숙성된 향으로 변모하는 기나긴 여정의 어느 한 지점. 13억 인구가 숨쉬는 세계 속 또 하나의 세계, 이주민들의 터전 안에 하나의 점에 불과한 내가 있다.

선전은 이런 도시

선전은 가기 전과 후, 두 시점의 빛깔이 확연히 다른 오묘한 곳이다. 갈 때는 큰 기대 같은 건 하지 않는 곳. 그러나 돌아올 때는 또 한번 찾고 싶은 바람이 가슴을 한아름 적시는 그런 정겨운 곳이다. 대중적인 친밀도가 따라붙지 않는 도시일수록 타인의 소감은 더 애틋하게 귀 안으로 들어온다. 선전에 거주하는 친구들 그리고 잠시 다녀간 방문객들에게 슬그머니 물어봤다. 선전은 어떤 곳이냐고.

Comments about Shenzhen

도시 같지도 않고
중국 냄새도 나지 않는 곳.
색깔이 불분명한 곳.
하지만 마음 편히 갖고
살기에는 좋은 곳.
★김은주, 선전 거주

매일 얼굴 표정이
바뀌는 도시.
난 이런 변화를 사랑한다.
★샌디, 선전 거주

생각보다 깨끗하다.
중국에 대한 부정적인 인상이 사그라지는 곳.
정렬된 아파트 건물들의 디자인은 다채로워
흥미롭기까지 하다. 풍부한 야채와
과일이 기억에 남는다.
★조규춘, 방문객

아기자기하게
가볼 만한 곳이 많은 곳.
★한지원, 방문객

잠깐 있다 갈 곳으로
'간주'되는 곳.
그러다 며칠 있다 보면
꽤 오래 있을 만한,
다분히 멋진 곳이라는 기대 가득한
흥분을 절감하게 되는 곳.
★사이프런, 선전 거주

대도시와 전원도시,
대조되는 두 얼굴이
아름다운 조화를 보여주는 곳.
시민을 배려한 드넓은 공원 단지, 널찍한
쇼핑몰, 확 트인 시가지, 쾌적한 외국인
주거 단지 등 선전의 발전상은 신선한
충격으로 다가온다.
★홍일표, 방문객

중국스러운 투박함과 세련되지 않는 소박함은
밀가루 반죽에 아무렇게나 구멍을 내 구워낸
건빵과자 같지만, 그 안에 깜짝 놀랄 만큼 서구적이고
트렌디한 문화가 숨쉬고 있다. 마치 건빵 속에 숨은
알록달록한 별사탕처럼.
선전은 뜬금없이 먹고 싶은 건빵처럼
문득문득 다시 가고픈 욕구를 불러일으킨다.
★이윤경, 방문객

선전은 패션 정글과도 같은 곳이다.
패션은 숨가쁘게 바뀌지만 (패션을 수용하는)
사람들은 꼭 그렇지만은 않다. 새로운 흐름을
받아들일 시간이 필요하기 때문. 지난 2년 간
선전에 살면서 찾아낸 것은 자유와 독립심이다.
내게는 존재감을 심어준 고마운 곳이다.
★발렌티나, 선전 거주

지금 선전은 한창 뜨고 있다.
30여 년 전 고기를 잡으며 생계를 유지하던 초라하기
그지 없었던 촌락이 유네스코에 의해 '디자인의 도시'로 선정됐다.
선전에서는 불가능이 없다. 창조적인 에너지가 휘몰아치며
개개인의 꿈을 저 앞으로 밀어붙이는 그런 놀라운 곳이다.
선전의 기후는 온화하며 홍콩과 가까운 지리적 조건은 선전인들에게
최신 유행과 전시회 개최지로서의 면모를 갖추게 하였다.
★비르지니, 선전 거주

한껏 성장하고 있는 아름다운 모습을
지켜보는 것만으로 의미가 큰 도시.
최선을 다해 열심히 일하는 사람들을
보면 스스로 힘을 내게 된다.
이처럼 긍정적인 면이 있는가 하면
부정적인 면도 있다. 문화대혁명을 겪고
난 후의 중국은 '돈'과 지나치게 친해져
버린 것 같아 씁쓸한 마음이 든다.
★링무, 선전 거주

도시와 전원이 공존하는 곳

선전

깊은 논두렁이라는 뜻을 지녔던
'선전'이 도시이름이 된 것은
'부자가 된다'는 의미를
내포하고 있었기 때문으로 본다.

선전을 ○ ● ○ ○ 배우다

짧지만 굵은 선전의 역사

선전의 발전사는 중국 개혁 개방 30년과 늘 자리를 함께 한다. 천지개벽한 중국 뒤에는 익히 알려진 상하이가 있으나 무에서 유를 창조한 진정한 천지개벽은 광둥성 남부 연해의 초라한 어촌에 불과했던 선전에서 일어났다. 선전의 모체는 바오안현寶安縣이었으며 오늘날과 같은 '선전'으로 명명된 것은 1979년이었다. 그러나 한 고서의 기록에 의하면 '선전'이라는 말이 화두에 오르기 시작한 것은 이미 명나라 때로 거슬러 올라가며, 이는 깊은(深) 논두렁(圳)을 의미하는 말이었다(참고로 광둥성과 홍콩 사람들에게 대지에 비옥함을 가져다주는 물은 '부'의 상징이었다고 한다). 선전이 정식 도시명으로 채택될 수 있었던 데에는 이 '부자가 된다'는 의미를 내포하고 있었기 때문으로 본다.

앞서 말했듯이 선전의 역사는 중국 개방의 시간과 어깨를 나란히 하고 있으며 이야기의 축은 수치 중심적인 경제가 근간을 이룬다. 난 숫자보다 문자를 사랑하는 사람이다. 불행이라면 불행이고 행복이라면 행복이다. 선전의 역사는 살아 있는 경제라 해도 과언이 아니다. 경제도시 선전에 다가가기 위해 기본적으로 알아두면 유용할 몇 가지 키워드가 여기 있다.

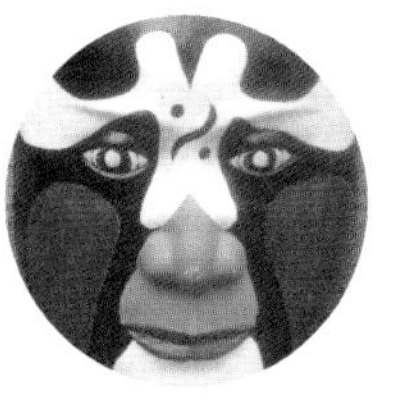

Keywords

덩샤오핑 경제특구 셔커우 홍콩
출입국관리소 이주민의도시 여성의힘
평등원칙파괴 선전스피드 계획도시

이 사람이 없었다면 선전은 없었다고 말하지 않는 이가 없다. 덩샤오핑(鄧小平, 1904~97)은 선전의 아버지로 불린다. 이 개혁개방의 기수는 일개 어촌에 지나지 않았던 선전을 베이징, 상하이, 광저우 다음으로 손꼽히는 대도시로 거듭날 수 있도록 초석을 다져준 장본인이다. 1977년 정권을 잡은 그는 사회주의 이념만으로는 인민들을 배고픔으로부터 구제할 수 없다는 사실을 깨닫고 실용주의에 입각한 개혁개방 정책을 추진했다. 희든 검든 쥐를 잘 잡는 고양이가 좋은 고양이라는 그의 '흑묘백묘론' (1961)은 이곳 선전 사람들이 덩샤오핑에 대한 얘기만 꺼내면 입에 올리기 좋아하는 화두다. 자본주의와 사회주의의 이념을 적절히 조화시켜 실속의 중요성에 초점을 둔 덩샤오핑의 해결책은 선전을 중국에서 알아주는 부유한 도시로 일궈 놓았다.

1980년 선전은 덩샤오핑에 의해 경제특구(SEZ)로 '간택'되면서 다국적 기업의 생산기지로 빛을 발하며 현대화된 무역도시로 성장할 수 있었다. 선전 사람들의 덩샤오핑 예찬은 대단하다. 그의 열린 생각 없이 그들 또한 없었다고. 그리고 덧붙이는 한 마디. "(남한 출신인) 당신과 내가 이렇게 자유롭게 대화를 나누지도 못했을 것"이라고.

덩샤오핑은 홍콩 옆에 붙어 있는 볼 것 하나 없는 작은 촌락에서 그 누구도 보지 못한 미래를 읽었다. 선전이 일군 기적의 신화는 신 중국의 모범사례로 회자되며 중국의 여타 도시에 '우리도 할 수 있다'는 꿈을 심어주고 있다. 선전 시내 중심가인 션난루에 가면 덩샤오핑이 그려진 대형 간판을 볼 수 있다.

Keyword#2 경제특구

이것이 있기에 선전에서의 생활은 좀더 여유롭고 쾌적하다. 선전 옆 괄호 안에 꼭 들어가는 'SEZ(Special Economic Zone)', 이름 하여 경제특별구역(이하 경제특구). 선전(1980), 주하이(珠海, 1980), 샤먼(厦门, 1980), 산터우(汕頭, 1981), 하이난(海南, 1988). 중국에는 총 다섯 개의 경제특구가 있다. 이 중 가장 먼저 개방이 이루어진 곳이 바로 선전이다(경제특구라 하여 선전시 전체가 특구는 아니다. 경제특구에 해당하는 지역은 난산[南山]구, 푸톈[福田]구, 뤄후[罗湖]구, 옌톈[盐田]구 총 네 군데로 제한된다).

경제특구로 지정된 선전에 제일 먼저 진출한 이들은 정유 회사에서 파견 나온 미국과 영국인들이었다. 선전에 외국인들이 많이 사는 이유가 여기에 있다. 의미 그대로 선전은 특별한 지역으로 2000년대 중반만 해도 아무나 발을 디딜 수 없는 제한 구역이었다고 한다. 선전 시내 중심에 있는 뤄후 기차역 부근의 홍콩과 잇닿은 경계에 쳐진 철조망을 보면 경제특구가 지닌 막강한 힘을 가늠할 수 있다.

외국의 자본과 선진 기술을 도입하고 세금 혜택을 부여함으로써 국제적 수준의 투자 환경을 조성한 중국 제1의 경제특구 선전은 자본주의적 색채가 가장 두드러진다는 소리를 듣고 있다. 또 한 가지 괄목할 사실은 다섯 군데의 경제특구 가운데 유일하게 증권거래소가 있는 곳이 바로 선전이다(중국 본토 증권거래소가 존재하는 곳은 상하이와 선전 두 군데가 전부. 상하이에는 1990년, 선전에는 1991년 개장). 경제특구라는 육중한 특명은 선전이라는 상업적인 코드 아래 세계로 하여금 새로운 중국과의 만남을 독려하는 매력적인 계기를 창출하는 결과를 낳았다.

Keyword#3 셔커우

중국에서의 삶을 좋아하게 된 데에는 먼저 선전이라는 도시의 역할이 크고 선전에서의 하루하루를 살맛 나게 하는 해주는 마력은 셔커우(蛇口)로부터 나온다는 말을 하고 싶다. 선전 지도를 보면 셔커우는 서남부에 위치한 난산구 남단 해안가에 있으며 홍콩과 근접하여 더 없는 교역 지대로 사랑 받고 있다. 처음에는 셔커우가 단순히 외국인들이 밀집해 사는 지역명인 줄 알았다. 그러나 셔커우의 실체는 셔커우 공업구(Shekou Industrial Zone)로 선전을 경제특구로 지목했던 70년대 말 중국 정부가 시험 사례로 개발한 요지 중의 요지였다. 셔커우는 곧 눈부신 실적을 자랑하는 제조 기지로 그 명성을 서서히 날리기 시작했다. 이와 맞물려 중국을 기회의 땅으로 일찌감치 내다본 외자 기업들도 하나둘씩 진출하면서 셔커우는 어느덧 첨단 기술로 무장된 현대적인 공업구로 성장했다. 혁신에 절대적인 수많은 개혁조치들이 도입, 단행된 것도 셔커우에서였다.

셔커우의 경제적 신장은 곧 선전 경제특구의 발달을 시사한다는 점에서, 아니 더 나아가 중국 전역의 개혁개방을 이끌어 갔다는 점에서 매우 중요한 의미를 갖는다. 선전 거주 외국인들 대부분이 셔커우에 모여 산다. 셔커우 안에서 가능한 한 많은 것들을 해결한다. 최고급 명품을 사지 않는 한 굳이 시내까지 나갈 이유가 없다. 그만큼 셔커우는 기타 다른 지역에 비해 쾌적한 생활을 보장하며 영어가 그나마 통하는 곳이라 외국인이 살기에는 제일 편하다. 미국식 국제학교 두 곳도 모두 셔커우에 있다.

참고로 알아두면 좋은 사항 하나. 셔커우의 중심에 자리한 '해상세계'라는 광장에는 거대한 흰색 배가 한 척 있다. 드골 대통령에게 귀속되었던 프랑스 원양 여객선으로 1973년 중국에 양도된 것. 1983년 선전 셔커우의 품에 안겨 호텔과 식당의 터전으로 새 날개를 달았다.

선전이 지닌 가장 큰 강점은 뭐니 해도 홍콩과 아주 가까운 거리에 있다는 것이다. 돈과 향수 냄새가 넘치는 홍콩 바로 옆이라 서구의 최신 유행에 갓 눈을 뜬 선전은 세련된 큰 언니 홍콩의 영향을 받지 않을 수 없는 입장에 놓여 있다. 일찌감치 경제특구로 지정된 주된 이유 역시 홍콩과 밀접한 연관성을 지닌다. 선전을 미래의 도시로 내다본 덩샤오핑의 예상은 적중했다. 무역, 운수, 금융, 관광 등 산업 각 분야에 걸쳐 선전은 홍콩의 선진화된 산업 구조와 자본주의 시장경제 체제를 흡수하고 소화시켜 새로운 중국식 역동적인 사회주의 이념을 구현하는 실험장이 되었다.

홍콩이 중국으로 귀속되기 전 홍콩 사람들은 미개하다는 이유로 중국 본토 사람들을 업신여기며 싫어했다. 굳게 닫혀만 있던 중국의 문을 두드리고픈 마음이 있었을 리 만무했다. 1970년대 말 (중국의 개혁개방이 이루어지기 전) 홍콩의 이민관리국은 홍콩으로 밀입국하는 본토의 불법 이민자 수만 명을 색출하는 데 골머리를 앓아야 했다. 홍콩이 선전 곁에 있는 건 행복이자 불행이었다. 자유로운 시장 경제가 구축되어 있는 홍콩으로 도주하는 본토인들이 눈덩이처럼 불어나면서 중국도 불가피한 조치를 취하지 않으면 안 될 시점을 맞았던 것. 경제특구는 여러 모로 돌파구 역할을 해내는 가운데 본토에 대한 홍콩인들의 관심을 고무시키는 촉매제가 되었다.

개혁개방 30년. 주말이 되면 선전 곳곳의 출입국 관리사무소는 선전시로 들어오는 홍콩인들 그리고 홍콩으로 들어가는 본토인들로 북새통을 이룬다. 선전으로 출퇴근하는 홍콩 직장인들, 선전에 살며 아이를 홍콩 학교로 보내는 부모들, 주말 집을 선전에 마련해놓은 홍콩의 중산층, 명품을 구비하러 가는 본토 부자들, 마사지와 맛난 음식 즐기러 주말마다 선전을 찾는 홍콩의 여행객들. 선전과 홍콩 사이를 가로막았던 두툼한 사상의 벽은 허물어져 가고 있다. 아니 거의 허물어졌다 해도 과언이 아닐 것이다. 선전에서 누리는 소중한 사치, 그것은 쇼핑의 천국 홍콩을 가벼운 마음으로 오갈 수 있다는 것이다. 사람들은 말한다, 향후 10~20년 이 둘은 혁신적인 메갈로폴리스로 묶여 강력한 연대감을 과시할 날을 맞이할 것이리고.

선전에 오면 '체크포인트'라는 단어와 자연스럽게 친해지게 된다. 사실 성장 가도를 달리는 현대 도시와 출입국 관리소는 쉽사리 매치되지 않을 것이다. 그러나 이러한 검문소가 없다면 선전에 사는 색다른 맛이 다소 줄지 않을까 예상된다. 출입국 관리소는 '바깥 세상'으로 간주되었던 홍콩과 통하는 문이기에 어느 정도 시간이 경과하면 딱딱한 검문 분위기에 익숙해지는 새로운 습관을 '덤'으로 얻는다. 덤이라고 한 이유는 홍콩과 선전을 명확하게 구분 짓는 출입국 관리소 내 경계선을 넘어서면 두 곳의 공기가 절묘하게 다르다는 차이를 느낄 수 있기 때문. 이건 베이징이나 상하이에서도 경험할 수 없다.

선전에는 총 17개의 출입국 관리소가 있으며 이 중 선전 거주 외국인들은 셔커우 페리 터미널과 선전 코우완(口腕), 푸톈, 뤄후에 있는 검문소를 가장 많이 애용하고 있다고 한다. 그러나 과거를 돌아보면 이들 검문소가 지금처럼 자유롭고 활기찬 여객 터미널 같은 곳은 아니었다. 홍콩으로 밀입국하려는 본토인들이 하도 많아 홍콩은 홍콩대로 중국은 중국대로 삼엄한 경비망을 펼칠 수밖에 없는 실정이었다. 홍콩에 가족이 있거나 정부의 특별 허가가 따르지 않는 한 본토인들이 홍콩에 가기는 무척 힘들었다고 한다.

이제 출입국 관리소는 희망을 부르는 거대한 창구로서 개방 도시다운 면모를 보란 듯이 내보인다. 지나간 시간의 대가는 홍콩과 본토를 오가는 하루 십수만 명의 출입국자들에게 독자적인 행복을 불어넣어주고 있다. 선전 또는 홍콩에 둥지를 틀고 매일같이 통근하는 사람들은 여지 없이 그들만의 황금빛 꿈을 설계하고 있는 중이다.

Keyword #6

이주민의 도시

선전에서는 중국 전체를 느낄 수 있다. 선전은 중국 전역에서 몰려든 이주민들이 땀으로 일군 도시이기 때문이다. 문화대혁명을 겪고 난 직후 중국 인민들을 기다리고 있던 건 끝이 보이지 않는 배고픔이었다. 먹고 살 길이 제시되어야만 했다. 개혁개방 정책의 신호탄으로 선전이 개방되자 혈기 왕성한 젊은이들이 대륙 곳곳으로부터 모여 들기 시작했다. 이른바 이주 노동자들. 바로 이들이 부유한 선전을 건설한 선전의 자랑이자 꿈나무였다. 미국에 아메리칸 드림이 있듯이 중국에는 선전 드림이 있다. 만나는 이들마다 말한다, 선전은 꿈을 이루기 위해서는 거쳐야 할 곳이라고.

중국이 바깥 세상을 향해 문을 여는 분위기가 조성된 70년대 말~80년대 초반 더 나은 삶에 대한 갈망은 그들의 발걸음을 경제특구로 지정된 선전으로 재촉했다. 「선전 데일리」(2008년 9월 1일자)에 따르면 외자 기업들이 셔커우 공업구로 진출하면서 선전으로 모여든 이주민 수가 30만 명에 달했다고 한다. 초기 이주민들은 벽돌공이었다고 한다. 이들은 말 그대로 벽돌 하나하나씩을 쌓아올리며 선전의 '신화 같은 기적'을 탄생시켰다. 또한 장난감, 운동화, 티셔츠 생산 공장으로 대거 투입되어 도시의 생산성을 향상시키는 데 지대한 획을 그었다. 당시 선전은 '불이 꺼지지 않는 도시' 였다고 한다. 밤새 선전의 밤을 밝혔던 이들은 오늘날 선전 드림의 주인공이 되어 어느새 선전의 살아 있는 역사로 자리매김했다(물론 이러한 행복을 모두가 손에 쥐었던 것은 아니다. 공업화 가도를 달리던 초기 노동 환경과 조건은 열악하기 그지 없어 고통에서 헤어나지 못한 채 꿈을 놓쳐 버리는 이들도 많았다).

선전이 '열린 도시'로 사랑받는 이유 중 간과할 수 없는 것이 있다면 각기 다른 지방에서 온 이주민들로부터 묻어나오는 '차이를 이해하는 마음'일 것이다. 부를 축적하려는 악착같은 구석과 이방인을 보듬으려는 따스함을 이들에게서 읽을 수 있다.

도시마다 성별이 있다고 가정할 때 선전은 의심할 여지없이 여자다. 푸른 하늘과 야자수, 바다가 주는 낭만적 감성 때문만은 아니다. 역사적으로 선전은 여성 인력을 끌어들여 덕을 본 도시다. 1980년대 개혁개방 정책이 가동화되면서 셔커우 공업구의 공장들은 전국에서 특별히 뽑혀 온 여자 노동자들로 채워졌다. 「사우스 차이나 모닝 포스트」(2008년 11월 19일자)는 중국 개혁개방 30년 특집 기사에서 중국 제조업의 위상을 높인 여성 노동자들의 우먼 파워를 논하면서 이들은 일반 노동자들과는 달리 고등 교육의 수혜자들이라고 피력했다.

당시 선전에서 일한다는 것은 실로 대단한 특권이었다고 전해진다. 외국 자본이 유입된 현대화된 셔커우 공업 단지에 채용된 사실 자체가 '기회'였고 현명함을 보인 이들은 각고의 노력 끝에 은행 간부, 공장주, 갑부로 변신할 수 있었다.

「사우스 차이나 모닝 포스트」에 따르면 1980년대 중반 셔커우의 (국유) 백화점 판매사원의 한 달 봉급이 지방 연구소 직원에 비해 무려 6배 높았다고 하니 경제특구의 특수를 가늠할 수 있는 대목이다. 선전의 여성 파워는 계속되고 있다. 여성이 특히 두드러지는 업종은 부동산과 은행 분야. 한국과는 달리 부동산 중개인으로 여자들이 활발히 뛰고 있다. 상냥하고 세세한 설명이 남자보다 낫다. 흰색 셔츠에 검은색 바지를 입고 머리를 뒤로 정갈하게 묶은 날씬한 여자들이 새로운 매물이나 임대물을 성심껏 소개하는 모습에서 '혁신 중'인 중국이 보인다. 그 어느 때보다도 진취적이고 자유로운 삶을 누리고 있는 중국의 현대 여성들. 힘겨운 여건 속에서도 여성의 지위를 향상시킨 기성 세대를 어떻게 뛰어넘을지 무섭도록 야무진 이들의 새로운 행보에 귀추가 주목된다.

Keyword#7 여성의 힘

선전에 온 이래 중국 관련 서적이나 신문 기사를 훑으면 자주 읽히는 문구가 있다. '같은 철밥을 먹는 것.' 성과 달성 여부에 상관 없이 모두가 동일한 보수를 받는다는 의미를 나타낼 때 종종 쓰이는 이 말은 노동 제도를 개선시킨 결과, 세계가 주목하는 무역 도시로서의 면모를 갖춘 선전의 '성공 신화'에 절대적인 가치를 더하고 있다.

1980년 선전은 평등주의에 입각하여 파이 조각을 똑같이 나눠 먹는 사회주의식 체제를 서랍 속 깊이 넣어두고 성과에 따라 인센티브를 제공하거나 이익에 따라 보너스의 혜택을 누리는 대대적인 개혁을 단행했다. 사실 고용 조건이라든가 고용 계약 등 노동 관련 개혁 조치들이 빛을 볼 수 있었던 뒷배경에는 자본주의의 정점에 서 있는 홍콩 사업가들이 자리하고 있었다고 한다. 노력을 굳이 하지 않아도 노력하는 이와 급여를 똑같이 받는 테두리 안에서는 '발전'이란 경쟁력이 키워질 수 없는 법. 생산성 증대는 효율 창조로 이어지게 마련이다. 엄청난 외국 자본이 유입된 선전의 현대화된 공장에서는 효율성이 생명이었다. 결국 일을 더하면 더 준다는 자본주의적인 보상 체계는 노동자들의 사고를 변화시켰고 이는 선전 역사에 기록적인 생산성 증대라는 업적으로 남게 되었다.

'시간은 돈, 효율은 생명.' 셔커우 페리 터미널 진입로에는 선전 셔커우 공업지구를 설립한 위안껑(1978년 중국 초상그룹 부회장으로 선임되어 중국 개혁개방의 역사에 지대한 공헌을 한 입지전적인 인물)의 캐치프레이즈가 방문객들의 이목을 잡아끈다. 명백한 진리를 내세운 이 구호는 1982년 첫 선을 보였을 때 자본주의적 색채가 강하다는 이유로 심한 비난을 받았다. 하지만 덩샤오핑으로부터 인가를 받은 이후 속물로 치부되던 이 말은 점차 중국 전역으로 확산되어 시장경제 발전의 밑거름이 되었다.

Keyword#9 선전 스피드

'Shenzhen Speed.' 일명 '선전 속도'로 일컬어지는 선전 스피드는 선전이 중국 개혁개방 30년 역사에 새긴 경이로운 성장 속도를 가리킨다. '빨리빨리'가 몸에 밴 한국인들은 중국인들의 일하는 모습에 답답함을 느끼기 십상이다. 시간은 그들의 편이기에 급할 것 하나 없다는 생각은 그들로 하여금 속도와 친하지 않게 만들었다. 처음 선전에 온 직후 일 처리에 더딘 중국인들을 보며 불만을 토로하는 내게 어느 한 친구가 해준 말을 떠올려 보면 결국 이 선전 스피드와 결부돼 있었다. 선전 사람들은 알아서 바지런하게 일하는 근성을 지닌 덕에 큰 불편 없이 살 수 있을 것이라는 게 그녀의 지론이었다.

「선전 데일리」(2008년 7월 28일자)에 실린 '선전 스피드'에 대한 기사를 간추리면 다음과 같은 사실을 알 수 있다. 선전을 뒤덮은 마천루 숲의 모체는 1983년 뤄후구에 지어진 국제무역센터이며 선전 스피드를 입증하는 대표적인 사례로 소개되고 있다. 선전 드림을 일구기 위해 투입된 노동자들은 50층에 이르는 버젓한 현대적인 건물을 2년 만에 완성시켰다. 3일마다 층 한 개씩이 올라갔다고 한다.

선전에서 변화는 일상이다. 하룻밤 자고 나면 못 보던 건물과 나무들이 아무렇지 않은 듯 여기저기 들어서 있다. 그림을 다시 그려야 이야기가 계속되는 곳. 세계를 강타한 경기 침체 속에서 선전은 여전히 이 '속도'에 강한 애착을 보이는 듯하다. 선전시에 첫 발을 디딜 특급 호텔들의 공사 현장이 도시 곳곳에서 목격되고 선전 국제공항에는 새로운 터미널이 더해질 것이며 홍콩식의 고급스러운 쇼핑몰을 비롯하여 스타일 감각을 갖춘 식당과 카페 오픈 소식이 연이어 들려오고 있다. 이와 아울러 선전 거주 외국인의 국적이 놀라울 만큼 다양해져 가고 있는 것을 보면 이 선전 스피드에 관심을 갖는 건 당연하다. 덧붙이자면 선전은 베이징이 아니다. 엄밀히 따지면 지방 도시다. 그럼에도 국제적이다. 물론 선진화를 위한 여정이 쉽지는 않을 것이다. 그러나 중국은 분명 개혁 개선을 실현하는 속도를 늦출 줄 모른다. 세계 경제의 강대국이라는 목표를 향한 이들의 질주가 신경을 메운다.

선전은 그야말로 중국이 야심작으로 선보인 계획도시의 전형이다. 분당과 같은 신도시를 연상시킨다. 마치 규칙을 잘 따르는 바둑판 같다. 선전의 지형은 옆으로 길쭉하며 동서를 가로지르는 대표적인 도로로 션난(深南) 대로, 베이환(北環) 대로가 있다. 이들 신 대로는 시원시원하게 뻗어 있어 가슴을 확 트이게 한다. 베이징이나 상하이처럼 시간의 흔적이 배인 향기로운 구시가(舊市街)가 없다는 것이 단점이긴 하지만. 자동차와 사람이 부지기수로 많은 것이 문제일 뿐 운전자들에게는 비교적 편한 도시라고 할 수 있다. 한마디로 선전은 혼을 적시는 아름다움이 부재하는 까닭에 매력 없는 도시라는 소리를 듣고 있다. 쉴 새 없이 심어진 현대식 건물의 숲이 도시의 성장을 보여주는 대표적인 지표인 셈이다.

철저한 전략 아래 움직이는 곳이 선전이다. 별 생각 없이 선전을 찾은 사람들은 정비된 도시의 모습에서 홍콩과 싱가포르의 도회적인 그림자를 찾아내고 의외의 발견에 놀라움을 감추지 않는다. 실제로 현대화된 국제 도시로서의 틀을 마련하는 데 이 두 메트로폴리스의 몫이 컸다고 회자된다. 특히 선전의 아름다운 조경은 싱가포르에서 한 수 배워온 노력의 산물이라고 전해진다. 선전의 녹지 체계는 주시해도 좋을 만큼 근사하다. 길가에는 야자수가 줄지어 있고 적재적소에 알맞게 자리잡은 꽃들이 고개를 내밀고 있다. 친환경적으로 거듭나려는 선전시는 청계천을 복원시킨 서울시도 새로운 영감의 대상으로 올려놓고 있다.

대도시다운 맛을 증폭시키는 이곳 시민의 또 하나의 자부심은 선전 메트로일 것이다. 선전의 지하철 개통은 베이징, 톈진, 상하이, 광저우 다음 다섯 번째로 이루어졌다. 1호선, 4호선 총 두 개의 라인이 개통되었으며 홍콩의 MTR과 연결되어 있다.

나의 선전

'나의 것'은 편안하다.
나의 침대, 나의 구두, 나의 가방, 나의 카메라, 나의 컴퓨터.
마음을 놓을 수 있게 해주는 대상은 그래서 더 아끼게 된다.
안정감을 찾으면 어깨를 압박하던 묵직한 배낭을
내려놓았을 때처럼 얼굴이 밝아진다.
가슴에 품을 수 없을 것 같던,
그저 타인의 도시로밖에 보이지 않았던 선전이
혈관을 타기 시작했다. 감사한 일이다.
선전과 나는 별개라고 믿어왔건만.
인연으로 바뀌는 놀랍고 아름다운 마술이 펼쳐지면
바뀌지 않을 거라던 믿음도 변하는 모양이다.
한 해, 두 해, 세 해를 보내며 나의 심장 안으로 선전이 들어왔다.
선전은 현기증을 불러일으킬 만큼 아름다운 곳도,
현대적인 스타일로 경탄을 자아내는 아찔한 도시도 아니었다.
그러나 들여다보면 볼수록 도시가 가진 충만한 매력으로
서서히 사랑하게 만드는 기묘한 도시라는 사실을 알게 되었다.
물론 온 지 이제 갓 3년을 넘긴 이방인의 눈으로
볼 수 있는 건 그리 많지 않다.
그럼에도 '나의 선전'이라고 기꺼이 말할 수 있는 건
고루하지 않게 하는 그 무엇이 끊임없이 보이기 때문이다.
시간이 흐를수록 나누고 싶은 '나의 선전'도 커갈 것이다.
나의 소중한 액자 속 선전으로 여러분을 초대한다.

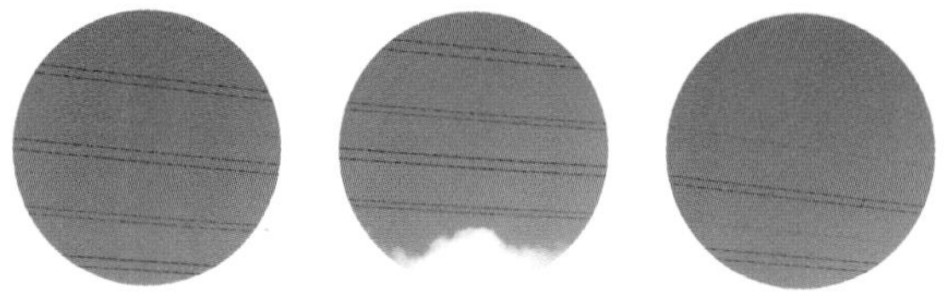

도시 한복판에서 만나는 리틀 차이나, 금수중화 錦繡中華

중국의 다양한 표정을 만나는 곳, 그 다채로움에 놀라 두 눈이 커지며 중국에 대한 관심이 자라는 곳. 금수중화(錦繡中華, 진시우쭝화)는 베이징의 만리장성, 러산(樂山)의 대불, 티베트의 포탈라궁, 시안의 병마용 등 중국을 대표하는 명승고적을 미니어처로 만들어 1989년에 선보인 선전 제일의 관광 명소다(소인국 테마파크의 전형인 네덜란드의 '마두로담'이 영감의 대상이었다고 전해짐). 축소된 80여 개의 고대 건축물과 작아진 크기에 맞추어 꾸민 자연 조경을 보는 일은 신선하고 유익하고 재미있기까지 하다. 실물보다 어쩌면 더한 흥미를 제공할 이들 미니어처는 상상을 훌쩍 뛰어넘는 정교함으로 관람자의 감성을 기분 좋게 건드린다.

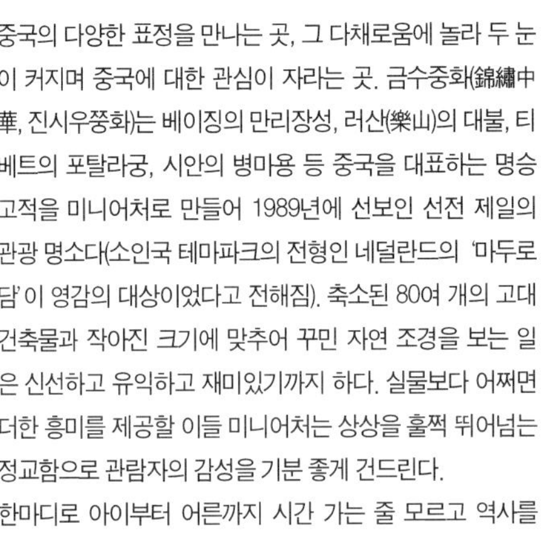

한마디로 아이부터 어른까지 시간 가는 줄 모르고 역사를 공부할 수 있는 살아 있는 교육장이다. 이곳을 거닐다보면 어느새 중국에 빠져 있고 어느 순간 중국이 좋아진다. 도시 한복판에서 만나는 중국사 5천 년, 방대하고 복잡한 중국이란 거국이 그토록 내세우는 규모의 마력에 고개가 끄덕여지니 말이다.

금수중화를 돌아보는 방법은 하나, 단체 관람객용 유람차를 타고 한바퀴 돈다. 둘, 돈을 더 내고 함께한 일행하고만 골프카를 타고 돈다. 셋, 두 발에 의지해 천천히 산보하며 구경한다(날씨가 선선해지는 10월 중순이 최적. 명소 하나하나 일일이 짚고 넘어가고 싶다면 발품을 파는 것이 으뜸이다. 사진으로 담아낼 거리가 넘쳐 카메라 배터리를 충분히 충전해 놓지 않으면 후회막심할 것이다). 몇 번을 가도 새로운 느낌으로 다가오는 곳이다.

소수 민족의 정서가 엿보이는 생활무대, **중국민속문화촌**中国民俗文化村

금수중화에서 중국을 느낀다면 중국민속문화촌(中国民俗文化村, 쭝궈민쑤웬화춘)에서는 '다 같지 않은' 중국을 마주하게 된다. 책에서나 읽었던 '소수 민족'의 실체를 접할 수 있는 이 민속촌은 1991년에 문을 열었다. 금수중화와 인접해 있어 온 김에 두 군데를 다 보고 가도록 되어 있다. 중국인이라 함은 대다수를 차지하는 한족과 55개의 소수 민족을 뜻한다. 이족, 위구르족, 나시족, 야오족, 좡족, 조선족, 시장성의 티베트인들 등 중국의 소수 민족은 서로 다른 언어, 습관, 문화를 갖고 있어 이를 파헤치는 일은 그리 녹록치 않다. 중국민속문화촌을 찾아야 하는 이유가 여기에 있다. 소수 민족의 생활 양상이 입체 그림책을 보듯 아기자기하게 펼쳐진다.

대부분의 소수 민족의 얼굴 생김새는 상당히 이국적이다. 까무잡잡한 피부와 뚜렷한 이목구비는 익히 알고 있는 '중국스러움'과는 거리가 멀다. 독특한 정서를 보여주는 각 소수 민족의 생활 형태와 건축 양식은 다문화적인 중국에 마음을 두게 한다. 그럼에도 한국인의 입지를 다소 불편하게 하는 한 곳이 있으니, 조선족의 삶의 양식을 보여주는 전통 민가는 (우리 눈에는 어설퍼 보일지언정) 한국이 중국의 일부라는 오해를 줄 여지가 충분하다. 김치를 먹고 치마저고리를 입으며 조선말을 배우며 자라는 조선족에 대해 외국인 친구들은 심히 헷갈려 한다. 그들의 갸웃거림을 바로 잡으려면 조선족에 관한 지식은 어느 정도 알아두는 것이 좋다.

이곳을 즐겨 찾는 이유? '중국' 이라는 이름 아래 뭉친 각양각색의 민족성, 그들이 내비치는 신비한 매력에 자꾸 이끌리기 때문이다. 첨단화 되어가는 세상에서 조우하는 전통적 정서는 마음 한구석에 푸른 칠을 해주는 크레파스와도 같다.

중국 안에 있는 또 다른 세계, **세계의 창**世界之窗

에펠탑, 피라미드, 타즈마할, 앙코르와트, 나이아가라 폭포, 경복궁, 시드니 오페라 하우스… 이곳에 오면 세계 각국의 기념물들이 중국 땅에서도 잘살고 있다는 사실을 알게 된다. 이를 보며 실로 엄청나게 많은 방문객들이 웃음을 남기고 간다는 사실도. 그래서 선전이란 도시에 대해 '어? 그래도 볼 게 있네?' 라는 소리가 툭 나온다. 발을 들여놓기 전까지는 모른다, 130개에 달하는 세기의 걸작들이 그어놓았던 선을 능가한다는 것을. 별 기대 없이 왔다가 흡족함을 가슴에 얹고 가는 그런 기특한 곳이다. 선전 속의 작은 세계, 세계의 창(世界之窗, 스지에즈창)은 베이징의 소인국 테마파크(베이징 월드파크)보다 구성이 더 탄탄하다는 평을 받고 있다. 샅샅이 보려면 반나절은 족히 걸린다.

혹자는 이런 말을 한다, 모방의 천국이 만든 모방된 세계의 어설픔을 돈 주고 볼 일이 있냐고. 어설픔이 없다고는 할 수 없겠으나 가도 가도 끝이 보이지 않는 광활한 부지가 외치는 소리는 작지 않다.

화교성(華僑城, 중국 정부가 세계 각지의 화교들을 본국으로 끌어들이기 위해 다년 간 계획해 만든 전략 지구)을 소재지로 둔 엔터테인먼트 삼총사(금수중화, 중국민속문화촌, 세계의 창)는 철저한 전략 아래 탄생된 '신 중국의 표본' 이기에 보는 것 이상으로 전하는 것이 많다. 중국은 전략에 강한 곳이다.

우리 가족이 가장 즐겨가는 곳. 선전에 도착하자마자 집 다음으로 가장 먼저 발을 디딘 곳. 두려움을 완화시켜준 곳. 해상세계(海上世界, 하이샹스지에)를 통해 선전이 가슴 안으로 들어왔고 중국이 따라왔다. 해상세계의 구심점은 뭐니 해도 광장 중심에 한자리 차지하고 있는 흰색의 대형 여객선이다. 영화에서 봄직한 새하얀 유러피안 스타일의 커다란 배를 중국에서 만날 줄은 몰랐다. 저 멀리 프랑스에서 건너왔다는 선박의 옛 이름은 '앙세르빌', 중국에 온 이후 얻은 새 이름은 '밍화', 지금은 호텔로 변신했다.

해상세계는 또 하나의 작은 지구촌이나 다름 없다. 미국, 프랑스, 인도, 한국, 일본, 브라질, 태국, 멕시코, 독일, 이탈리아의 요리들을 접할 수 있으며 야외에서 커피를 마실 수 있는 테라스 카페들이 즐비하다. 일요일 아침 자전거를 타고 스타벅스에 들러 커피와 크루아상을 한아름 사갖고 집으로 돌아가는 기분은 그럴 듯하다. 따사로운 햇빛 아래에서 밟는 페달의 맛도 감칠난다.

사진관, 미용실, 네일숍, 빵집, 요가 강습소, 여행사, 정육점에서 늘 마주치는 똑같은 얼굴들. 한 걸음 떼기가 무섭게 듣는 친구들의 '하이' 한마디에 소리 없이 다져지는 우정. 주말이면 외국 사람 구경하러 가족 단위로 외출 나온 중국인들. 해상세계에는 마음을 놓도록 하는 그 무엇이 있다. 바로 여유. 덩샤오핑은 알았을까? 일찍이 '해상세계'라고 작명할 당시 간척해 일군 그의 세계가 선전 거주 외국인들의 터전이 될 거라는 걸.

일상의 터전, **해상세계**海上世界

그림이 있는 마을, 다펀유화촌大芬油画村

집의 벽 한두 면이 허전할 때 그 빈자리를 채워줄 그림을 구할 수 있는 곳이 여기 다펀유화촌(大芬油画村, 다펀요우화춘)이다. 전세계 호텔을 장식하는 유화들 대부분이 이곳에서 팔려 나간다. 쉽게 말하면 세계에서 제일 큰 그림 공장이다. 아니 그림 생산 기지라는 표현이 더 적합하다. 이곳에서는 모든 그림 제작이 가능하다. 들라크루와부터 위에민쥔까지 모방되지 않는 아티스트가 없으며 마오쩌둥부터 조지 부시까지 그 어떤 인물, 이미지라도 새 생명을 얻는다. 파리의 몽마르트 중국 버전이다. 그러나 꼭 모사만 있는 것은 아니다. 무명 아티스트의 작품을 발견하는 쏠쏠한 즐거움이 있다. 적당한 가격과 중국적 감성, 이 두 가지 조건을 어느 정도 충족시켜주는 것 또한 세계 제1의 모사촌에서 누리는 작은 행복이다.

20년 된 유화 마을은 세월을 타면서 아티스트 수천 명의 땀방울을 수출하는 생산 기지로 변신했다. 특수한 그림 공장이라는 명성이 퍼지면서 선전 관광에 신선한 활력소가 되고 있음을 날이 갈수록 실감한다. 다펀유화촌. 기억해두고 싶은 이름이다. 알아주는 걸작이 아니어도 집 한구석을 슬그머니 미소 짓게 할 지혜로운 캔버스를 여기서 조우할 수 있으니.

생활 아이디어의 보물창고, 이케아IKEA, 宜家家居

선전에 왔을 때만 해도 이케아(IKEA, 중국어로는 이지아지아쭈라고 한다)가 없었다. 현대적인 감각과 합리적인 가격으로 폭 넓은 사랑을 받고 있는 스웨덴 제일의 홈퍼니싱 스토어가 선전에 문을 연 것은 2008년 4월. 선전의 이지아지아쭈(宜家家居)는 상하이, 베이징, 광저우, 청두에 이은 중국의 다섯 번째 매장이다.

3만 평방미터에 분포된 7,500가지의 품목, 66개의 가구 진열룸, 이곳에서만 맛볼 수 있는 담백한 스위디시 미트 볼에 선전인들은 그만 푹 빠져버렸다. 그도 그럴 것이 선전에는 젊은 사람들이 많아 구매력이 높다. 또한 불경기로 인해 작은 평수를 선택한 이들에게는 이케아만큼 세련된 해결책을 제시하는 곳도 없다. 주말만 되면 온 가족의 나들이 장소로 애용되기도 하는데 3세대가 함께 쇼핑하는 모습을 보고 있으면 '정말 중국인가' 싶다. 넘치는 물건, 넘치는 욕구, 넘치는 사람들. 더 나은 생활을 위한 변화의 몸짓이 크다. 이곳을 마음에 두는 또 한 가지 이유는 공간 활용을 어떻게 할 것인가에 대해 숱한 아이디어를 얻을 수 있기 때문이다.

요지경 만물상, 뤄후상업성罗湖商业城

처음 갔을 때는 또 다시 갈 줄 몰랐다. 볼 것 하나 없다고 생각했다. 오죽 싫었으면 제 이름도 있는데 '가짜 백화점' 이라고 불렀을까. 홍콩으로 데려다 주는 지하철이 여기 뤄후 역에서 출발한다. 뤄후상업성(罗湖商业城, 뤄후샹예청)은 가장 복잡한 시내 중심에 있다. 집에서 가려면 족히 1시간이 걸리는 관계로 서울 손님의 방문이 있지 않는 한은 가기가 힘들다. 그럼에도 '나의 선전' 리스트에 올라가는 까닭은 소소히 살 것이 의외로 많은 곳이기 때문이다. 언뜻 칙칙한 건물 외관이나 오색찬란한 내부만 보면 구매 욕구가 생기지 않는다. 하지만 의류, 액세서리, 완구, 원단, 그림, 전자 용품 등 취급하는 쇼핑 아이템이 이루 말할 수 없을 정도로 다양하다. 이 밖에도 식당, 미용실, 마사지숍까지 있어 피로해진 몸을 위로할 수 있다.

하나 더, 물건 구매 시 절대적인 가격 협상을 하는 과정에서 부족하기 짝이 없는 중국어 회화를 조금이라도 향상시킬 수 있어 공부하는 마음으로 가게 된다. 총 5층에 걸친 1천여 개의 상점들을 보는 것만 해도 넋을 빼놓는 규모. 모방된 제품에 관심이 없어도 지갑을 열게 하는 재주를 부리는 그런 기이한 곳이다.

선전 안에 숨쉬는 남부 유럽, **포르토피노**Portofino

선전에서 손꼽히는 고급스러운 주거 단지 포르토피노(Portofino)는 기분 전환하고 싶을 때 찾게 되는 곳이다. 단지로 접어들면 아름다운 가로수 터널이 중국을 잊게 만든다. 그림책에서 갓 튀어나온 풍경 속으로 들어가는 기분이다. 그리고 또 한 번 멈칫한다. 여전히 중국이라는 사실에. 호수, 나무, 노천 카페로 둘러싸인 따스한 테라코타 톤의 빌라풍 아파트는 호주 건축가 피터 드워르젠(Peter Dworjayn)의 작품으로 혁신성과 예술성을 가져다 준 공로를 인정 받아 수상 경력이 화려하다. '포르토피노 콘셉트' 는 그의 이름을 세계에 알리는 발판이 되었다. 두 어깨에 잔뜩 고인 힘을 슬그머니 놓게 만드는 평화로운 정경 외에 딤섬으로 유명한 레스토랑 '로렐(중국어로는 '딴꾸이슈엔')'도 포르토피노의 명성을 굳히는 데 한몫 단단히 하고 있다. 야외 호숫가에서 맛보는 딤섬은 이따금씩 불어오는 바람까지 가세해 잊을 수 없는 향미를 남긴다. 내 속으로 들어온 선전은 이처럼 바람이 늘 묻어 있다. 남의 도시가 나의 도시가 되는 순간이다.

현대미술 창작소, F518 촹이위엔创意园

'선전은 비즈니스만 있을 뿐 문화는 없다' 는 등식이 완전히 깨져버린 건 파릇한 예술의 기운이 감지되는 F518 촹이위엔(创意园), 영어로는 'F518 아이디어 랜드' 라 불림)을 다녀오고부터다. 화가 친구 저우웨이가 작업실을 이곳으로 옮겼다기에 새로운 작품도 볼 겸 어느 주말 그를 방문했던 것이 선전을 다시금 바라보는 계기가 되었다. F518 촹이위엔은 애초 그래픽 디자인, 산업 디자인, 건축 디자인, 환경 디자인 분야 30여 개 회사들의 작업 둥지로 설립된 디자인 단지였다. 친구 저우웨이가 속한 SFAH(Shenzhen Free Art House, 선전을 대표하는 현대미술 아티스트들이 모여 발족시킨 단체)가 이곳에 합류하면서 디자인 촌은 예술이라는 벗을 등에 업고 영역을 자연스럽게 넓힐 수 있었던 것. 숨가쁜 에너지와 여유 있는 공간을 무기로 내세워 중국 전역과 세계 무대에서 가망성 있는 디자이너와 아티스트들을 불러모으려 하는 알찬 꿈이 어렵지 않게 읽혀진다. 피어오르는 창작의 기운은 심장을 뛰게 한다. 이곳을 떠올리면 절로 배가 부른 듯한 즐거운 착각에 빠져든다.

알뜰 쇼핑을 위한 파라다이스, **쟈화대외무역의류시장**嘉华外贸服装市場

티셔츠, 단화, 반바지, 청바지, 스웨터, 슬리퍼 쇼핑에는 일명 'U.S.A 마켓'이라고 불리는 쟈화대외무역의류시장(嘉华外贸服装市場, 쟈화와이무이푸스챵)이 제일이다. 뤄후상업성에는 없는 '쿨한' 감각이 여기에는 있다. 이태원의 보세 의류를 좋아한다면 금세 사랑할 곳. 수출 상품 중 하자가 있어 중국 땅에 남은 제품을 적지 않게 만날 수 있는 즐거움을 만끽할 수 있다. 서양인들이 이곳을 즐겨 가는 주된 이유는 세련되면서도 편안하게 입을 수 있는 옷(무엇보다 사이즈 문제가 해결된다는 점이 중요하다)을 선택할 수 있는 폭이 다른 어떤 곳보다 크기 때문이다. 또한 촌스러운 '제화' 스타일을 벗어난 구두(예쁜 단화가 많다)도 눈에 띈다. 갭에서 흘러나온 아이들 옷, 선전에 '체류' 하게 된 제이 크루의 여름용 슬리퍼를 손에 넣는 흡족함이란.

흥미로운 가격을 달고 고개를 내미는 물건들은 나름 매력적이다. 한 번 가면 족히 4시간은 그냥 가버리고 마는 곳. 사지 말아야지 하면서도 이내 지갑에 얼마 남았는지 계산하고 마는 곳. 그래서 큼직한 쇼핑 가방을 꼭 가져가야만 하는 곳. 복잡한 만큼이나 잔재미를 주는 곳. 선전에서 패션과 정겨운 관계를 갖게 될 줄은 생각도 못했다. 아마도 난 패션을 놓지 못하고 있는 모양이다.

최신 바람이 부는 곳, **완샹청**万象城

향수와 에어컨 바람을 실은 고급스러운 쇼핑몰 냄새가 간혹 그리워질 때가 있다. 셔커우의 소박한 바닷바람에서 벗어나고 싶을 때가. 대도시의 매력적인 울림 속으로 빨려 들어가고 싶을 때 완샹청(万象城)은 시크한 위안처 역할을 해준다. 우선 청담동 길가를 장식한 낯익은 브랜드 로고들을 만나는 것이 반갑다. 다시 보니 살갑다. 일하던 당시의 추억들을 새록새록 불러내니까. 청담동에서는 가져보지 못했던 감정이다. 지하를 점령한 슈퍼마켓은 선물로 받았으면 했던 스위스산 카렌다쉬 색연필 세트를 닮았다. 얄미울 만큼 가지런히 정렬되어 있고 때깔이 선명하여 손을 대기가 민망하다. 몰 안에 자리잡은 여성 백화점에서는 샤넬의 최신 크림이 늘 그랬다는 듯이 무심하게 팔린다. 방대한 규모로 소문난 멀티플렉스 영화관, 올림픽 표준에 맞춘 대형 아이스링크, 수백 종을 완비한 와인숍, 단맛이 진지하게 음미되는 디저트 레스토랑… 급변하는 중국에 익숙해졌건만 그게 또 그렇지가 않은 것이 변화의 땅에서 살아가는 맛이다. 놋쇠와 레이스를 다 잡은 느낌이다.

값비싼 일탈, 호텔 부페

선전에 온 이후로는 호텔에 잘 가지 않는다. 참석할 칠순 잔치도 결혼식도 돌잔치도 업체 행사도 없으니 딱히 갈 이유가 없다. 게다가 갈 만한 호텔들은 집에서 하나같이 다 멀기만 하다. 그럼에도 갈 때가 있으니, 쑥쑥 자라는 아들의 키가 풍성한 부페를 부르기 때문이다. 왕성한 식욕 덕분에 서너 달에 한 번 정도 호텔 부페 레스토랑을 찾는다. 선전의 이름 난 호텔로는 샹그릴라, 쉐라톤, 리츠 칼튼, 인터콘티넨탈, 마르코 폴로, 켐핀스키, 노보텔, 크라운 플라자가 있으며 그랜드 하얏트가 건설 중에 있다. 세계 곳곳에 둥지를 튼 '빅 네임'으로부터 얻는 특별한 기쁨은 규격화된 맛이 주는 익숙함이다. 훈제 연어, 해산물 샐러드, 티라미슈, 로스트비프 등 일명 지역성을 타지 않는 미각은 어느새 살갗으로 스며든 중국의 향을 잠시 잊도록 만든다. 이런 말 한다고, 중국의 향이 싫다는 뜻은 결코 아니다. 중국의 이국적인 정취를 우리 가족은 퍽 좋아한다. 그러나 사실 우리의 혀는 서양적인 맛에 더 친숙해 있다. 한국에서 접하는 중국의 맛으로만은 진정한 중국의 맛을 모른다는 말이 옳을 것이다. 가끔씩, 일탈은, 엄청난 행복감을 안겨준다. '가끔'이라는 단서가 붙을 때.

믿을 만한 장터, **월마트**Walmart, 沃尔玛

'워마(沃尔玛).' 생필품을 조달해주는 고마운 중국 친구의 이름이다. 미국 이름은 월마트(Walmart), 선전에 온 지 9년 된 중국통이다. 2008년 한 해 동안 이곳을 이용한 고객 수는 대략 600만 명, 그 중에 우리가 있다. 길거리 사람들의 손에 들린, 선명한 파란색 브랜드 로고가 찍힌 비닐 봉투에 그들 생활의 단상이 묻어나 있다. 바깥으로 삐죽이 고개를 내민 대파와 갖가지 녹색 채소 더미 그리고 달걀 몇 알. 월마트의 창립자 샘 월튼의 입가에 흐뭇한 미소를 가져다 줄 진풍경이다. '티엔티엔핑리(天天平利).' '매일같이 싼 가격'이라는 기업의 신조는 선전 시민들의 삶 구석구석에 태연하게 배어 들었다. 중국 안에서 맛보는 미국의 자본주의.

한 번, 두 번, 세 번… 매번 목격할 때마다 새롭고 기이하고 놀랍다. 그리고 놀란 가슴 위에 이렇게 쓴다, 난 중국에 있다고. 이른 아침부터 할인점은 재래시장과 비슷한 모습을 보인다. 갓 실려 나온 신선한 채소를 사러 온 고객들로 장내는 빽빽하기만 하다. 중국 생활에서 우리에게 워마는 소소함을 뛰어넘은 절실함이다. 질 좋은 소고기, 통통한 닭가슴살, 샴푸, A4용지, 휴지, 각종 야채, 방습제, 건전지, 사과주스, 쌀, 야쿠르트, 커피, 말린 호박씨, 양념, 세제. 2주 반에서 3주에 한 번씩 재가동되는 순환의 시간을 딛고 우리네 삶은 또 다시 출발선을 밟는다.

디자인 텃밭,
오씨티 로프트

OCT-LOFT, 华侨城创意文化园

온기를 잃지 않은 차가운 감각이 활개를 치는 오씨티 로프트(OCT-LOFT, 华侨城创意文化园). 그래서 아끼게 되는 곳. 선전에는 스타일리시한 향취를 풍기는 장소가 없는 줄 알았다. 오씨티 로프트는 도착 초기 선전을 무시했던 마음을 바로잡아준 고마운 곳이다. 이곳은 원래 공장 지대였다고 한다. 거들떠보지 않는 잡초를 아리따운 꽃으로 변신시켜 놓은 주인공은 홍콩의 건축가이자 인테리어 디자이너인 케네스 코(Kenneth Ko)로 다른 홍콩 디자이너들과 함께 힘을 모아 고즈넉하면서도 시크한 그들만의 세상을 탄생시켰다. 3천 평방미터에 이르는 디자인 지대 안에는 사무실, 카페, 레스토랑, 호프, 인테리어숍, 컨템포러리 아트 갤러리가 숨쉬고 있다.

오씨티 로프트 안에서 가장 많이 잡히는 것은 자연과 디자인이라는 두 단어. 우거진 나무들 속에서 후각을 부드럽게 자극하는 오후의 커피향, 우둘투둘한 나무바닥, 콘크리트 벽을 타고 정신 없이 흘러내리는 전깃줄, 등잔불 아래에서 마시는 따뜻한 차 한 잔을 닮은 저녁 불빛, 동남아시아의 향취와 유럽 앤티크의 고풍스러움이 손잡아 소리 내는 조용하면서도 꽤나 매력적인 울림. 간혹, 멋진 것을 혼자 누리고 싶을 때가 있다. 말없이 혼자 가슴에 품고 싶을 때. 광활하고 기발한 이 디자인 요새에 첫 발을 들여놓은 순간 선전이 달리 보이기 시작했다.

미술관에 가면 문화가 보인다

모든 것이 '처음'으로 점철되는 중국 땅에서의 낯선 삶. 불편하기만 했던 어색함을 한 수 누그러뜨려 준 행운의 여신은 예술의 형태로 다가왔다. 소통의 부재는 극심한 답답함을 낳은 나머지 통하는 말 없이도 통하는 뭔가를 찾아야 했다. 오자마자 구독한 영자 신문 「선전 데일리」를 통해 미술관 몇 군데를 접하게 되면서 안절부절하던 신경은 서서히 안정이 되어 가고 있었다. 선전에는 예술이나 문화 같은 건 없다고 익히 들어오던 차에 알게 된 선전 미술 박물관(Shenzhen Art Museum), 선전 미술 연구소(Shenzhen Fine Art Institute), 오씨티 컨템포러리 아트 터미널(OCT Contemporary Art Terminal), 허샹닝 미술 박물관(He Xiangning Art Museum), 화메이 박물관(Huamei Museum)은 '안심'이라는 위안의 선물을 안겨 주었다. 예금이 두둑하게 늘어나는 그런 부유한 느낌 말이다. 아쉬운 점은 전시회에 가도 영어로 된 도록이나 브로슈어가 없어 작가의 이름조차 알 수가 없다는 것이다. 그나마 외국 작가는 알파벳으로 명시되어 있어 다행이지만 중국 작가는 파악하기조차 어려워 '느낌'만 취하고 돌아오는 경우가 대부분이다. 흡족함 50퍼센트, 아쉬움 50퍼센트. 그래도 마음은 웃고 있다. 마음 저 깊은 곳에 빛을 비춰주었으니.

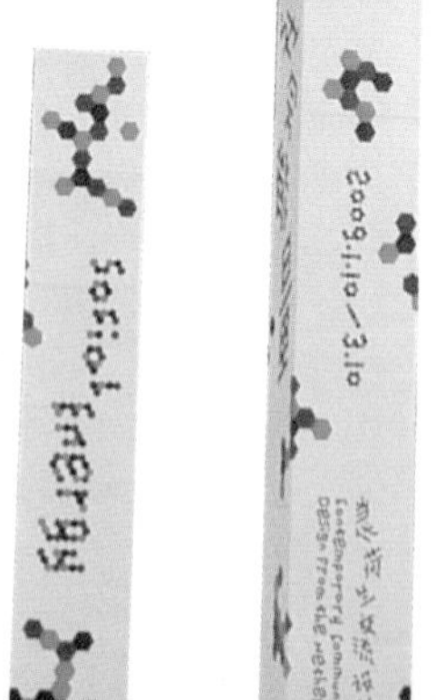

역사로 들어가는 길, **츠완 포대**赤湾袍台

선전 땅에서 아편 전쟁이라는 역사 속으로 빨려 들어갈 줄은 몰랐다. 앞서 언급했듯 선전은 구구한 역사가 뿌리를 내리지 않은 빤질빤질한 신도시라고 생각했기에 신천지에서 역사의 흔적을 마주하리라고는 상상도 못했다. 셔커우의 츠완(赤湾) 항이 시원하게 내려다보이는 산꼭대기에 츠완 포대(赤湾袍台, 츠완파오타이)가 아늑하게 자리잡고 있다. 여기서 잠깐, 아편 전쟁이 발발하기 직전 당시의 중국 역사를 서술한 기록을 주시할 필요가 있다.

아편 밀수의 근절에 그 누구보다 앞장섰던 청나라 말기의 정치가 린쩌쉬(林则徐)가 불법 밀수를 막기 위해 광저우로 급파되어 영국이 보관하고 있던 2만 상자의 아편을 몰수, 처분했다. 영국 상인들의 분노를 산 린쩌쉬의 이 같은 강경한 조치는 결국 영국과의 아편 전쟁을 불러일으키는 기폭제가 되었다. 영국에 내건 중국의 불만족스러운 조약에 실망한 영국은 광저우 부근의 중국 요새를 공격했다고 하는데, 츠완 포대가 바로 그 가운데 하나였다. 지난 시간의 흔적은 서양식 대포와 군인들이 거처로 쓰였던 집 두 채가 말해주고 있다. 서구 열강에 겁없이 맞서 싸운 국민적 영웅이 서 있는 이곳은 선전시가 특별 관리하는 문화재. 그래서 주말이면 선전인들이 앞다투어 즐겨 찾는 명소로 각광 받고 있다. 이곳이 어떤 곳이냐고 묻는 날 보고 우리 집 기사는 연신 "린쩌쉬, 헌 리하이!"(린쩌쉬, 정말 대단하다!). "잉궈, 아피엔, 부하오!"(영국, 아편, 나쁘다!)를 외친다.

앞쪽, 보기 좋게 드리워진 가지 틈새로 부두가 쏟아진다. 거기에는 내일이 있다. 뒤쪽, 견고한 막사를 든든히 감싼 지붕 위의 아름드리 그늘에서는 어제의 기운이 흐르고 있다.

선전은 생각보다 괜찮은 도시예요.
홍콩의 동생이 되려고 무지무지 노력하는
도시라고 생각하시면 돼요.
발전으로 몸부림치는 도시…
그 몸놀림이 귀여워 보이기까지
한다니까요.

선전에 ○ ○ ● ○ 적응하다

중국에서 보내는 편지 둘

2007년 7월 11일, SJ선배에게

이휴, 말도 마세요. 쌩뚱한 인테리어 작업이라니요. 인테리어 작업하려면 어디에서 뭘 팔고 어딜 가야 멋진 걸 구할 수 있는지를 알아야 하는데, 엉기 아빠도 통 모르고, 저도 그러니 막막하죠. 그렇다고 싸구려, 아무 거나 갖다 놓을 수는 없는 노릇이고. 시간이 상당히 필요할 거 같아요. 생각보다. 우선은 말이 안 통하니 밖에 나가 무얼 할 수가 없어요. (제 씨이 보시면, 「선전 데일리」에 그래도 한 페이지 통으로 나왔던 아티스트 한 명을 만날 기회가 있었는데, 말이 안 통하니, 물어보고 싶은 건 백 가지인데, 전혀 소통을 할 수가 없었어요. 그러니 제 맘이 어땠겠어요).

지금은 그저 아파트 안으로 가게들 익혀 두고, 관리 사무소, 단지 내 수영장, 피트니스 클럽 등록 사무실 등을 오가며 현지 생활에 적응해 가는 중이에요. 슈퍼 혼자 가서 물건 사 갖고 오는 것만 해도 저는 감사해요. 참 이상하죠? 이웃 나라 중국인데도, 바보 행세를 해야 한다는 이 현실이 전.혀. 통.하.지. 않는다는 것. 한자도 간체를 쓰기 때문에 전혀 달라요. 그렇다고 제가 한자 박사도 아니고.

여긴. 확실히 한국과 다른 것들이 많아요. 뭔가를 고치러 오는 사람들은 집안으로 들어올 때, 비닐 봉지를 신발 위로 덮어 쓰고 들어오지요.(이건 마치, 제가 산엘 때

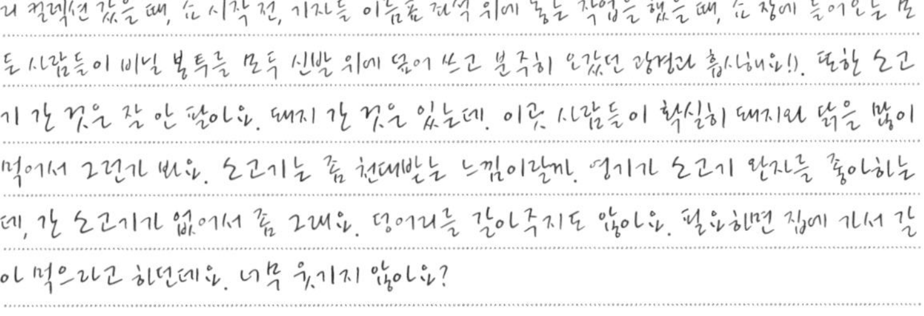

고 컬렉션 갔을 때, 쇼 시작 전, 기자들 이름표 좌석 위에 놓는 작업을 했을 때, 쇼 장에 들어오는 모든 사람들이 비닐 봉투를 모두 신발 위에 덮어 쓰고 분주히 오갔던 광경과 흡사해요!). 또한 소고기 간 것은 잘 안 팔아요. 돼지 간 것은 있는데. 이곳 사람들이 확실히 돼지와 닭을 많이 먹어서 그런가 봐요. 소고기는 좀 천대받는 느낌이랄까. 영기가 소고기 완자를 좋아하는데, 간 소고기가 없어서 좀 그래요. 덩어리를 갈아주지도 않아요. 필요하면 집에 가서 갈아 먹으라고 하던데요. 너무 웃기지 않아요?

이곳은 세련되지는 않았지만 편안한 느낌을 주는 그런 도시예요. 하지만 5년 후면 세련되어질 가능성이 많이 보여요. 그런대로 지낼 만해요.

언제 한번 오시면 좋을 텐데. 저는 9월부터 선전대학교 중국어 강좌를 신청할 예정이에요. 그게 제일 베스트래요. 억척스럽게 공부시키는데, 가장 확실한 코스래요. 여기서 만난 SWIC*Shenzhen Women's International Club*의 호스피털리티 담당인 프랑스인 올랑드도 그곳에서 중국어를 배웠는데, 아주 잘하더라고요. 그녀는 꽤 오래 배웠어요. 너무 멋진 여자예요. 할머니인데, 외국에 나와 생활한 지 오래됐고, 여긴 3년, 그 이전엔 미국, 그 전엔 독일에서 20년 지낸 아주 글로벌한 프랑스인이죠. 애석하게도 그녀는 손녀들 보러 파리에 갔어요. 갔다가 한달 있다 온다고, 오면 만나자고 했어요. 중국어를 배우지 않으면 절대 안 될 것 같아요. 제 머릿속엔 온통 중.국.어. 뿐이에요. 말을 모르니 뭐가 되질 않아요. 선배나 저, 영어와 불어를 그래도 아는 입장이라 외국어가 주는 스트레스를 비교적 덜 받은 사람들이잖아요. 여기 오니 실감이 돼요. 외국어가 주는 스트레스의 강도가 얼마나 큰 것인지를.

다시 기별 드릴게요. 지금 더워서 정신이 좀 없어요. 오늘은 영기 책장 사러 가구백화점엘 가야 해요. 조선족 아줌마와 함께. 누구와 꼭 동행해야 한다는 것에도 익숙해져야 해요. 신경 쓰여서 싫은데, 어쩔 수 없어요.

고달픈 중국어 정복기:

언어에도 체할 수 있다는 사실을 알았다.
차디찬 김밥만 위장을 건드리는 것이 아니라는 것을.
떠나기 전 중국어 몇 마디는 익혀 두는 것이
좋을 듯싶어 레슨을 좀 받아보기도 했다.
걱정이 앞섰지만
'하면 되겠지' 라는 무지한 자신감이 들기도 했다.
아무리 힘들다고 해도 그렇게 힘들까 싶었다.
그런데 그게 아니었다.

중국어 소화불량에 걸리다

중국으로 떠나기 전, 중국어를 몇 마디 익혀 두는 것이 좋을 듯싶어 레슨을 좀 받아보았다. 가볍게 시작한 레슨은 난조에 난조를 거듭했고, 곧이어 중국어라면 온 신경이 삐쭉삐쭉 곤두설 만큼 '싫다'는 생각이 들었다. 문제의 주범은 높낮이가 다른 네 가지 성조였다. 끝까지 힘을 빼지 않는 평평한 음인 제1성, 질문하듯 중간 정도에서 높게 올리는 제2성, 밑으로 한번 내렸다 높게 바꾸는 제3성, 가장 높은 음에서 밑으로 떨어뜨리는 제4성으로 구분되는 현란한 성조. 여기에 (아무런 높낮이가 없는) 경성까지 더해지니 정신이 산산조각으로 분열되는 현상이 벌어졌다. 상황이 이렇다보니 단어 하나를 입에 올리는 행위조차 간단할 까닭이 없다.

짠맛, 단맛, 신맛, 매운맛이 입 안에 퍼져 있을 때 각각의 맛을 따로따로 느껴야 한다고 가정해보자. 그것도 한 가지 맛을 음미하는 동시에 다른 맛까지 줄기차게 봐야 하니 이건 멀티 플레이어가 되라는 말이 아닌가. 성조는 중국어의 꽃이라는데 내겐 가시 같았다.

어디 이뿐인가. (우리말의 자음에 해당하는) 성모聲母와 (우리말의 모음에 해당하는) 운모韻母의 발음은 쉽게 해낼 것 같지만 그게 또 그렇지가 않다. 이들의 발음은 오히려 영어에 근접한 편이다.

영어 발음 중 까다로운 'f' 'z' 와 비슷한 발음이 있고, 차이가 기절할 정도로 미세한 'c' 's' 가 있었다. 그 덕에 단어를 입 바깥으로 내보내려는 당당함은 어느새 자취를 감추고 말았다. 'zh' 'ch' 'sh' 가 요구하는 혀의 움직임은 또 어떤가. 이런 발음들은 입천장과의 관계를 보통 껄끄럽게 하는 것이 아니었다.

이렇게 발음하기도 부담스러운데 춤추는 성조까지 신경써야 하다니…….
'말하기'는 '생각하기'로 대신하기 시작했고, 입은 입대로 머리는 머리대로 따로따로 작동하는 꼴이 되고야 말았다. 결국 몇 번의 레슨 끝에 본토에 가서 매달릴 작정으로 중국어는 잠시 미뤄두기로 했다 핑계로 들릴지 모르겠으나 짐 정리와 다양한 종류의 행정 업무 등을 동시에 처리하다보니 새로운 언어가 머리에 들어오지 않았다.

중국어 천국으로 오니 기다리고 있는 건 예상을 훌쩍 넘어선 막막함이었다. 영어가 이렇게까지 통하지 않을 수 있다니! 뇌가 팔딱거리고 (가슴을 하도 세게 치는 바람에) 티셔츠 한가운데가 주먹 자국으로 움푹 파이곤 했다. 소통의 부재는 상상을 뛰어넘는 두려움을 불러일으켰다.

처음 몇 주 동안은 영기 아빠가 출근하고 나면 우리 모자는 집에 가만히 있는 것으로 만족해야 했다. 이상한 공포감 때문에 외출할 엄두조차 내지 못했다. 외출하면 누가 말을 시킬까 겁이 났다. 청승맞은 나의 긴 생머리와 영기의 오동통한 붉은색 볼이 중국스러웠는지 우리를 현지인으로 보는 경우가 적지 않았다. 이럴 때 영어로 "Sorry, I don' t understand Chinese"라고 하면 그들은 눈을 동그랗게 뜨고 "전더마? 정말이야?"를 외치며 우리를 신기한 듯 뚫어지게 쳐다보았다.

말이 통하지 않으면 말수를 아끼게 되고 말수를 아끼다보면 필요한 말만 하게 된다. 하루아침에 난 '오케이 부인'이 되어 있었다. 세계 어느 곳이든 통하는 한마디, '오케이'는 그야말로 적절한 패스워드였다. 그 신세를 톡톡히 졌다. 운전기사 칼과 나 사이에는 오로지 '오케이'만 있을 뿐, 다른 어떤 것이 끼어들 수 없는 처지였다.

"칼, 오케이?"

"오케이."

물건을 살 때, 장소를 물어볼 때, 집 앞 세븐일레븐 앞에서 보자고 할 때, 이 오케이가 없었다면 어땠을까. 오케이로 모든 것을 해결하는 현실. 음절 하나하나에 안간힘을 담는다는 것은 사람을 정말 지치게 하는 일이었다. 내

이마는 거의 매일같이 V자를 그리고 있었다. 재미난 영화를 보다 화면이 급작스럽게 정지되었을 때 오는 답답함. 처음 아닌 처음으로 만난 중국어는 활명수를 벌컥 들이키고 싶은 충동을 안겨줄 만큼 몸에 닿기가 무섭게 밖으로 튕겨나가고 있었다. 가까이 다가가기 너무도 힘겨운 중국어. 열세 살 때 처음 배운 프랑스어와는 그 모양새가 확실히 달랐다. 10대와 40대를 동일 선상에 놓을 수는 없을 터. 인생에서 세 번째 베트남에서는 영어, 스위스에서는 프랑스어 로 찾아온 언어의 장벽은 높아도 너무 높았다.

아줌마 대학생이 되다

선전대학 http://www.szu.edu.cn/szu2007/indexE.asp. 서울을 떠나면서부터 되새겼던 이름이다. 대학에서 중국어를 배우는 것이 가장 정석일 것 같았기 때문이다. 집에서 마음 편하게 받는 개인 레슨으로는 그 어려운 중국어를 몸 속에 넣을 자신이 없었다. 이곳에서는 2007년 가을 학기를 시작으로 2008년 봄 학기까지 두 학기 동안 중국어를 배웠다. 처음 등록한 코스는 매일 네 시간씩 진행되는 수업에 복습과 예습, 숙제까지 더해 하루 7~8시간을 중국어에 투자하도록 만든다는 고난도 코스. 여길 가도 저길 가도 벽에 부딪히는 낯선 환경을 극복하려면 중국어 삼매경에 빠져야만 했다.

선전대학에서의 수업 시작은 8시 20분. 나는 학교를 가는 도중 반드시 물 한 병을 산다. 톤의 높낮이가 워낙 다채로운지라 수업하는 동안 물을 마시

★ 선전대학 개혁 개방 정책이 가속화되던 1983년에 설립된 선전 유일의 국립 종합대학으로 총 23개의 단과대학이 있다. 1987년부터 유학생을 모집, 연간 모여드는 외국 유학생 수만 1,300명에 달할 만큼 선전대학은 중국어를 배우려는 외국인 학생들로부터 큰 사랑을 받고 있다. 외국인 친구들에게 베이징이나 상하이를 제치고 선전을 선택한 이유를 물어보면 온화한 날씨가 그들을 이곳으로 데려왔다고 한다. 베이징은 너무 춥고 상하이는 너무 비싸고 홍콩은 빡빡하고 광저우는 황사와 먼지로 뿌옇다고. 왠지 맞는 말 같다.

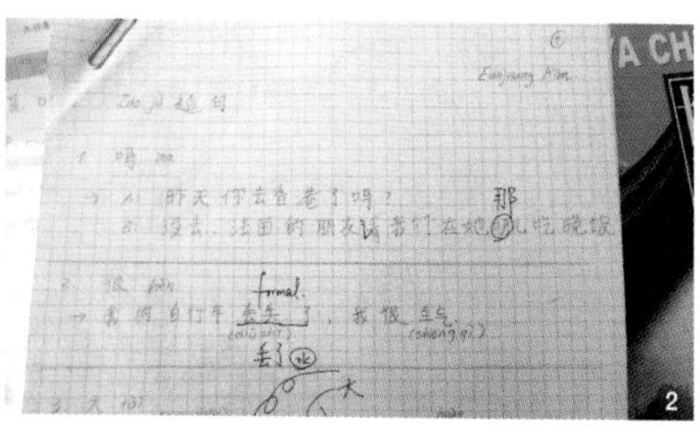

1. 정확한 발음과 뜻을 확실히 해두려면 중영, 영중, 한중 사전 모두가 필요하다.
2. 짤막한 단어 하나로 작문 짓는 일은 생각보다 고통스럽다.
3. 한문 아래 병음을 표기하지 않고 술술 읽으려면 수십 번 반복은 필수.

지 않으면 목이 칼칼해져 발성이 잘 되지 않기 때문이다. 또 목 안쪽에서 내는 소리가 심심치 않게 많아서 중국어를 배울 때 감기는 대단한 걸림돌이 될 수 있다. 새삼 중국인들이 왜 그리도 목청을 높여 얘기하는지 이해할 수 있을 것 같았다. 중국인들끼리도 소통의 어려움이 있다고 한다. 지방마다 다른 사투리와 억양에 리드미컬한 성조까지 한몫 단단히 챙기는 중국어의 생명은 또박또박한 말 한마디에 있다 해도 과언이 아니다.

선전대학의 중국어 코스는 회화, 문법(읽기 포함), 듣기, 세 분야로 나뉘어 진행된다. 무작위로 말하기를 강요당하는 회화 시간은 다소 공포스럽기까지 하다틀려도 거리낌 없이 말하는 서양인들과는 달리 대부분의 한국인들은 말을 바깥으로 꺼내는 데 소극적이다. 두세 명이 한 팀이 되어 급우들 앞에서 즉흥적으로 대화를 구사해야 하는 부담감이란. 실수를 연발하더라도 부끄럼 없이 말하는 용기는 쉽사리 생기지 않았다. 이에 비해 문법은 덤빌 만했다. 문법의 요점을 이해하고 작문을 하는 것은 머릿속에서 다져지는 것이지 바깥으로 드러낼 필요가 굳이 없기 때문이었다. 한국 사람들은 문법에 강하다. 말이, 입보다는 연필에 쩍쩍 더 달라붙는 모양이다. 같은 단어라도 연필로 쓰면 뜻이 더 분명하게 전달된다. 한편 제일 힘든 수업은 듣기였다 핑계로 들릴지 모르겠지만 만약 오디오 시스템을 제대로 갖춘 교실에서 헤드폰을 낀 상태로 수업을 받았다면 좀더 즐겁지 않았을까 싶다. 카세트 플레이어에서 흘러나오는 대화가 빠른 것도 골치 아프지만 주어진 보기 3~4개를 (다음 문제가 나오기 전까지) '해독'하는 것이 내게는 더 큰 돌덩어리였다. 줄줄이 사탕처럼 죽 이어진 문구를 들여다보고 있으면 독한 감기약을 먹고 난 것처럼 멍해졌다. 띄어쓰기가 있어야 숨도 고를 수 있는 법이다. 그런데 중국어는 그 틈이 없다. 한자 하나하나에 담긴 의미를 파악하는 것도 일인데 글자 여러 개가 다

스터디 노트. 찾아보기 쉽도록 해당 페이지에 주요 문법 키워드를 포스트잇으로 표시해 놓았다.

닥다닥 붙어 있으니 뜻을 순발력 있게 가려내기가 힘들다.

두통의 원인을 고백하자면 끝이 없다. 뭐든 외워지지가 않는다는 것이 가장 큰 골칫거리였다. 어쩌면 그리도 말끔하게 잊어버릴 수 있는지 하도 화가 나 내 손으로 뺨을 철썩철썩 때리며 나 자신을 꾸짖길 여러 번. 받아쓰기를 대비해 외우는 한자 단어는 보통 2~30개 정도가 된다. 그런데 받아쓰기 쪽지시험만 보고 나면 언제 외웠냐는 듯 기억의 서랍 속으로 들어간 단어들은 뒤엉켜버리고 맥 빠진 땀방울만 남을 뿐. 공부만 하면 온갖 예민한 신경이 여기저기서 불쑥 튀어나와 진지한 학생이 되고자 하는 아줌마의 열성을 보란 듯이 눕혀 놓았다. 사십 줄 넘어 건드리는 외국어는 명절 때 포식한 상태에서 윗몸 일으키기 하는 것과 비슷하다. 공부에만 전념하면 그만인 어린 친구들이 부러움의 대상이 될 줄이야. 아줌마로서의 하루는 엄밀히 따지면 수업이 끝나는 12시부터 가동된다. 이는 아침 반나절은 아무것도 못한다는 얘기다. 다음은 아줌마 학생의 하루 일과표.

정신없이 필기하다가
이처럼 일목요연한 요점 정리를
받으면 왠지 모르게
안도감이 든다.

06:30	기상.
06:40	영기의 아침 식사 메뉴 확인(하루 전날 영기는 아줌마에게 다음날 아침 무엇을 먹을 건지 미리 주문해놓는다. 나의 임무는 영기가 좋아하는 식으로 준비가 잘 되는지 조리 과정을 지켜보는 것. 우리 집 조선족 아주머니의 손맛이 훌륭하긴 하지만 한국식과의 차이를 좁혀 나가기 위해서는 '협력'이 필요하다).
06:50	입고 갈 옷 준비(선전대학은 또 하나의 작은 지구촌. 슬픈 현실 하나. 한국에 대한 세계인의 관심은 그리 높은 편이 아니다. 줄여 말하면 한국은 중국과 일본 사이에 낀 국가 정도로 인식한다. 멋진 한국인의 이미지를 줄 필요가 있을 거 같아 귀찮음을 무릅쓰고 신경써서 옷을 입는다).
07:00	영기 깨우기.
07:20	(모든 준비를 마친 상태로) '식사하는 영기' 말 상대가 되어줌.
07:30	학교로 출발.
08:13	학교 도착.
08:20 ~ 12:00	4교시 수업.
12:30 ~ 14:00	(1) (급우들, 다른 나라 아줌마들과) 점심 약속. (2) SWIC(국제부인협회) 뉴스레터 인터뷰 칼럼 취재원들과 식사 약속. (3) 장보기.
14:30 ~ 16:30	중국어 공부(복습, 예습, 숙제하기).
16:30 ~ 17:00	영기 간식 준비.
17:00 ~ 17:30	중국어 공부.
17:30 ~ 18:50	아줌마와 저녁 준비.
19:00 ~20:00	저녁식사, 식사 후 영기 공부 독려.
20:10 ~ 23:00	중국어 공부 마저 하기, 이메일 쓰기, 잡지 청탁원고 쓰기, 가계부 작성.
24:00	「선전 데일리」 읽기, 독서.

오자마자 선전대학 중국어 코스에 등록하기를 잘했다는 생각이 든다. 하루 6~7시간 수업 4시간, 복습과 예습, 숙제 2~3시간을 바친 대가로 소통의 즐거움을 얻었으니 말이다. '팅부동' 알아듣지 못한다는 뜻이나 '니하오' 안녕하세요! 외에 구사할 수 있는 말들이 늘어나자 제법 활동 반경이 넓어지기 시작했다. 그리고 서서히 중국의 형체가 눈에 보이기 시작했다. 중국과 친해질 목적으로 선전대학에 중국어를 배우러 온 외국인 학생들을 수없이 접하면서 중국을 마음에 고이 실어놓아야겠다는 다짐을 하게 되었다.

1학기 입문반이었을 때 우리 2반은 20개국에서 온 학생 30명으로 구성된 다문화 커뮤니티 그 자체였다. 평균 연령은 20~23세, 가장 어린 친구는 카자흐스탄에서 온 17세 꼬마 아가씨였으며 연장자는 48세의 스페인 아저씨였다. 난 본의 아니게 여학생 중 연장자였다. 아줌마는 브라질에서 온 30대 중반의 클라우디아와 나, 이렇게 둘뿐이었다. 어린 친구들이 대세였던 우리 반은 '말 잘 안 듣기'로 소문이 자자했다. 선생 말 안 듣고 지각을 수시로 하며 수업 중 수다 떨기를 좋아하는 악동들. 그러나 내 눈에는 그저 귀엽게 비칠 뿐이었다. 입문 2반의 다국적인 소란함은 (20여 개국) 문화의 특수성과 보편성을 발산할 수 있게 해주었고 이로 인해 처음에 잠깐 가졌던 말썽꾸러기 집단에 대한 부정적인 느낌은 삽시간에 뵈줄 만한

흥미로움으로 바뀌게 되었다. 이탈리아인은 확실히 패션에 민감하며 미국인은 인사성이 밝으며 프랑스인은 말을 유난히 더듬거리며 일본인은 참기 힘들 만큼 조용하며 스페인인은 마음이 한없이 따뜻하며 오스트리아인은 진지하고 카자흐스탄인은 민족성이 강하다는 걸 느꼈다. 어떤 민족이든 부인할 수 없는 민족성은 저마다 있으며 그 차이를 접할 때마다 생각의 그릇이 커져간다는 것은 사실이다.

이날 이때까지 다른 숨을 쉬다 온 사람들과 한 우물 안에서 함께하는 지혜를 터득하는 것만큼 미래지향적인 것이 또 있을까? 이처럼 다문화적일 줄 몰랐다. 중국에 열광하는 외국인들이 그토록 많음에 놀랐다. 중국어는 이들이 가슴에 담은 미래의 서막이었다.

★ 흥얼거릴 수밖에 없는 중국어 한자를 쓸 때 병음을 수반하지 않으면 발음이 엉망이 될 가능성이 높다. 일자를 그리듯 평평하게 이어지는 1성, 위로 살짝 올리는 2성, 밑으로 한 번 내렸다 부드럽게 올리는 3성, 위에서 내려찍듯 밑으로 세게 떨어뜨리는 4성, 아무런 높낮이가 없는 경성 등 총 다섯 가지로 나뉘는 중국어 발음은 상당히 골치 아프게 한다. 일급 초보자를 대상으로 하는 입문반이었을 때는 한자와 병음이 화이트보드에 이렇게 함께 쓰여지곤 했다. 그러나 바로 다음 단계인 초급반부터 화이트보드는 온통 한자로 꿈틀거리게 된다. 사방으로 튀는 억양을 내심 다잡지 않으면 따라가기조차 힘들다. 하지만 이 대목에서 꼭 말해두고 싶은 게 있다. 배움 초기 때는 번거롭더라도 병음을 표기하는 쪽이 바람직하다. 병음 없이 한자를 읽고 쓰는 것도 중요하지만 높낮이를 신경쓰지 않으면 무슨 뜻인지 전혀 전달이 되질 않는다.

아줌마 학생의 학창시절::

◀ **등교하는 나** 매일 아침 6시 30분 기상, 준비하고 집을 나서면 7시 30분. 대문 입구를 향한 발걸음은 빛 좋은 햇살 덕분에 가볍고 힘차다. 학교 가서 발표할 숙제 걱정으로 머릿속은 먹구름으로 한가득, 그럼에도 기분은 썩 괜찮다. 길 위에 비친 기다란 '나'를 만나면 뭐든지 해낼 수 있을 것 같은 자신감이 싹튼다. 책가방을 들고 뭔가를 배우러 가는 새로운 모습. 희망 어린 그림자를 선물로 주는 여름 햇빛은 등교 길에 섭취하는 비타민이다.

▶ **화제의 입문반** 1학기 때 '나의 반'이 된 입문2반이 교내에 알려지기 시작한 까닭은 거리낌을 모르는 어린 친구들의 철없는 수업 태도가 회자되면서부터다. 21개국에서 모여든 30명, 이들의 평균 연령은 20대 초반. 싫은 건 확실히 싫어하고 좋은 건 확실히 좋아하는 모습을 명백히 보여주는 아이들이다 보니 어느새 우리 반은 문제 있는 반으로 인식이 되었던 것이다. "너, 그 반, 정신 없어서 어떻게 다니니?" 다른 반 친구들은 내게 종종 이런 질문을 했다. 집중이 잘 되지 않은 건 사실이었지만 스무 개 나라 스무 개 문화 스무 개 젊음과 한 공간에서 아침 한 나절을 보낸다는 건 분명 멋진 경험이었다.

◀ **올림픽 성화가 선전에 오던 날** 베이징 올림픽으로 대륙이 흥분으로 한창 들끓었던 2008년 5월 말. 그 유명한 베이징 올림픽 성화가 선전에, 그것도 선전대학에 도착한다는 소식을 전해 들었다. 올림픽 성화가 캠퍼스를 거쳐 가던 날 아침 'samsung'이라고 새겨진 티셔츠를 입은 한 학생을 보게 되었다. 그가 갖고 있던 상자에는 역시 'samsung'이라고 표기된 깃발들이 한아름 들어가 있었다. 반가웠다. '삼성'이라는 이름을 중국의 광둥성, 광둥성의 선전, 선전의 난산구, 난산구의 선전대학, 선전대학 교문 가까이에서 만난다는 것이.

▾공부는 아름다운 것 하기는 싫은데 해야 하는 것. 하고 나면 후련해지는 것. 집중하면 빠져 나오기가 쉽지 않은 것. 머리를 지끈거리게 하지만 앎을 선물함으로써 결국은 미소를 안겨 주는 것. 사전이든, 소설이든, 공책이든, 지도든, 종이로 된 무엇인가를 들여다보는 행위는 나를 늘 잡아 끈다. 잡아서 시선을 머무르게 하며 몰두의 중요성을 깨닫게 한다. 다큐멘터리 카메라맨 크리스는 수업 외에 중국어 과외까지 병행하며 중국어를 배우는 조용한 열성파다. 내성적. 맥주와 소시지를 좋아한다. 공부하는 자에게서는 희망의 냄새가 난다.

▴'열공' 모드 교실 밖으로 나가는 이들과 나가지 않은 이들. 쉬는 시간이면 크게 두 부류로 나뉜다. 학교 매점에 빵과 우유를 사러 가는 부류, 복도 창가에 모여 도란도란 이야기꽃을 피우는 부류, 개인적인 일로 수업을 뒤로 한 채 휙 나가버리는 부류, 잠시라도 엎드려 눈을 붙이는 부류, 선생에게 못다한 질문을 하는 부류, 못해 갖고 온 숙제를 부랴부랴 하는 부류, 다른 반 친구들을 보러 가는 부류. 난 교실에 남아 수다 떠는 부류에 속한다. 아줌마 엉덩이는 무겁다. 뒤에 보이는 여자 분은 입문2반 회화를 맡았던 평리 선생님. 「선전 데일리」에서 중국어 회화 코너를 연재하고 있다.

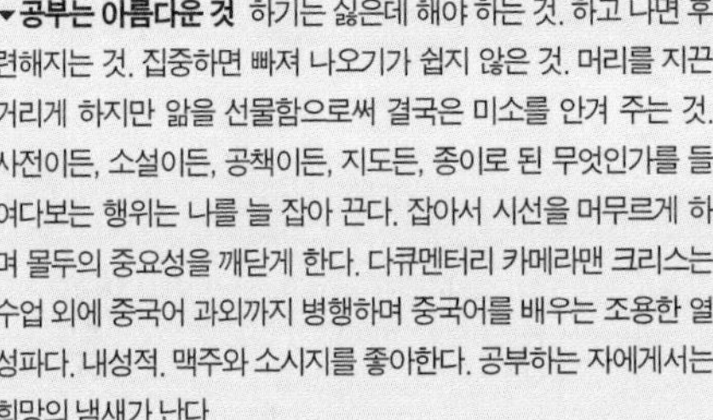

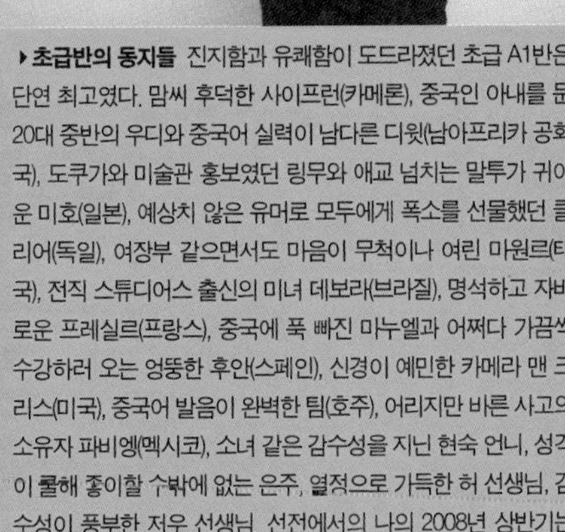

▸초급반의 동지들 진지함과 유쾌함이 도드라졌던 초급 A1반은 단연 최고였다. 맘씨 후덕한 사이프런(카메룬), 중국인 아내를 둔 20대 중반의 우디와 중국어 실력이 남다른 디윗(남아프리카 공화국), 도쿠가와 미술관 홍보였던 링무와 애교 넘치는 말투가 귀여운 미호(일본), 예상치 않은 유머로 모두에게 폭소를 선물했던 클리어(독일), 여장부 같으면서도 마음이 무척이나 여린 마원르(태국), 전직 스튜디어스 출신의 미녀 데보라(브라질), 명석하고 자비로운 프레실르(프랑스), 중국에 푹 빠진 마누엘과 어쩌다 가끔씩 수강하러 오는 엉뚱한 후안(스페인), 신경이 예민한 카메라 맨 크리스(미국), 중국어 발음이 완벽한 팀(호주), 어리지만 바른 사고의 소유자 파비엥(멕시코), 소녀 같은 감수성을 지닌 현숙 언니, 성격이 쿨해 좋아할 수밖에 없는 은주, 열정으로 가득한 허 선생님, 감수성이 풍부한 저우 선생님. 선전에서의 나의 2008년 상반기는 이들 덕분에 무지갯빛을 띨 수 있었다.

▸화원 속의 화원 선전대학교 공식 홈페이지에 들어가면 학교에 대해 간략하게 한국어로 소개한 페이지가 있다. 그 중 관심을 유발시킨 대목은 유엔은 선전을 '국제적인 화원 도시'라고 칭하고 있으며 선전대학은 '화원 가운데 화원'으로 불리고 있다는 부분이다. 유엔이 선전을 그렇게 명명한 것까지는 확인을 해보지 않아 사실 여부는 확실치 않으나 선전이 아름다운 녹색 옷을 입은 건 부정할 수 없다. 이는 선전대학도 마찬가지. 카펫처럼 쫙 깔린 파란 잔디와 풍성한 나무의 향에 슬그머니 취하게 된다.

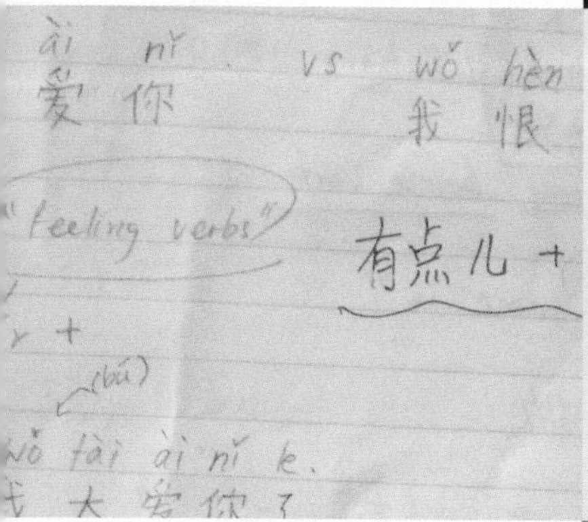

◂필기는 나의 힘 강의 내용을 공책에 차곡차곡 써넣을 때 비로소 '공부'하는 실감이 든다. 한자를 쓴 다음 그 위로 병음을 표기하고 중요한 부분은 빨간색으로 밑줄을 치거나 네모를 두른다. 글자 하나하나마다 공 들여 쓰고자 한다. 사실 쓰는 데에만 강하다. 글자를 예쁘게만 쓸 뿐 다른 건 없다. 멀쩡한 내 글씨를 본 중국 사람들은 중국어를 읽고 말하는 데에 능통한 줄 안다. 어렵다고, 털어놓으면 엄살이란다. 그래도 쓰기, 말하기, 듣기 중 쓰기라도 하니 다행이다. 뾰족하게 깎은 연필로 획 하나하나에 생명을 줄 때의 그 느낌이 그냥 좋다.

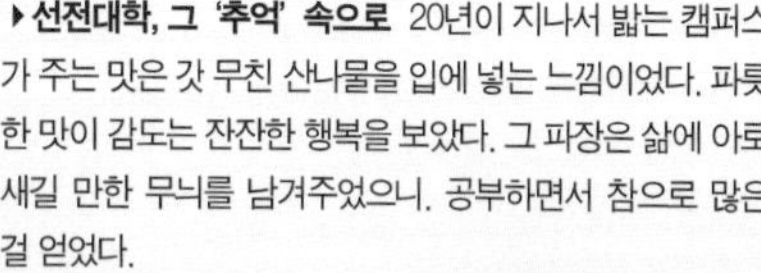

▸선전대학, 그 '추억' 속으로 20년이 지나서 밟는 캠퍼스가 주는 맛은 갓 무친 산나물을 입에 넣는 느낌이었다. 파릇한 맛이 감도는 잔잔한 행복을 보았다. 그 파장은 삶에 아로새길 만한 무늬를 남겨주었으니, 공부하면서 참으로 많은 걸 얻었다.

◂공포의 발표 시간 초급반이 되면 숙제의 종류도 한 단계 발전하여 교실 앞으로 나와 발표하는 '입체적' 스타일로 껑충 뛰어버린다. 심장이 이만저만 떨리는 게 아니다. 말을 바깥으로 꺼내기 전 어순을 너무 생각한 나머지 단어들이 세상 구경을 띄엄띄엄 하는 것이 문제다. 반면 서양 친구들은 잘 못해도 입이 잘 떨어진다. 사진의 주인공은 남아프리카 공화국에서 온 디윗. 그의 중국어 실력은 한마디로 기막히다. 막힘없는 구사력도 부족해 한자까지 술술, 그것도 깨알같이 써내려 간다. 이 장면은 미용사와 손님 간의 대화를 재연해야 했던 어느 날 가발을 쓰고 진지하게 연기하는 그의 모습이다. 이 사진은 날 피식 웃게 만든다. 세상의 모든 짐을 떠안은 마냥 얼굴을 잔뜩 구기고 있었던 당시의 내가 떠오른다.

▸캠퍼스는 온통 자전거 천국 오전 8시 5분쯤 학교 대문 앞 학생 기숙사로 향하는 작은 길을 건널 때 좌우를 똑바로 살피지 않으면 자전거 교통사고를 당하기 쉽다. 징그럽게 밀려오는 두 발 달린 쇠붙이 속에서 진하게 중국을 느낀다. 자전거에 익숙한 그들의 습관이 좋아 보인다. 자전거를 애용하는 건 비단 학생들뿐만 아니다. 선생님들까지 자전거를 타고 출퇴근한다. 교정 곳곳에 설치된 주차대에 자리잡고 임자를 기다리는 무수한 자전거들. 그들의 주인은 무슨 공부를 하고 있을까?

▾파이팅 선생, 허 라오시 그녀와 함께한 초급반의 회화시간은 에너지가 넘쳐흘렀다. 넘치는 에너지는 학생들에게도 전이되어 자신도 모르는 사이 가진 힘을 다 쓰도록 부추겼다. 정신없이 앞을 향해 달리게 하는 그녀의 '파이팅' 전술이 내게는 잘 맞았다. 처음 그녀를 보았을 때 노랗게 염색한 머리와 달랑거리는 귀고리, 반짝이가 과하게 붙은 옷에 적지 않게 놀랐다. 교내에서 이토록 화려하게 차려 입은 선생을 본 적이 없었으니. 일본에서 오랜 시간 공부하고 살다 온 그녀는 그래서 일본어에 능통했고 '중국인'이라는 좁은 울타리에 자신을 가두기보다는 세계라는 더 큰 울타리 속에서 호흡하기를 원하는 여성이었다. 그녀와 나 사이 둘이 똑같이 잘 하는 말이 있었다면 멋졌을 텐데 하는 아쉬움이 크다.

▴이게 한국의 맛인가요? 가을 체육대회가 있던 날 어느 한국 분이 싸온 김밥을 클라우디아도 함께 시식하게 되었다. 브라질에서 온 클라우디아는 이곳에 와서야 비로소 한국을 알게 되었다며 자신의 마음에 한국을 두게 되었다고 한다. 우리가 아무리 대한민국을 자랑스럽게 여겨도 그건 한국에서나 통하는 진리다. 세계는 우리를 모른다는 것이 인정하기 싫은 현실이다. 돈을 들여 어느 도시를 가기 위해서는 절대적인 사유가 필요한데 불행히도 한국은 비즈니스 외에는 동기 부여를 주지 않는 모양이다. 절친한 친구가 있어 방문하지 않는 한 '한국은 '가고 싶은 나라' 목록에 쉽게 오르지 않고 있다. 나라가 부유하든 가난하든 '매력'은 비축해두어야 하는 자산이다.

▸젊음 속으로 두 번째 학기 초급반에서 만난 급우들은 어려도 진지한 구석이 많아 흥미롭게 대화를 나눌 수 있었다. 장차 하고 싶은 일, 중국어 공부, 여자친구, 가고 싶은 나라, 여행을 하며 느끼는 문화의 차이, 가족 등 주고받을 수 있는 화두는 사뭇 다양했다. 난 또한 그들에게 사춘기에 접어든 아들에게 하지 않으면 좋은 말은 뭔지, 중국어 공부를 위한 유용한 사이트엔 어떤 것이 있는지, 누가 한국인 아니랄까봐 성미가 급해 끝내 '버럭' 하고야 마는 저돌적인 냄비 근성에 대한 얘기를 하면서 나름 약이 될 수 있는 조언을 얻을 수 있었다. 나이를 의식하지 않으면 솔직해지기가 더 쉽다. 물리적 숫자에 연연하면 위아래로 보는 시선이 똬리를 틀고 괜한 편견을 갖게 하기 때문이다.

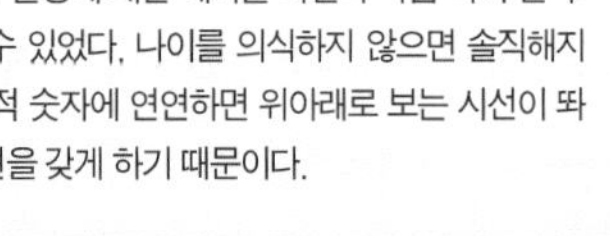

집에 숨 불어넣기:

한국에 있을 때는 집에 있는 시간이 별로 없었다.
아침에 출근했다 밤늦게 들어오는 생활의 연속이었으니.
돌이켜보면 집과 친해질 시간도, 마음의 여유도 없었다.
주말에도 밀린 볼일 보느라 집안에 앉아 있을 틈이 없었다.
상황이 이러하니 집 또한 돌봄이
필요한 존재라는 사실을 모르고 살았다.
사랑받는 사람의 얼굴이 환하게 빛나듯이
집도 관심과 사랑이 필요한
주인의 끊임없는 손길을 갈망하는
존재라는 것을 알게 되었다.
누가 들으면 피식 웃어버릴 지도 모를 일이다.
당연한 진리를 가지고 대단한 사실인 것처럼
마냥 쏟아내는 나의 고백이 식상해서.
어쨌든 내게는 '발견'이었다.

중국 앤티크에 빠지다

'집에 어떻게 숨을 넣어줄 것인가?' 아파트에 들어서자 눈에 들어온 높은 천정, 대리석 바닥, 흰색 벽은 싸늘했다. 따뜻한 숨으로 채워주고 싶었다. 그 첫 숨은 세월을 배불리 먹은 중국 고가구로 해결했다. 고가구의 고향인 중국에 온 이상 품에 넣어두지 않으면 후회할 것 같았다. 그런데 막상 그토록 외쳐왔던 '앤티크' 가구를 '내 것'으로 사들이려고 하니 어떤 것을 선택할지 감을 잡기 힘들었다. 앤티크의 아름다움을 감상할 줄만 알았을 뿐 고르는 안목은 무지 그 자체였다. 가구점과 집을 오가기를 수십 번, 덕분에 가구점 '라오뮈' 주인인 주디와는 감성을 주고받는 막역한 친구가 되었다.

제일 처음 구입한 것은 잡다한 물건들을 담아낼 튼실한 서랍장과 화장품을 보관할 진열장, 화장대와 거울, 전신을 비추는 대거울이었다. 장롱들은 '구닥다리'로, 거울은 '새 것'으로 주문했다.

한국에서 가져온 크고작은 물건들의 제자리를 찾아 정리해두지 않으면 정신을 제대로 차리고 있기가 힘들 것 같았다. 그렇다고 필요한 가구들을 한꺼번에 다 살 수는 없는 노릇이었다. 남편은 시간을 갖고 천천히 장만하라고 당부했다.

"넌 왜 그리도 못 사서 안달이니?"

"방황하는 물건들, 계속 놔두고 볼 수만은 없잖아?"

"적합한 것을 찾을 때까지 상자에다 보관해두는 게 그리도 힘드니?"

"정리가 안 되니까. 물건이 필요할 땐 어떻게 꺼내쓰게?"

"시간 많아. 찬찬히 알아보면서 해도 늦지 않은데 왜 그리도 조바심을 내는지 모르겠다."

인내심을 요구하는 남편. 그때는 그랬다. 뭔가를 '달성'하지 않으면 마음을 도통 내려놓을 수가 없었다. 빨리 정착하고 싶었기에 불거진 초조함의 모습이었다. 중국의 향을 물씬 풍기는 짙은 다갈색의 덩치 큰 가구들은 손때가 탈수록 빛을 내기 시작했다. 보기 좋았다. 쳐다보고 있으면 말을 거는 듯했다. 시간을 머금은 광택 속으로 빠져들면서 중국이 눈앞에 아른거리기 시작했다.

두 번째는 부엌과 식당 사이에 들여놓을 찬장과, 거실을 아늑하게 지켜줄 커피 테이블로 이어졌다. 앤티크 가구의 집결지로 유명한 쭝샨中山에서 찾아낸 찬장은 19세기, 커피 테이블은 18세기 때의 고물로 구매 전 상태는 초라

했다. 그러나 품위는 그대로 간직하고 있었다. 세파에 시달린 기색은 걸림돌이 아니었다. 소박한 자태 속에는 현대적으로까지 보이는 진취적인 기백이 숨쉬고 있었다. 우리 부부는 주저 없이 결정했다. 이들 옛 물건이 '선택'이 되면 리폼 과정을 거쳐 새것 아닌 새것으로 거듭나게 된다. 그로부터 한 달 후 우리 집 그릇들은 드디어 그들만의 집을 갖게 되었다. 외로웠던 거실은 어느 정도 포근함을 갖게 되었다. 말없이 내비치는 갸륵한 햇빛을 받아

야만 한다고 외치는 듯했던 (테이블 비치용) 책들이 쉴 곳, 정감 있는 커피 테이블이 생겼으니. '집안에 특별한 존재감'을 주고 싶은 욕심은 여기에서 사그라지지 않았다. 거실의 공기를 조금 더 아늑하게 품어줄 막이가 있으면 냉랭한 바닥의 서늘한 소리를 잠재울 수 있을 것 같았다. 마음에 꼭 드는 병풍을 구하는 건 쉽지 않았다. 물론 고풍스러운 중국식을 원했다. 예스러워도 복잡하지 않은 스타일로. 그러나 단순미 있는 디자인을 찾기란 수월하지 않았다. 홍콩이나 상하이, 베이징처럼 주인의 높은 안목을 믿고 살 수 있게 해주는 앤티크숍이 선전에는 희귀하다. 먼젓번 장롱과 거울을 구입한 '라오뮈' 같이 먼지 낀 냄새를 풍기는 고가구상이 많으면 좋으련만.

쇼핑센터 안의 고가구점들은 모양새가 똑같다. 길들이지 않은 냄새가 나는 그곳은 매력이 없다. 그래서 애호가들은 두어 시간이 들어도 쭝샨이나 광저우까지 가길 고집한다. 병풍 이야기의 끝을 맺자면 앞서 언급한 주디의 도움을 받아 갈망했던 간결함을 얻을 수 있었다. 세월을 먹은 도도한 '옛것'은 너무 부담이 커 병풍 책자를 함께 뒤적이며 찾아낸 스타일로 '새 것'을 주문했다.

인생에서 처음 사본 병풍. 품어본 적 없는 관심, 해본 적 없는 연구와 몰입을 경험하는 하루하루. 몸이 아닌 공간을 치장하는 작업은 더한 감각과 지식을 요구하고 있었다. 몰라도 한참 모른다는 깨달음. 여기저기 이곳저곳에서 불쑥불쑥 튀어오르며 허공을 메우는 물음표 뭉치들이 시험 전날의 스트레스 만한 무게로 생각의 주머니를 내리눌렀다. 하지만 그건 분명 오렌지 환타빛을 띤 압박이었다. 집에 숨을 불어넣는 일은 나의 맥박을 팔딱팔딱 뛰게 하고 있었다.

집안 구석구석 색깔 입히기

웅덩이를 피해 발 디딜 곳을 눈여겨보며 앞으로 나아갈 때처럼 집의 활기는 그렇게 느릿하게 메워져 갔다. 몸집 큰 가구들로 공기의 중심을 어느 정도 잡았다면 그 다음 미션은 무표정한 벽면들과 소통하는 일이었다. 심심한 벽은 정신마저 심심하게 만들었다. 빈자리를 보듬을 친구를 구해야 했다. 서울에서 바깥 빛을 보지 못했던 액자들이 걸리고 다퓌유화촌을 거닐다 우연히 알게 된 류 선생의 수채화와 운 좋게 만난 아티스트 저우웨이나중에 알고 보니 그는 선전을 대표하는 컨템포러리 아티스트였다의 '버드 맨' 컬렉션, 홍콩과 상하이 등에서 사모은 중국적인 그림들이 얹혀지면서 집다운 모양새가 서서히 갖춰졌다. 그림이 말을 걸어온다는 의미를 알 것 같았다. 네모난 틀에 갇힌 요만큼의 꽃, 풍경, 도시는 요만한 무게로 가둬둘 수 있는 것이 아니었다. 외국 친구들이 왜 그리도 '액자화' 작업에 몰두하는지 수긍이 갔다. 그림과 더불어 추억을 고이 저장하면 다른 추억이 또 벽을 타고 자란다. 그림 한 점 한 점에 담긴 그때 그때의 사연을 간직하고 싶은 사람 마음은 아마도 비슷한 모양이다.

새로운 집에서의 새로운 생활은 참으로 '가정적'이지 않던 나를 '가정적'으로, 집의 소리에 귀 기울이도록 만들었다. 서랍과 옷장에 습기가 들어차지 않았는지, 태풍 때문에 물이 새지 않았는지, 보일러가 아무 탈 없이 온수를 내보내고 있는지, 하수구가 막히지 않았는지, 옷장 속 옷을 거는 기다란 봉이 (옷의 무게를 못 참고) 어느 순간 갑자기 푹 내려앉지 않았는지, 수없이 떨어지는 머리카락들로 인해 바닥이 새카만 낯을 드러내지 않았는지, 그림이 걸릴 벽면이 더 있는지, 소파 위 쿠션이 몇 개 더 필요하진 않은지, 화병에 어떤 꽃을 꽂아놓으면 좋은지, 헛되게 그냥 놔둔 빈 구석은 없는지, 각각의 물건이 자리를 잘 찾아 정리정돈된 참한 모습을 보이고 있는지, 위성방송이 제대로 나오는지, 바퀴벌레와 개미가 방심한 사이 식솔을 불리지 않았는지,

오후 두세 시 햇빛은 소리 없이 강하게 몰려온다. 유리를 뚫고 고개를 내미는 햇살에는 자신감이 묻어 있다. 그 따스함에 이끌려 가만히 소파 위에 앉아 있으면 기분이 절로 좋아진다. 볕을 쬐면 몸과 마음의 균들이 사라져버릴 것만 같다.

가스레인지를 앞에 둔 새하얀 타일 벽이 지지고 볶는 요리로 인해 더러워지지 않았는지, 부엌 싱크대 서랍 안 수저가 가지런하게 놓여 있는지, 에어컨을 청소할 때가 되지 않았는지, 일전에 고장 났던 다리미가 또 말썽을 일으키지 않았는지, 전구가 나간 방은 없는지, 불을 켜고 끄는 하얀색 스위치가 손때를 타지 않았는지, 게스트 룸의 침대보는 깨끗이 세탁되어 있는지, 관리사무소와 연결된 인터폰에 이상은 없는지. 새근새근 행복한 숨소리를 내기 위해 집이라는 둥지는 끊임없이 뭔가를 요구해오는 응석둥이였다.

천만다행이었다. 감당할 수 없을 것 같았던 무게를 감당할 수 있음에. 달갑지 않게 들려오던 이들 집을 지키는 소리들은 내가 집에 온전히 있어야 하는 이유였다. '휴' 하고 편안히 숨을 내쉬는 그런 집으로 유지하기 위해서는 귀찮음을 사랑해야 했다.

프랑스 친구들은 놀라울 만큼 이런 귀찮음을 즐긴다. 자신의 취향에 들어맞는 천을 끊어 쿠션 커버에서부터 식탁의자 커버, 식탁보, 커튼, 침대보, 베갯잇까지 주문 제작하는 경우가 다반사. 재봉틀로 직접 만드는 이도 몇몇 있다. 틈만 났다 하면 원단 시장으로 달려가는 그들을 난 존경한다. 중국말을 떠듬떠듬 하면서도 가격을 내치는 능란함은 필시 자신이 원하는 것이 무엇인지를 확실히 아는 자신감의 산물일 것이다. '자신만의 세계'를 창조하는 것만큼 중요한 것이 없는 프랑스 여인네들의 바지런함은 가히 알아줄 만하다. 천장에 달린 그냥 '불'은 멋 없어 싫다고 온갖 조명가게를 누비며 가격 비교까지 일일이 해가며 십수 일, 때로는 수 개월이 걸리는 한이 있어도 마음에 200퍼센트 드는 스탠드를 장만하는 인내심이란. 물 끓이는 주전자 하나조차 아무 거나 사지 않는 열정에 사무친 라이프스타일로부터 리빙에 문외한인 이 초보 주부는 생활의 지혜를 적지 않게 빌려 왔다. 저녁을 배려하는 각종 조명, 소파를 살리는 색다른 배합의 쿠션 색조, 자칫 그냥 지나칠

수 있는 집안의 구석구석을 꾸며주는 자잘한 아이디어, 소파와 커피 테이블이 놓인 한켠의 표정이 풍부해지도록 돕는 카펫의 역할, 실내를 꽃으로 밝히는 습관, 화초의 여유로운 향기, 원래의 용도에서 벗어나 다른 목적으로 사용하는 응용력 등 프랑스 친구들의 집에 가면 배울 것이 수두룩했다. 이들 자체가 내게는 살아 있는 잡지였다.

잠시 머물다 갈 집, 설령 몇 개월을 살다 가더라도 이들은 '남의 집'을 자신의 빛으로 물들여 놓는다. 사랑하는 이들의 사진이 이곳저곳에 포진해 있는가 하면 현관 입구에 걸린 손때 묻은 열쇠고리가 무언의 애틋함을 전한다. 가슴에 물기가 고인다. 과거에 아끼던 물건들이 새로운 자기 자리를 찾고 현재를 사로잡은 새로운 물건들이 공존하는 풍경. 집은 시간을 달리하는 추억들이 나이를 함께 먹어가며 생활의 냄새를 풍부하게 하는 그런 곳이라는 생각이 든다.

우리 집 표정::

매일매일 집의 숨소리가 들린다.
손 좀 봐달라고, 눈여겨봐달라고, 씻어달라고,
치장해달라고, 친구 만들어 달라고 신호를 보내온다.
신기한 현상이다.
신경써줘야 할 곳이 자꾸 보이는 것이.
집에서 보내는 시간이 짧았기에 '홈'이라는 단어와
그다지 친하지 않았던 나.
이제 그 '홈'과 가까워지려 하고 있다.
구석구석까지 애정을 보이고 실천하는 중. '우리 집.'
날이 선 멋 같은 건 없다.
그저 발을 들여놓는 사람들이 편안함을 느끼면
그걸로 만족한다. 중요한 건 사람 사는 냄새.
행복은 뜸 들이며 구워지고 있다.

HOME

전망 좋은 방

안방 침대에서 내다본 바다. 햇살을 받아 반짝이는 수면 위 띄엄띄엄 떠있는 배들을 보고 있으면 언짢았던 기분이 가라앉는다. 빛을 머금은 물결을 볼 때마다 가슴이 조용히 일렁거린다. 바다 너머에 홍콩이 있어서 일지도.

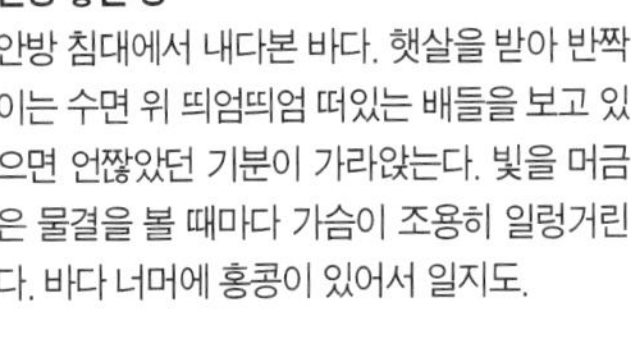

웰컴 투 홍가네

방문객들이 집에 발을 들여놓았을 때 집에 사는 사람들의 얼굴을 접하면 친근감이 생길 것 같아 현관 입구의 신발장 위에 가족사진을 갖다놓았다. 제법 정교하게 만든 미니어처 자전거와 진흙으로 빚은 다호들로 아기자기한 '신발장 위 풍경'을 연출하고 싶었다.

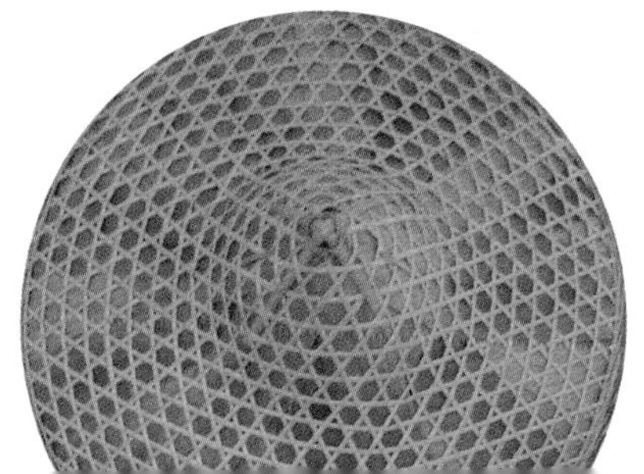

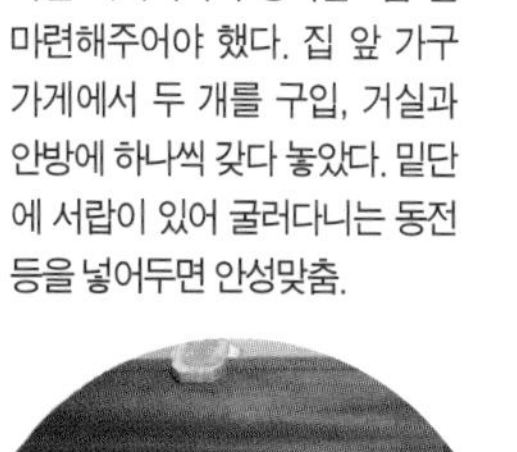
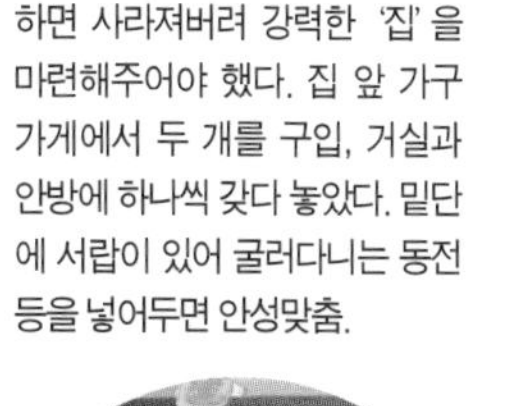
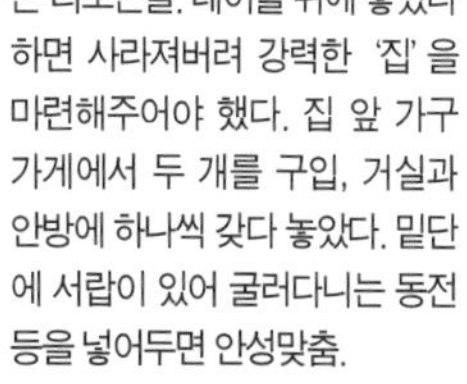

리모콘의 자리

찾으면 어딜 갔는지 늘 보이지 않는 리모콘들. 테이블 위에 놓았다 하면 사라져버려 강력한 '집'을 마련해주어야 했다. 집 앞 가구 가게에서 두 개를 구입, 거실과 안방에 하나씩 갖다 놓았다. 밑단에 서랍이 있어 굴러다니는 동전 등을 넣어두면 안성맞춤.

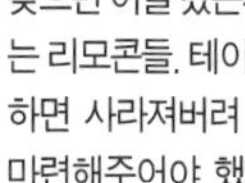
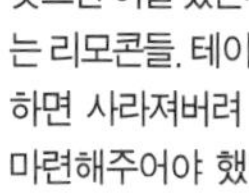
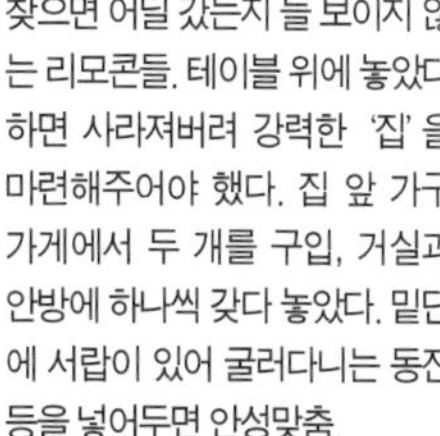

화장대의 동생

십수 년 간 제대로 빛을 발하지 못했던 함을 '제2의 화장대'로 활용 중. 메인 화장대 바로 옆에 놓아 큰 언니 메인 화장대의 보조 역할을 충분히 수행하고 있다. 여분의 브러시, 머리핀, 휴대용 향수, 콤팩트 등을 올려놓기에 함은 적합한 구조를 지녔다.

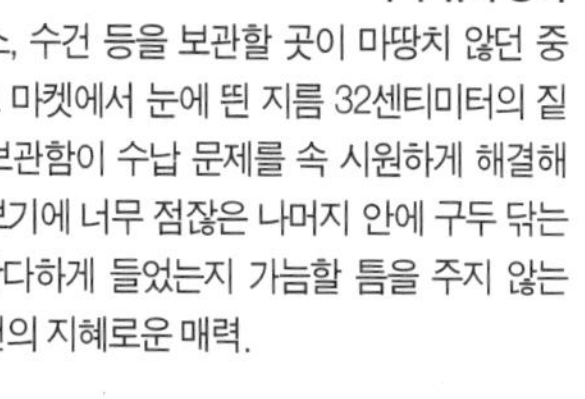
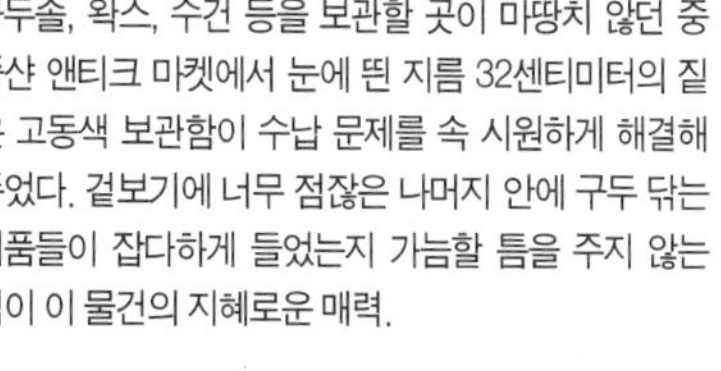

구두닦이 상자

구두솔, 왁스, 수건 등을 보관할 곳이 마땅치 않던 중 쭝샨 앤티크 마켓에서 눈에 띈 지름 32센티미터의 질은 고동색 보관함이 수납 문제를 속 시원하게 해결해주었다. 겉보기에 너무 점잖은 나머지 안에 구두 닦는 제품들이 잡다하게 들었는지 가늠할 틈을 주지 않는 점이 이 물건의 지혜로운 매력.

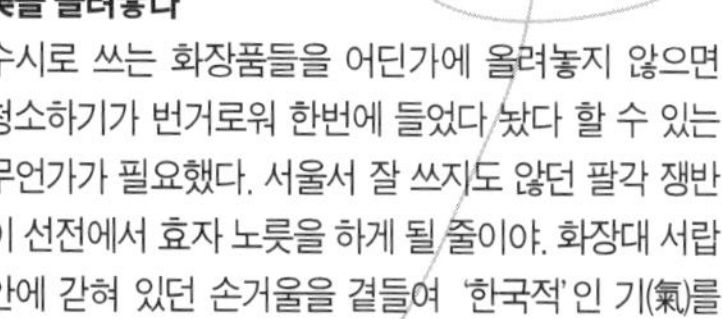
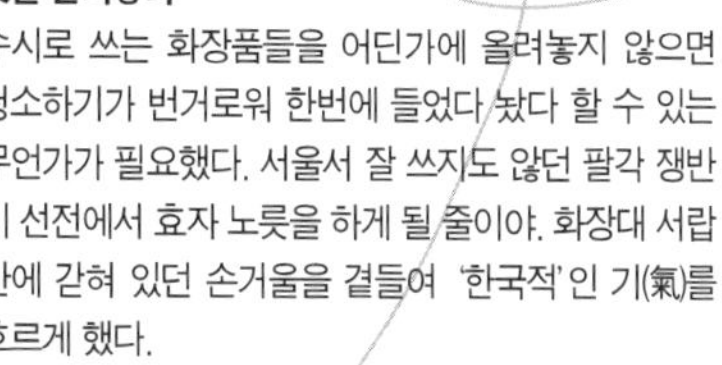

美를 올려놓다

수시로 쓰는 화장품들을 어딘가에 올려놓지 않으면 청소하기가 번거로워 한번에 들었다 놨다 할 수 있는 무언가가 필요했다. 서울서 잘 쓰지도 않던 팔각 쟁반이 선전에서 효자 노릇을 하게 될 줄이야. 화장대 서랍 안에 갇혀 있던 손거울을 곁들여 '한국적'인 기(氣)를 흐르게 했다.

파우더가 활개치는 곳

화장대 위에 놓일 각종 화장품 품목별 정리는 안 쓰는 상자들을 활용했다. 넘치는 아이 펜슬 더미는 선물로 받은 네모난 그림 접시에, 브러시와 빗은 쭝샨 앤티크 가구촌에서 사온 원통에, 귀고리들은 칸칸이 나눠진 자개 상자에 수납하였다.

자질구레함을 청소하다

슈퍼마켓에서 채소와 두부, 계란 등을 산 영수증 더미, 입가심 사탕, 피곤함을 한순간에 달래주는 초콜릿, 메모지, 필기용품, 컵받침, 부엌을 떠돌아다니는 명함, 식당에서 가져온 휴대용 휴지팩. 정리정돈은 '집약'에 있다. 이 모든 걸 도운 건 서울에서 떡을 담아 갖고 오는 데 쓰였던 쟁반이었다.

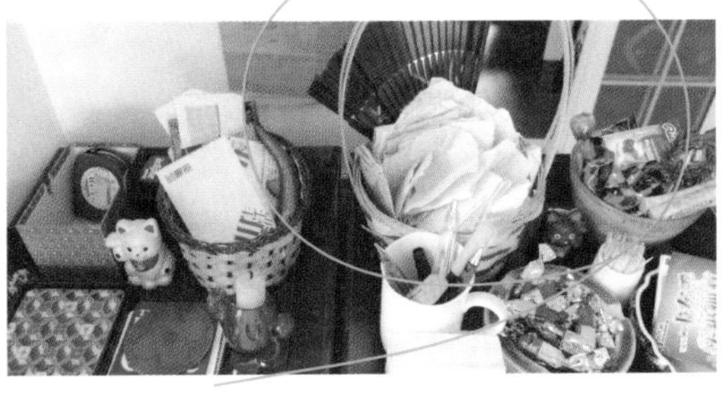

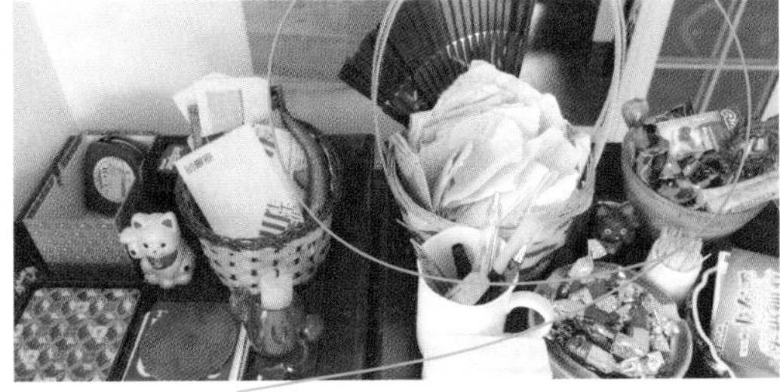

손님을 맞는 즐거움

외국 생활에서 얻은 즐거움 중 큰 것 하나가 바로 '손님맞이'. 2층 게스트 룸은 테라스와 붙어 있다. 방을 지배하는 메인 톤은 그린. 벽에 걸린 그림 세 점은 프랑스 친구 마릴린의 '모듈레' 시리즈로 이 방을 위해 특별히 제작했다.

영기의 컴퓨터 공간

책상 하나에 컴퓨터를 놓고 공부와 숙제까지 하기에는 심히 비좁아 컴퓨터를 따로 빼내 이주시켜주었다. 컴퓨터 책상은 이케아에서 구입했으며 의자는 오자마자 사 놓은 축구공 암체어로 대치했다. 공부용 책상 의자는 '진지한' 것으로, 컴퓨터 책상용 의자는 부드럽게 곡선 진 것으로 매치했다.

자전거와 함께하는 삶

중국에서 자전거는 일상이다. 그런데 문제는 자물쇠를 채워도 도둑을 맞는다는 사실이다. 갓 산 자전거를 도둑맞은 직후 두 번째부터는 집안에 단단히 '모셔' 두기로 했다. 자전거는 그런 물건인 것 같다. 가만히 있어도 두런두런 말을 걸어오는 다정다감한 존재.

곳곳마다 숨 쉬는 작은 정원

부엌 개수대, 욕실 창가, 2층 작업 공간에 놓인 테이블, 신발장. 어찌 할 줄 모르는 빈 틈이 보이면 아담한 화분을 사놓는 습관이 생겼다. 잎의 모양, 키, 색상, 화분의 디자인 등에 따라 감성이 판이하게 다른 식물들. 그냥 보고만 있어도 숨 쉬는 게 편해진다.

치유하는 그린

2007년 여름 도착했을 때 아파트는 텅 비어 있었다. 목소리가 허공을 울릴 만큼. '그린'에 문외한이어도 절실하면 찾게 되는 모양이다. 한 뼘의 그린이 그리워진 건 외로운 공기를 생기 있게 살리고 싶은 마음이 들면서부터이다. 화초를 키우는 건 마음 속에 정원을 갖는 것과 같다.

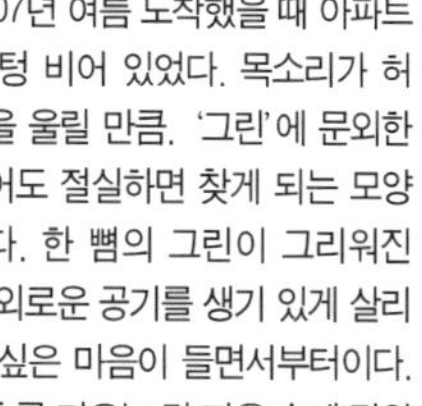
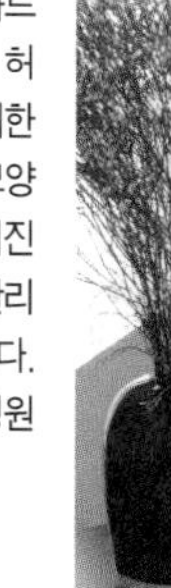

5,600원의 행복

귀한 손님이 방문 중일 때와 그렇지 않을 때 사다 놓는 꽃은 달라진다. 손님이 집에 '투숙' 중일 때는 주로 백합을, 부재 시에는 최대 25위안 내에서 꽃값을 해결한다. 값에 상관없이 꽃이라는 게 일단 집에 고개를 들이밀면 마음의 창에 따스한 햇살이 스민다.

현관 입구

검은색 샤넬 백 주머니 속에 틈틈이 모아둔 슬리퍼들을 넣어놓았다. 이처럼 슬리퍼 한 짝을 따로 꺼내 놓지 않으면 가방 안의 내용물이 뭔지 금세 잊어버리기 일쑤. 입구에 걸어둔 초록빛 가방은 눈요기도 될 뿐만 아니라 간단한 볼일을 보러 집 앞에 나갈 때 들면 괜찮을 듯싶어 현관에 걸어두었다.

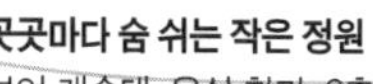
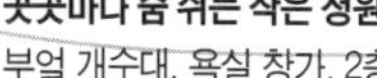

보물 목록1호

중학교 시절부터 지금까지 몸집을 계속 불려온 수백 권의 책들. 가족 다음으로 사랑하는 대상이다. 꽂아 놓을 공간이 있다는 건 대단한 행복이다. 이 집을 선택한 큰 이유 중의 하나가 한쪽 벽면을 완전하게 뒤덮은 책장에 있었다. 종이 수십만 장의 표정은 매일같이 바뀐다.

벽에게 말을 걸다

서울에서는 벽에 말을 걸어본 적이 없었다. 벽이 허전한 줄 미처 느끼지 못했다. 도착하자마자 다펀유화촌에서 제일 처음으로 구입한 리우 선생의 수채화 한 점. 그의 붓끝에서 피어난 꽃 한줌으로 거실의 목소리는 한결 더 따스하고 부드러워졌다.

산골 마을에서 욕실까지

작년 여름 광시성과 구이저우성의 경계선에 있는 룽성의 계단식 논으로 유명한 룽지티티엔에 갔다가 소수민족 할머니로부터 '착한' 가격에 산 짚신. 독창적인 색의 조합이 세련돼 보여 어딘가에 꼭 걸어두고 싶었다. 최종 종착지는 짚신의 질감을 잘 받쳐주는 크림 베이지 빛이 감도는 욕실의 벽면.

창가에 머물다

작은 화분들을 일렬로 나열하여 맛깔스런 풍경을 만들려고 했으나 30권이 넘는 명함집에 명당자리를 양보했다. 창가에는 그 무엇이 서 있어도 특별해 보인다.

유리를 통해 비치는 햇빛, 창 너머로 내다보이는 바다와 다양한 하늘은 사색을 선물한다.

욕실도 방같이

"모든 것에게 제자리를 줄 것!" 한국에서 중국으로 올 때 짐 싸면서 되뇌었던 다짐이다. 영기 방 옆에 있는 욕실의 세면대 옆자리가 허전하던 참에 집 건너편 앤티크 가구숍에서 발견한 이 아담한 수납장 덕분에 크리넥스 티슈 상자와 타월, 화장솜 등이 '정착'할 수 있었다.

차 한 잔의 여유
중국에 오기 전만 해도 차를 즐겨 마시지 않았다. 정신 차리는 데 커피 만한 것이 없었으니. 중국 생활이 가져온 변화 중 하나는 차에 대한 애정을 키워준 것. 내 것으로 취하고 싶은 어여쁜 다기들이 많은 것도 차를 좋아하게 된 이유.

수납장 위의 향연
모자 파티에 만들어 쓰고 갔던 카멜리아 모자, 영기가 네 살 때 잠깐 신었던 흰 고무신, 청두에서 담아온 중국적인 풍경, 르완다에서 프랑스 친구가 가져다 준 수공예 장식함. 연관이 없어 보이던 것들이 인연을 맺어 이룬 또 하나의 커뮤니티.

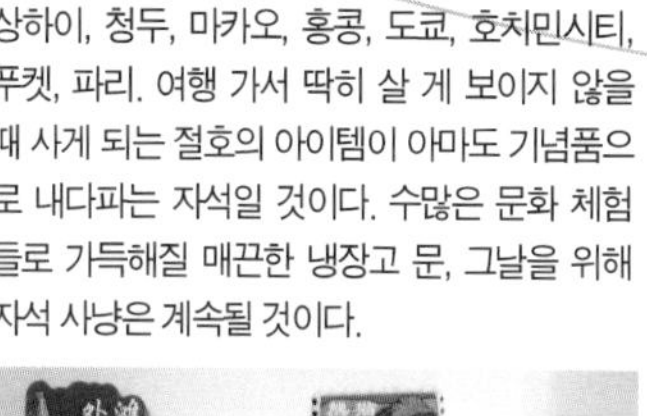

냉장고 위에서 꽃피는 도시
상하이, 청두, 마카오, 홍콩, 도쿄, 호치민시티, 푸켓, 파리. 여행 가서 딱히 살 게 보이지 않을 때 사게 되는 절호의 아이템이 아마도 기념품으로 내다파는 자석일 것이다. 수많은 문화 체험들로 가득해질 매끈한 냉장고 문, 그날을 위해 자석 사냥은 계속될 것이다.

바라보는 재미
세 식구의 사진들로 넓은 자리를 메우다 보니 엽서까지 들어가게 되었다(배경으로 쓰인 엽서들은 선전의 이미지들로 인쇄된 색상의 느낌이 70년대 컬러 텔레비전 같아 이때껏 사용하지 않고 있었다). 큰 액자 주변에는 흩어졌던 액자 사진들과 시부모님께서 주신 여러 나라의 종들을 세워 놓았다.

시장 보러 가는 길

중국도 시장보러 갈 때 별도의 가방을 준비하지 않으면 비닐 봉투를 돈 주고 사야 한다. 홍콩의 서점과 슈퍼마켓을 들랑거리다보니 다양한 크기의 부직포 가방들이 늘어났다. 동네 세븐일레븐 편의점에만 가도 이 부직포 가방을 챙겨드는 습관이 용케 자리잡았다.

사진에 모아지는 시선

전화를 걸고 받는 곳이라 하여 전화기와 메모지만 있으면 썰렁하다. 휴지통, 달력, 파리채, 부채, 사진 액자, 문진 등으로 통화 공간을 포근한 기운으로 감싸게 했다. 작더라도 독립된 느낌을 주기 위해 벽에 사진 한 점을 걸었다.

한 폭의 자연

욕실이라고 지루해야 한다는 법칙은 없다. 뭔가 볼거리를 제공하고 싶었다. 룽지티티엔의 계단식 논밭 사진 한 점을 진열해보았다. 그러면 3초 정도 시선이 멈추지 않을까.

집
3人 3色:

집에 대한 프랑스 여인들의 애착은 각별하다.
잠시 살다 가더라도 '그들' 만의 스타일을 꽃피우고
삶을 조각하며 보금자리를 만든다.
자신만의 취향으로 고른 가구들과
삶의 추억이 저민 물건들 곁에서 행복이라는 이름의
안락함을 짜나가는 프랑스 친구 셋.
삶을 한 단계 더 풍요롭게 만드는
그들만의 '차이니스 라이프스타일'을 소개한다.

로리스의 고매한 매력이 흐르는 집

중국에 오기 전 그녀는 인도에 있었다. 인도가 부르기 전에는 스위스에 살았고 스위스 전에는 영국, 영국 전에는 프랑스, 프랑스 전에는 알제리에서 시간을 보냈다. 그래서 그런지 그녀의 집은 '다국적'이다. 기존에 갖고 있던 가구(인도와 프랑스산)와 중국의 것을 조화시켜 로리스식의 고급스럽고 편안한 감각을 취하고자 했다.

그녀의 안목은 하루아침에 만들어진 게 아니다. 어렸을 적 엄마와 함께 '릴레 샤토'(호텔로 재정비된 고성들의 체인으로 최상의 미각까지 곁들여 프랑스적으로 사는 멋을 보여준다)를 다녔는데 이때부터 어렴풋이 '좋은 물건'이 지닌 가치의 중요성을 인식하게 되면서 인테리어에 관심을 느꼈다고 한다. 여행가서 둘러보는 각지의 앤

티크 컬렉션, 클래식 음악 연주회, 그리고 영국 잡지들(가장 좋아하는 것은 「젠틀맨 파머 Gentlemen Farmer」)에게서 그녀는 '근본'을 읽어내는 안목을 배운다.

그렇다면 그녀가 말하는 감각적인 안목을 위해 충족되어야 하는 조건은 무엇일까? 그녀는 가구에서부터 커튼, 접시까지 '나'에 의해 골라져야 한다고 말한다. 각자의 취향이 아닌 걸 쓰면 '스위트 홈'이 절대 될 수 없기 때문이란다. 그녀에게서 배운 리빙 노하우 하나. 좀더 나아지기 위해 이방인의 시각으로 집을 볼 것. 그러면 이전에는 미처 못 느꼈던 것들을 발견하게 된다. 이는 그간 공들였던 여러 가지 것을 부정하는 셈이지만 한 발자국 뒤로 물러나 냉정하게 생각하면 미처 못 보던 점들이 새록새록 보인다고. 따라서 시간이 지나면 인테리어도 바꿔줘야 한다고 강조한다. 물론 안목 있게 고른 물건이 집을 채운다고 '스위트 홈'이 되는 것은 아니다. 제 위치에 있지 않으면 그저 예쁜 물건만 가득한 인테리어 전시장처럼 사람의 체취가 느껴지는 편안함을 찾기 힘들 것이다. 그녀는 여기에 대해 사람을 배려하는 공간 연출이 중요하다고 말한다. 그래서 그런 걸까? 나는 그녀의 거실이 아늑하고 따스한 분위기를 느낄 수 있어서 좋다. 반들반들한 짙은 고동색 마루, 핑크가 감도는 감미로운 보랏빛 커튼, 구석구석을 밝히는 다채로운 램프와 양초, 찾아내는 재미를 감칠맛나게 선사하는 아기자기한 미니어처 피규어들, 식사 공간과 거실을 분리시켜 놓은 붉은색으로 옻칠된 콘솔을 보고 있노라면 진지함과 유쾌함을 다잡는 그녀의 클래식 스타일에 푹 빠질 수밖에 없다.

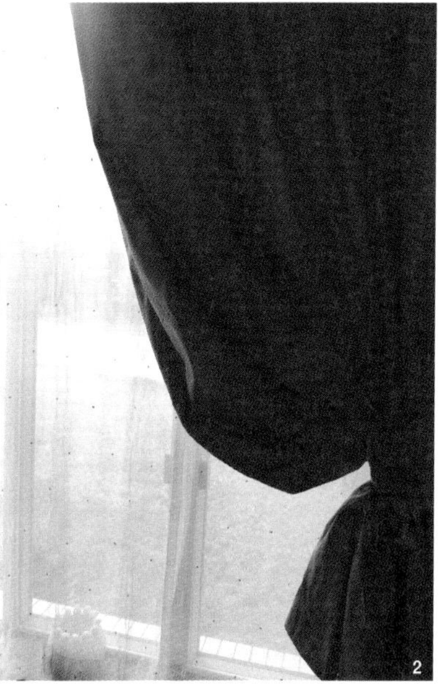

1. 천장에 매달린 기쁨 옆집에서 내버린 선풍기 모양의 등에 앙증맞은 유리병과 색색의 리본을 매달아 흥겨움을 더했다. 크리스마스 한때를 위한 데커레이션이었으나 볼수록 유쾌해 그냥 두었다고 한다. **2. 창안의 풍경** 부겐빌리아(분꽃과의 열대 식물)에 대한 아련한 추억이 연보랏빛이 감도는 핑크빛 실크 커튼을 달게 했다. 커튼은 인도에서 갖고 온 것. 주 색조가 갈색인 거실을 부드럽게 살리는 역할을 한다. **3. 찬장 속은 즐겁다** 컴컴한 찬장 안을 환하게 만드는 방법 하나. 상하이탕의 플라워 패턴을 본뜬 화려한 꽃무늬 천을 바닥에 까는 것. 나무와 그릇의 직접적인 마찰을 방지하고 눈까지 즐거워진다.

1

2

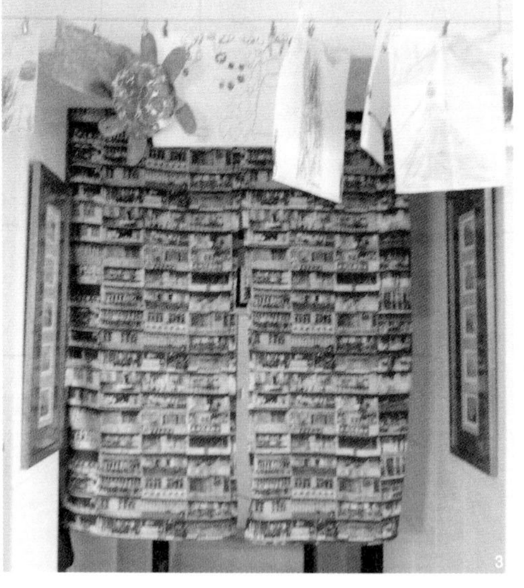
3

4

1. 소리 없는 벽 거실과 식사하는 공간을 분리하기 위해 콘솔을 놓았다. 콘솔은 앤티크 타운 쭝샨에서 구입. 붉은색 기운이 강한 콘솔과 연분홍빛 자기 의자의 매치는 서로를 더 돋보이게 한다. **2. 창가의 이야기** 중국에서 사는 재미는 과묵한 고가구와 귀여운 느낌마저 주는 장식품을 하나둘 모으는 데 있다. 창가에 세 명의 '할아버지 보초병'을 세워놓아 익살맞은 표정을 주었다. **3. 경계의 표시** 부엌에서 세탁기로 향하는 길목. 홍콩의 아파트가 프린트된 간이 가리개가 재미난 보호막이 되고 있다. **4. 컵받침의 변신** 매혹적인 색상의 실크에 비즈가 정교히 박힌 인도의 아름다운 컵받침을 차마 쓸 수가 없어 프레임을 두른 후 미니 액자로 활용했다. 인도에서 보낸 지난날의 귀한 추억의 산물.

1

2

3

4

1. 집안 속 쉼터 의자와 탁자를 들여 '집 안의 휴식처'로 꾸미길 좋아하는 안주인의 취향이 엿보이는 2층의 작은 거실. 작은 거실은 1층 메인 거실에 비해 좀더 편안한 느낌을 내는 데 힘썼다. **2. 반지의 손짓** 자연스러우면서 세련된 느낌이 드는 반지걸이. 반지들을 서랍이나 상자에 보관하면 눈에서 멀어진다. 서랍장이나 화장대 등 눈에 띄는 장소에 보란 듯이 놔두기에 적절하다. **3. 빛 아래 낚시꾼** 영국의 아기자기한 생활 오브제들을 파는 작은 가게에서 찾아낸 피싱맨이 조명 아래 더 도드라진다. 장난기를 놓지 않은 그녀의 감각이 엿보이는 대목. **4. 되의 또 다른 용도** 거실의 커피 테이블을 심심하지 않게 해주는 두 개의 되 안에는 계속 수집 중인 성냥상자들과 미니 카펫을 연상시키는 컵받침들이 있다. 되는 일본 것, 컵받침은 두바이에서 온 것.

마릴린의 재치가 가득한 집

스트라스부르 아르데코 대학에서 디자인을 전공한 마릴린의 공간은 색色의 결합에 열광하는 그녀의 작품과 닮은꼴인데, 시원한 대비를 그려내는 실내는 상호 보완적인 관계에 놓인 그녀의 캔버스처럼 유연한 역동성을 느끼게 한다. 그녀의 집? 한마디로 '조화로우면서도 놀라운 구석이 있는 공간'이다.

조용함, 채광, 단순미를 소중히 하는 그녀가 자신의 집이 될 공간에 처음 발을 들여놓았을 때 마음에 쏙 들었던 건 단순한 하얀 벽, 중국스럽지 않은 간결한 인테리어 그리고 바다가 보이는 전망이었다. 다른 느낌, 다른 시대, 다른 성격, 다른 감성의 만남 속에서 창조되는 조화를 중시하는 그녀는 특정한 스타일에 얽매이는 것을 싫어한 나머지 자신만의 공간을 꾸미는 데에도 특별한 바람이 없었다.

그저 처음부터 다시 출발하는 기분으로 새롭게 하고 싶었다. 색에 치우치지 않는 남편과 그 생동감에 취하는 그녀의 감각이 손잡으면 균형 있는 그 무언가가 나올 것 같았다. 하지만 거실에 이미 설치되어 처분하기 어려웠던 초록색 타일 선반이 눈의 가시라면 가시. 이 초록색을 어떻게 할까 고민 끝에 거실을 지배하는 색을 자

연스럽게 초록으로 굳혔다. 물론 그녀가 초록으로 굳힌 데에는 필경 초록색 타일 선반 탓만은 아니었다. 상큼한 풋사과빛 그린이 근래에 인테리어 데커레이션 분야에서 두각을 나타내고 있는 주목 컬러라는 것도 그녀가 초록을 선택하는 데 한몫했다.

그녀는 공간을 어떻게 꾸몄을까? 그녀에게 집이란 휴식의 기운을 듬뿍 안겨주어야 하는 공간이 되어야 하므로 최대한 편안함을 연출하는 데 주력했다. 그 비법 중 그녀가 신경을 가장 많이 쓰는 것은 단연 조명이다. 살포시 퍼지는 작은 불빛 속에서 하루를 부드럽게 마감할 수 있어야 한다고 믿는다. 그런 의미에서 그녀는 실내를 단순히 밝히기만 하는 형광등을 싫어한다. 가장 좋아하는 조명은 지금 집에 선물해주고 싶은 아이템이기도 한 영국의 앵글포이즈사의 '자이언트' 램프. 어떤 각도로도 조명이 훌륭하게 비춰지며 고전적이면서 현대적인 디자인이 정말 멋지기 때문이다. 사실 중국에서 공간을 세련되게 꾸미기란 쉽지 않다. 스타일리시한 디자인을 만나기란 쉽지 않을 뿐더러 엄청난 대가를 치러야 한다. 그래서 그녀의 안테나가 쏠린 건 장난기 넘치는 키치한 오브제들이다. 이들은 색상이 곱고 비싸지도 않으면서 유머러스한 분위기를 연출해주니 더할 나위 없는 그녀의 베스트 아이템인 셈이다.

뛰어난 감각이 감탄스러워 물었다. 인테리어 아이디어는 어디에서 나오는 거냐고. 그녀의 대답은 의외로 놀라웠다. 어떻게 들릴지 모르겠지만 물건을 사랑하면 묘안도 따라 나오는 거라 확신하고, 실제로 머리에 늘 담고 있으면 문득문득 떠오른다고 한다. 즉 아이디어는 삶에서 우러나와야 제 맛을 낸다는 것이 그녀의 주장이다.

1. 차 한 잔도 예쁘게 티 팩이 '내보일 만한' 옷을 입고 있어 투명한 유리병에 다른 티 팩들과 함께 넣어두니 보기에도 곱고 병 안을 쳐다보며 골라 마시는 재미도 쏠쏠하다. **2. 방 같은 느낌으로** 게스트 룸이라지만 어쩔 수 없는 썰렁함이 감지됐다. 침팬지 일가족과 페이즐리 옷을 곱게 차려 입은 폭신한 코끼리, 성냥개비 램프로 아늑한 분위기를 조성했다. **3. 정사각형 궁합** 한약재를 보관하는 서랍들은 보기에는 그럴 듯하지만 막상 뭔가를 넣으려면 마땅치가 않다. 정사각형의 쉴 자리를 찾고 있던 CD들은 약장을 단숨에 차지해버렸다. **4. 내부를 수선하다** 일반 장롱 안은 두세 개의 선반들이 깔려 있어 옷을 걸지 못할 확률이 높다. 선반을 제거하고 튼튼한 봉을 달아 와이셔츠 전용 장으로 개조시켰다. **5. 초록의 시작** 집주인이 아파트 실내 공사를 하면서 거실 벽에 꿈쩍도 못하게 붙여놓은 타일 받침대. 없앨 수 없는 상황이라 거실을 지배하는 카펫과 악센트가 될 생활 소품의 색상을 초록으로 정해버렸다. **6. 따로 또 같이** 식탁 의자라고 모두 같을 필요는 없는 법. 식탁은 검은색, 의자는 검은색과 올리브 그린으로 짝을 맞췄다. 컬러에 신경을 쓰는 이유는 품질, 소재 이전에 눈에 가장 먼저 들어오기 때문.

여행이 남기는 것 주하이에서 가져온 새장, 말레이지아에서 찾아낸 등, 도쿄에서 사온 우산, 발리 출신인 여인상, 선전에서 구입한 궤짝. 다른 도시, 다른 감각, 다른 이야기가 빛어내는 남다른 행복.

1. 크지만 귀여운 광저우 엑스포에서 우연찮게 발견한 형광 초록빛 전등. 벽 한구석에 세워놓으면 장식 효과를 발휘하고 저녁 분위기에도 한몫 하는 등 보기보다 유용하게 쓰인다. **2. 종이와 함께하는 삶** 부처에게 바치는 용도로 판매되는 색색의 종이들은 그녀에겐 더없이 훌륭한 벗. 선전에 온 이후 그녀의 캔버스를 울리는 붓놀림 속에는 중국적 패턴들이 등장하기 시작했다. **3. '문' 으로 통하다** 선전을 떠나던 한 친구로부터 구입한 한국의 병풍. 용머리 형상의 문고리 장식은 랑카위의 추억물. 문짝을 활용한 병풍과 문고리 장식 모두 '문'이라는 공통된 화두를 가지고 있다. **4. 거실의 비타민** 침대 머리맡에 놓으려고 했던 노란색 탁자가 회색빛 홍콩 거리를 살리기 위해 거실에 제자리를 찾았다. 흰벽의 여백은 개성 강한 노랑의 드센 기운을 완충시켜 주는 몫을 한다. **5. 페스티벌 룩** 빨간색의 작은 깃털이 달린 연줄로 실내의 정적을 깨보았다. 좌우를 가로지르며 방문객들에게 환영 무드를 조성할 뿐만 아니라 계단을 오르며 아래를 내려다보는 재미도 제공한다. **6. 욕실도 명랑하게** 중국에는 장난기 다분한 데커레이션 오브제들이 수두룩하다. 달콤한 젤리 같은 사람 형상의 걸이 세트, 권총 모양의 드라이기 등 기지 넘치는 생활용품을 발견하는 재미가 삼삼하다.

비르지니의 예술적인 집

여행길에 오르는 것이 습관으로 굳어버려 어느 한 군데 4년 이상 머무르면 좀이 쑤신다는 그녀. 군인 아버지를 따라 프랑스 곳곳을 돌아다니면서부터 '떠남'은 삶의 자연스러운 일부가 되었다. 새로운 이야기에 그녀의 이야기를 섞어가며 그녀만의 이야기를 짓는 것. 그녀의 '정착'은 그렇게 이루어진다. 시간의 흔적을 더하면서 익히고 또 흡수하면서. 그녀의 집에 들어서면 레드와 오렌지 컬러가 눈에 들어온다. 강력하고 달콤한 맛이 동시에 느껴지는 느낌이랄까? 대담한 레드와 오렌지의 결합에 끌린 건 겐조의 환상적인 오리엔탈리즘에서 비롯되었다.

그녀의 집은 경쾌한 색상으로 물든 로프트풍. 높은 천장과 콘트리트, 유리가 힘있게 작용하는 산업적인 로프트 스타일의 컨템포러리한 감성을 좋아하는 그녀의 취향이 고스란히 녹아 있다. 운이라면 운일까? 그녀가 처음 이 집을 만난 것 말이다. 원래 아파트 내부 디자인이 현대적인 로프트 형태로 되어 있어 크게 신경 쓸 필요가 없었단다. 대신 틈이 날 때마다 잡지 혹은 인터넷에서 호텔 사이트 서핑, 건축 서적 등에서 본 아이디어를 바탕으로 가구를 다양하게 배치해 본다. 공간을 마음대로 다스리는 즐거운 변화가 아닐 수 없다. 물론 처음에는 시행착오도 많았다. 시간도 많이 걸리고 약간의 눈에 거슬리는 부조화를 경험해야 했다고. 하지만 하면 할수록 실력이 늘어서일까? 이제는 예전에 비해 덜 뚝딱거리고 점차 현대적으로 되어간다고 한다. 지금 그녀의 '중국 집'에서 가장 마음에 드는 것은 벽에 설치된 마릴린 몬로의 그림과 자유자재로 다스릴 수 있는 널찍한 면적이다. 중국은 그녀로 하여금 독창적인 쿠션 커버를 만들고 새하얀 그릇을 구비하고 램프를 계속 사모으도록 영감을 불어넣어주고 있다.

최근 그녀는 에콜로지에 대한 관심이 부쩍 늘었다. 온 집을 에콜로지 제품들로 채울 수 있다면 더 이상 바랄 게 없을 것 같다고 말한다. 「메종 아 비브르Maison a Vivre」에서 얻은 에콜로지에 관한 새로운 소식을 인테리어에 활용하려고 노력한다. 잡지를 즐겨보는 그녀는 이밖에도 「아트 트래블Art Travel」에서는 유행 경향을, 「엘르 데코」 중국판에서는 동양적 감각의 데커레이션 아이디어를 빌려 조금 더 독창적이고 안락한 공간을 모색하는 데 분주한 하루하루를 살고 있다.

1. 매일 만나는 마릴린 먼로 집주인이 설치한 앤디 워홀풍의 마릴린 그림 네 점은 콘크리트 벽의 삭막함을 덮어 준다. 각기 다른 천을 이어 만든 쿠션들은 직접 봉제한 것으로 2주가 걸렸다. **2. 인생은 추억의 길** 그들이 가는 곳이면 어디든 따라 다니는 '피붙이들'이 모여 있다. 끼고 사는 것들이 갈수록 쌓이지만 그 풍요로움이야말로 그들에겐 진정한 행복이다. 세상을 품는 지혜.

1. 무심한 듯 따스한 프랑스 다락방에서부터 따라온 오래된 사다리와 스툴, 일본의 붓글씨, 아이가 쓰다 만 밀짚모자가 생뚱맞게 만났다. 소박한 나무와 밀짚이 차디찬 콘크리트의 온도를 높여준다. **2. 만발하는 온기** 선전 램프 타운(램프만 파는 상점 밀집 지역)에 가면 별별 조명이 다 있다. 메인 컬러인 레드와 오렌지를 지켜나가기 위해 식탁 위 불빛에 오렌지빛 옷을 입혔다. **3. 받치는 즐거움** 선전 가구살롱전에서 도매가보다 싸게 구한 트레이 세트. 기다란 트레이에는 물주전자와 다과 담은 접시를 올리고 작은 트레이에는 찻잔을 담는다. **4. 작업실 풍경** 2층에 둥지를 튼 그녀의 작업 공간. 포장지, 사진, 앨범, 작업을 정리해놓은 포트폴리오, 붓, 풀, 아교 등이 제자리를 차분히 지키고 있다.

1. 사랑에 관한 기억 '핑크 파티'를 갈 때가 아니면 쓸 일이 전혀 없는 선글라스. 올드한 이미지가 강한 흰색 크로셰. 2008년 제작한 크리스마드 카드. 오렌지, 핑크, 레드를 향한 열정의 흔적. **2. 붓을 위한 자리** 서예용 붓걸이를 샀던 목적은 목걸이, 팔찌 등을 걸기 위해서였다. 그러나 아이들이 자신의 붓을 걸기 시작하면서부터 결국은 본래의 주인인 붓이 자리를 차지하게 되었다. **3. 쓰기 쉽게, 보기 좋게** 노출될수록 정리정돈은 더더욱 철저해야 한다는 사실. 양념 가루를 보관한 유리병들은 이케아에서 구입했다. 부분 조명으로 쓰는 알루미늄 램프는 오래전 프랑스에서 산 것. **4. 중국과 프랑스의 조우** 지극히 프랑스적인 '페리에' 유리컵은 요식업에 종사하는 삼촌으로부터의 선물. 지극히 중국적인 오렌지빛 사기 찻잔은 손안에 잡혔을 때의 존재감이 만족감을 준다.

가족들의 중국일상 적응기:

마음이 울지 않으려면 '잘' 살아야 한다.
'잘' 살려면 환경과 친해져야 한다. 환경과 친해지려면
적성에 맞는 것부터 찾는 노력이 필요하다.
적성에 맞는 것을 찾기 위해서는 호기심을 품고
이곳저곳을 둘러보고 여러 사람을 만나는 부지런함이
뒤따라야 한다. 그러다 보면 '살맛'이 앵두에서 살구,
살구에서 사과, 사과에서 수박 크기로 서서히 커가는
기이한 현상을 조우하게 된다.
처음은 늘 힘든 법이다. 오랜 시간 동안 길들여진 입맛,
생활 습관 등을 버려야 할 때도 있고,
심지어 이날 이때껏 자랑스럽게 키워온 자기주관을
버려야 할 때도 있다.
서울에서 낯설다면 낯설고 친근하다면 친근할
중국으로 이주한 3인, 은정 · 성준 · 영기.
우리 셋은 주부, 가장, 학생 각자의 역할에 따라 방법을
달리하며 낯선 타국에서 하루하루를 바쁘게 살고 있다.
우리 세 식구의 중국 적응기를 소개한다.

선전에 온 지 며칠 되지 않았을 때였다. 태연했던 영기가 침대에서 숨죽이며 울고 있던 광경은 뇌리에 영영 남고 말았다. 형제가 없이 컸어도 외로움을 좀처럼 타지 않던 아이가 얼굴을 이불에 파묻고 눈물을 쏟아낸 어느 오후 온몸을 뒤덮는 착잡함이란 이루 말할 수가 없었다. 엄마까지 눈물을 보이면 서러움이 배가될 것 같아 애써 아무렇지 않은 척했다.

영기는 참았던 눈물을 보이며 외롭다고 했다. 닌텐도와 책 몇 권에 기대기에는 외로움의 무게가 컸던 것. 남편은 출장 가고 없었다. 갓 도착했을 당시 우리 모자에게 남편의 '출장'은 청천벽력과도 같았다. 도움을 청할 누구 하나 없는 상황에서 남편의 부재가 남긴 빈 구멍은 무섭도록 휑했다. 출장은 공포였고 공포는 남편이 귀가해야만 씻은 듯이 사라졌다.

말 한마디 '니하오'와 '셰셰'는 제외하고 통하지 않았던 그때의 상황은 두려움 비슷한 걸 안겨주었고 동양권이라 두려움 같은 건 없겠지 했던 당초의 생각은 예상을 뒤엎었다. 의사소통 불가는 몸을 C자로 움츠려 들게 한다 활동에 제동이 걸려 나다니길 즐기는 우리 모자를 '은둔생활자'로 둔갑시켜놓았다. 초인종 소리조차 겁의 대상이었고 택시를 타는 건 생각할 수도 없는 일이었다. 엄마와 아들은 어딜 가나 손을 꼭 붙잡고 다녔다. 2년이 지난 지금 영기는 엄마 손을 슬그머니 뿌리치는 '소년'으로 변했다. 아빠의 출장, 초인종 소리, 택시 승차, 중국어, 학교, 영어 등 염려스러웠던 것들이 '일상'으로 자리 잡으면서 영기는 특유의 쾌활함을 되찾았다.

본인은 "100퍼센트 적응했다"고 한다. 든든한 친구들이 생겼고 학교 선생님들과도 친해졌고 중국어가 편해졌기 때문이란다. 엄밀히 말하자면 친구들이 생기기 시작한 시점은 등교 후 2~3주가 지난 후였다. 이제 와서 털어놓지만 개학 첫날은 다소 어색했다고 한다. 혼자서 점심밥을 먹었다고. 하지만 그게 뭐 대수냐고, 별거 아니라는 표정이었건만 내게는 별거 아닌 게 아니었다. 불편한 내색을 요만큼도 보이지 않은 아들이 대견스러운 동시에 눈물이 핑 돌았다난 혼자 절대로 못 먹는다. 혼자 먹기보다는 그냥 굶는다.

지금은 혼자 먹으려고 해도 애들이 영기를 찾아오는 상황으로 바뀌었다. 뭐니 해도 적응을 빨리 할 수 있었던 결정적인 이유는 국제학교의 자유로운 교육 분위기가 주는 편안함 때문이다.

"영기야, 적응하는 데 도움이 가장 많이 됐던 건 뭐였다고 생각하니?"

"한국과는 다른 딱딱하지 않은 학교 분위기 같아. 구속하지 않는 분위기가 마음을 편하게 해줘. 선생님들이 학생을 대하는 태도가 달라. 학생의 프라이버시를 존중해줘. 그저 '학생'인 게 아니라 한 '개인'으로 대해 줘. 그리고 여긴 쉬는 시간이 짧은 게 흠이지만 음악도 들을 수 있고 개인 사물함도 있어."

제일 걱정되었던 것이 학교였고 근심을 덜어준 것 또한 학교였다. 학교 가는 게 재미있다고까지 한다. '컬처럴 스터디스' 숙제로 내준 고대 인도에 관한 파워포인트 프리젠테이션 작업에 흥미를 느끼고 영작 시간에 기발한 아이디어로 이야기를 늘려나가는 걸 보면 기특하다. 서울에서는 상상도 못한 일이다.

영기의 24시

영기의 하루는 오전 7시 기상으로 시작된다. 아무리 늦게 자도 바늘이 7을 가리키면 벌떡 일어나 식탁으로 직행한다. 아니 그 전에 식사하는 동안 읽을 책 한 권각국의 역사와 문화를 설명한 『먼나라 이웃나라』를 즐겨 본다을 책장에서 고르는 과정도 이른 아침 영기가 반드시 행하는 신성불가침한 '의식'이다. 그 무엇에도 동요되지 않고 책과 밥을 거머쥔 채 식사를 음미한다. 옷 갈아입고 학교 갈 채비를 마치면 7시 45분. 7시 50분 집을 나선다.

스쿨버스 타는 시간은 8시. 8시 15분 학교 도착. 8시 30분 1교시 시작. 쉬는 시간은 얼마 안 된다. 3분 남짓. 11시 50분~12시 15분 사이는 도서관을 갔다 오거나, 잠깐 바깥바람을 쐴 수 있는 '리세스recess' 시간. 점심은 12시 16분~12시 40분까지이며 학생식당에서 한식 · 일식 · 양식 메뉴 중 택일하거나 집에서 싸간다.

점심 직후 12시 40분 5교시 시작. 수업은 오후 4시, 8교시에 끝난다. 5분 후 스쿨버스 승차. 집에 도착하면 4시 20분. 나는 기다렸다는 듯이 아들이 문을 열고 들어오면 성심껏 만들어둔 간식을 내놓는다주로 간단한 샌드위치류를 준비한다 한입을 베어먹은 후의 반응을 살피는 것 또

한 나의 하루 일과 중 중요한 부분이다. 간식을 먹은 다음 영기를 기다리는 것은 영어 과외 일주일에 두 번. 영작과 회화, 읽기에 중점을 두고 매번 1시간 30분씩 진행된다. 영어 레슨이 없는 날은 8시~9시 30분 1시간 30분간 중국어 과외가 있기 때문에 저녁 식사 전까지 숙제를 끝내게 한다 일주일에 두 번은 영어, 두 번이 중국어로 채워져 있다.

주중 방과 후 공부에 시달리지 않아도 좋은 날은 금요일 하루. 이날 만큼은 나도 숙제나 책읽으라는 잔소리를 아끼려고 노력한다. 영기는 주어진 일을 게을리 하지 않는다. 자신이 해야 할 바를 잘 알고 있다.

이런 영기의 24시간은 하루도 거르지 않는 목욕에서 끝을 맺는다. 욕조를 가득 메운 뜨거운 물 속에서 '릴랙스'할 수 있는 책을 탐독하는데 주 메뉴는 영어로 된 스타워즈 시리즈 문고판. 영기는 스타워즈의 열렬한 팬이다. 아빠처럼. 홍콩에 갈 적마다 '페이지원' 서점에서 스타워즈 소설을 두 권씩 사온다. 본인이 미치도록 좋아하는 걸 읽게 하니 영작 실력도 좋아진다. 영어를 제2의 언어로 한창 익혀야 하는 지금 단계에서는 자신이 읽고 싶어 하는 이야기를 읽도록 하는 것이 중요하다고 생각한다. 목욕 후 영기는 꿈나라로 들어가기 직전 잠자리에서 혼자 상상의 나래를 펼친다. 꼼짝도 하지 않고 스타워즈의 시나리오를 구상한다. 이른바 영기가 '어루만지는' 시간이다. 이 시간이 영기가 하루 중 제일 좋아하는 시간. 그렇다면 제일 싫어하는 시간은? 이 물음에 영기는 주저함 없이 말한다. '일어날 때' 라고.

즐거운 학교, 맛있는 공부

영기가 다니는 국제학교 QSI,www.qsi.org/shk 의 교육 체계는 2~4세 초기 유아 프로그램, 5세 유아 프로그램, 6~10세 어린이를 대상으로 하는 초등학교, 11~13세를 위한 중학교, 14~17세 청소년을 위한 고등학교 총 다섯 개로 구성되어 있다. 영기는 지금 중학교 12세 반 7학년 에 재학 중이다 2009년 4월 기준 . 영기가 이 학교로 온 이유는 모국어가 영어가 아닌 아이들을 배려한 ESL English as a Second Language 프로그램이 마련되어 있기 때문이다. 입학할 때 간단한 레벨 테스트를 거쳐 편성된 반에서 제2언어로서의 영어를 익히게 된다. 배우는 과목은 읽기 Reading , 랭귀지 아트 Language Art , 수학, 지구과학, 컬처럴 스터디스 Cultural Studies , 음악, 미술, 체육, 컴퓨터 등 총 9개.

이 가운데 영기가 가장 흥미를 가지고 덤비는 과목은 세계 역사와 문명을 가르치는 컬처럴 스터디스. 교과 내용이 문화적 색채를 띠는 이 과목을 영기는 다른 나라의 역사를 배울 때 같은 시기 한국의 역사가 어땠는지 비교하며 공부하길 좋아한다.

한번은 영기와 '다문화적'이라는 주제로 대화를 나눈 적이 있다. 선전에서 살다보니 여러 문화를 접하게 되어 다양한 사상과 정서에 눈뜨게 된 것 같다고 하자 영기는 눈을 똥그랗게 뜨면서 "엄마, 난 모든 문화를 좋아해!"라고 하는 것이 아닌가. 실제로 영기는 문화의 차이를 차이로 여기지 않고 세상의 이치로 이해하려고 한다 이 점은 나보다 월등하다. 낯선 정서를 나도 웬만큼은 포용하는 축에 속한다고 믿는다. 그러나 이질적 문화 간의 차이를 수용하는 인내심이 간혹 한계에 다다를 때가 있는데 영기는 그렇지가 않다 .

한편 제2언어로서의 영어 공부는 읽기와 랭귀지 아트 시간에 이루어진다. 읽기 시간을 통해 배우는 것은 줄거리를 요약하도록 이끄는 독해력이다. 읽기 시간을 맡고 있는 미스터 디윗은 영기에게 표현력 강화를 위해 '책을 많이 읽을 것'을 강조했다. 하지만 맨 처음부터 '수준에 맞는' 책을 무조건 읽게 하는 건 좋은 방법이 아니라며 글씨가 큼직한 쉬운 것부터 출발하여 조금씩 강도를 높여나가는 수순을 밟으라고 권했다. 읽기에서 전반적인 독해력과 회화 능력을 연마한다면 랭귀지 아트에서는 영작을 학습한다. 이야기를 얼마만큼 창조적으로 꾸밀 수 있는지, 단어를 선택하는 표현력이 얼마만큼 풍부해질 수 있는지, 독자를 잡아두기 위한 장치로 세부 묘사를 얼마만큼 구체화할 수 있는지, 어떤 이슈를 주고 이에 대해 얼마만큼 논쟁을 벌일 수 있는지, 얼마만큼 길게 써나갈 수 있는지 등 작문 스킬에 대한 모든 것을 랭귀지 아트에서 배운다.

영기의 영어는 쑥 자랐다[만약 한국에서 영어 공부를 줄곧 하지 않았다면 습득 과정이 더 고통스러웠을 것이다]. 영어 구사력이 자연스러워졌고 리스닝이 몰라보게 업그레이드 되었다. 학급당 학생의 머릿수가 적다보니 선생과 학생 사이 '틈'이 자리할 여지가 없게 되어 학생은 자신에게 필요한 사항을 바로 이해하고 받아들인다. 원활한 커뮤니케이션이 이루어지면 문제를 전하는 어려움도 덜한 법이다.

수학의 경우는 일단 메모하는 분량이 상당하다. 문제 풀이 이전에 이론을 논하는 과정을 중요시한다. 문제를 빠르게 잘 푸는 것만이 능사가 아니기 때문이다. 개념 파악이 잘 되었는지 확인하기 위해 급우들 앞에서 발표도

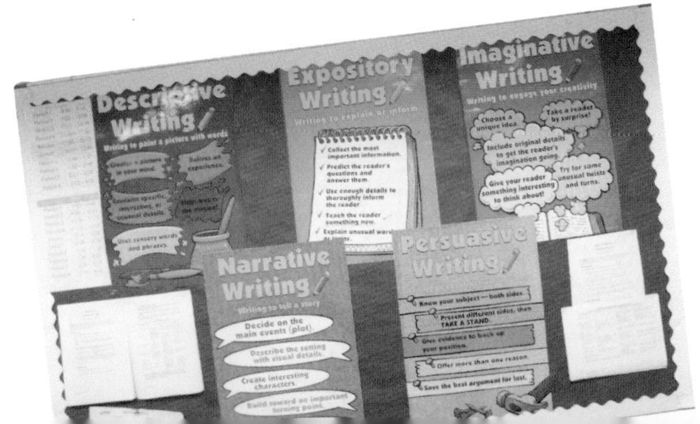

많이 시킨다. 일축하자면 읽어서 푸는 문제들에 무게를 두고 생활에 쓸 수 있는 수학을 가르친다.

음악 수업은 일주일에 한 번 있다. 얼마 전 50~80년대 음악사를 공부하면서 연대별 흐름을 익혔다. 집에서 랩[Rap]을 만들어 가는 숙제도 있다. 음악광인 아빠에게 비틀즈에 대해 이것저것 물어보기도 한다. 비틀즈를 크게 틀어 놓고 함께 듣는 광경을 보고 있으면 엄청난 크기의 맛난 빵이 가슴에 들어앉는 것만 같다.

학교생활에 대해 영기는 큰 불만이 없다. 국제학교의 강압적이지 않은 분위기가 학교 가는 즐거움을 만드는 힘이라는 걸 잘 알고 있다. 공부를 시키기보다 학생 스스로 공부를 하도록 부드럽게 미는 방식은 공부하는 맛의 중요성을 깨닫게 한다. 혹자는 학교가 아이들 공부를 강하게 시키지 않는 게 아니냐고 제기할 수도 있다. 그러나 결국 머리에 필요한 지식을 입력해넣는 것은 학생 자신이지 학교가 전적으로 그 몫을 해줄 수는 없다. 학생에게 공부하는 환경을 제공하고 부모가 해줄 수 없는 전문적인 조언을 보태줌으로써 학교는 학생의 자발적인 성장을 돕는 배움의 터인 것이다.

여기 온 이후 영기는 중국어, 영어 외에 다른 과외 활동은 하지 않는다. 영어와 중국어 과외 그리고 학교 숙제로 저녁은 훌쩍 가버리고 만다. 한국에서부터 영기는 과외를 그리 달가워하지 않았다. 하기 싫어서가 아니고 하라면 하는 아이였으니 과외로 인해 학교 수업이 지루하게 느껴지는 걸 바람직하지 않게 여겼다. 실력을 보완하는 과외에는 '예스'였지만 앞서 나가 마스터하는 과외에는 '노'였다.

학교에서 영기가 배워오는 건 영어, 수학만이 아니다. 책임감, 신뢰, 참여의식, 심미안, 친절함, 공손함, 독립심, 배려심을 배운다. 이런 것들이 공부벌레가 되더라도 인간의 도리를 다하는 '사람'이 되도록 이끈다. 다국적인

매년 10월에 열리는 가을맞이 축제 '옥토버 페어'는 교사와 학부모, 학생이 교감을 나눌 수 있는 만남의 자리를 제공한다.

분위기도 아이들의 사고를 넓히는 자산 중의 하나이다. 다른 문화를 공유하며 세계를 품는 기회를 저절로 누리게 되기 때문이다. 처음에는 이상하게 비치던 것들이 '그럴 수도 있는 것'으로 이해가 된다. 교사와 학생, 부모가 다 함께 참여하는 행사도 활발하다.

전반적으로 학교에 대해선 큰 고민거리가 아직까지는 생기지 않았다. 다만 한 가지 간과하지 말아야 할 사항이 있다면 한국인 학생 수가 30퍼센트에 이르다보니 아이들이 수업 중 한국어로 떠드는 확률이 높다는 점이다. 한국인이 많아 친구를 빨리 사귈 수 있는 이점도 있는 반면 같은 나라 말이 자주 들리면 그만큼 영어로 말할 기회를 잃게 되기 십상이다. 그래서 수업 중 한국어로 소통하지 않도록 선생들도 각별한 주의를 주고 있다. 모든 아이들이 이를 잘 지키는지 영기에게 물어봤다.

"하는 아이들도 있고 안 하는 아이들도 있어."

"넌?"

"나야 당연히 안 하지."

공연한 걸 물어보냐는 뉘앙스다.

머리가 아닌 마음으로 받아들인 중국

영기에게 중국은 친근한 나라로 각인되었다. 생각할수록 놀라운 건 중국과 중국인을 절대로 비방하지 않는다는 사실이다. 성미가 급하고 금세 폭발하는 내 성격은 솔직히 말하면 매일같이 '나이스' 하지만은 않다. 언젠가 심하게 짜증나는 일이 있어 중국 사람에 대해 싫은 소리를 했다.

"중국 사람들은 왜 그러니? 엄마는 진짜 이해를 못하겠다. 이러니 중국인들에 대해 말들이 많은 거야."

"엄마, 그런 말해도 소용없는 거 알지? 여긴 중국이야."

“알아. 아는데 그냥 신경질이 나서 그런 거야.”

“근데 엄마, 옆에 중국 사람 없다고 그런 말 막 하는 거 좋지 않아. 거꾸로 중국 사람들이 한국 사람에 대해 싫은 소리 해대면 기분 좋겠어?”

딱히 변명할 말이 없었다.

영기는 중국을 머리만이 아닌 마음으로 받아들였다. 물론 중국을 전혀 몰랐던 처음에는 더럽고 낙후된 곳이라고 생각했다. 빌딩도 없는 초라한 도시인 줄로만 알았다. 선전 속에 들어와 있는 지금은 생각이 확연히 달라졌다. 깨끗하고 번화하고 아파트 단지가 예쁜 곳으로 묘사가 바뀌었다. ‘전’과 ‘후’는 이토록 무섭다. 혀를 마비시키는 사천요리를 ‘먹고 싶다’고 할 정도로 좋아하고 푸얼차[보이차]를 물처럼 마시고 “캬”하는 중국인들의 가래 뱉는 소리에 더 이상 몸서리를 치지 않으며 중국인을 비하하는 발언은 절대로 입에 담지 않는다. 지칠 만한데도 중국어를 배우는 데 열심이다.

아들이라 ‘비행기 태우는 말’이 아니다. 타 문화를 이해하는 포용력이 크다.

“나도 나중에 가족이 생기면 다른 나라의 문화를 체험해보게 하고 싶어. 그러면 이해가 되니까.”

쓰다 보니 영기에 대한 얘기가 길어졌다. 근심이 되었던 만큼 쏟아낼 말도 많았던 모양이다.

그 어떤 놀라운 장면을 목격해도 흔들리지 않는 영기. 엄마의 “어머!”에 맞장구치지 않음에 ‘재미없어’ 하는 엄마의 마음을 아는지. 놀라움을 드러내도 영기의 이 두 마디에 난 그만 침묵을 지킬 수밖에 없다.

“뭘 또, 새삼스럽게” 또는 “TAC[They Are Chineses].”

그렇다. 더 이상 놀랄 것도 없는데 말이다.

영기의 일기::

새로운 환경에 던져진 아이는 어떤 생각을 할까. 중국에 대해 하고 싶은 얘기를 틈나는 대로 써보라고 했다. 학교, 선생님, 중국에 와서 달라진 점 등을 주제로 채택한 영기의 한 뼘 스토리를 공개한다.

학교에서 배우는 것

난 국제학교에 다닌다. 보통 한국 학교에서는 6가지 과목이 있다. 모든 학교는 국어, 수학, 사회(또는 역사), 과학, 체육, 음악을 가르친다. 우리 학교 역시 영어(reading과 language arts), 수학, 과학이 있다. 사회는 한국에서의 그런 사회가 아니고 역사나 문명을 배운다. 과학은 또 다른 것이 11살 때는 말 그대로 과학을 배우고, 그 다음 해에는 지구 과학으로 교체된다. 13살 때에는 생물 과학을 배운다고 한다. 내가 다니는 국제학교는 미국 학교라서 수학 레벨이 한국보다는 약간 낮다. 영어는 한국과 달리 반이 여러 개가 있어 자신의 레벨에 맞는 반에 편성된다. Beginner반은 영어를 잘 못하는 사람들의 반이다. 그 다음 레벨업을 하면 Literacy1 그 다음이 Literacy2로 간다. Transition반은 영어를 잘하는, 즉 마스터한 사람들이 가는 반이다. 이 반으로 들어가면 제2외국어를 하나 고를 수 있다. 제2외국어로는 중국어, 프랑스어, 독일어, 그리고 스페인어를 하나 골라서 배울 수 있다. 이런 기본적인 과목들 말고도 우리 학교는 스페셜 클래스라는 것이 하루에 한 번씩 있다. 월요일에는 Mr. Rider와 함께하는 드라마 연습. 화요일에는 Mr. Prestly와 함께하는 자습 시간. 수요일에는 Mr. Brawn의 법정놀이. 목요일은 컴퓨터 선생님 Mr. Hamsom과 플래시(flash)라는 프로그램을 사용하여 애니메이션을 만든다. 이번에 우리 반이 이 플래시를 사용하여 프로젝트 하나를 성공했다. 마지막으로, 금요일에는 미술과 체육이 있다. 이런 스페셜 반이 있다는 것이 난 참 좋은 아이디어라고 생각한다. 다른 반에 있는 내 친구들에게 물어봤더니 그들은 스페셜 시간 때 항상 자습만 한다고 들었다. 솔직히 자습할 때는 숙제를 할 수 있어서 좋긴 하지만 지루하다. Mr. Brown이 담임 선생님인 애들은 1주일에 자습 스페셜 시간이 네 번 있다고 한다. 좋은 점은 우리 반도 가끔씩 자습 시간이 있다. 그럴 때마다 선생님한테 여쭤봐서 허락만 하시면 ipod나 mp3로 노래를 들을 수 있다. 난 이런 자유로움이 정말 좋다.

엄마가 달라지다

한국에서 엄마는 매우 바빴다. 행사와 친구분들과의 약속들, 매일 9시쯤에는 들어오신 걸로 기억을 한다. 특히 매주 금요일에는 특별히 더 늦게 들어오셨다, 그것도 엄마, 아빠 두분 다. 난 어렸을 때부터 부모님이 늦게 오시는 걸 봐와서 전혀 이상하게 생각하지 않는다. 오히려 일찍 오시면 조금 이상하게 생각을 하는 나다. 금요일에 두 분 다 늦으실 경우에는 난 영화를 보거나 숙제를 하면서 시간을 보냈다. 중국으로 오기 전, 엄마는 다니시던 회사를 그만 두고 집 정리를 하기 시작했다. 아무래도 해외로 가는 이사였기 때문에 상당히 짐이 많았기에 일찍 시작하신 것 같다. 나도 엄마를 조금씩 거들어드렸다. 짐 정리를 하시는 중에도 엄마는 자주 친구분들을 만나러 외출을 하셨다. 한국을 떠나시기 전 뭔가 하실 말씀이 많으셨던 거 같다.

중국으로 오기 전 엄마와 나는 도움이 될 것 같아서 중국어 레슨을 잠깐 받았다. 중국으로 온 뒤, 엄마는 하시는 일이 없어서 주부가 되셨다. SWIC를 다니시면서 외국 친구들을 사귀시고 선전에 거주하는 한국분들도 알게 되셨다. 특이한 사실은 선전으로 이사 와서 한국에서는 자주 볼 수 없었던 것을 볼 수 있게 되었다. 바로 엄마가 가사와 요리를 자주 하시는 것이었다. 한국에서는 상당히 바빠서 집안일과 요리를 자주 못 하셨다. 엄마가 SWIC에 다니기 시작하시면서 집안 데커레이션에 신경을 쓰기 시작하였다. 한국에 있었을 때는 엄마가 행사나 저녁식사 약속에 초대되어 가셨었는데, 선전으로 온 뒤에는 항상 우리 가족과 시간을 보내신다. 그러던 어느 날 엄마는 일거리를 다시 찾으셨다. SWIC 뉴스레터에 2페이지의 글을 매달 쓰기 시작하셨다. 또 다른 일은 바로 한국 잡지 「여성중앙」에 선전 스토리를 매달 연재하기 시작하셨다. 엄마는 「여성중앙」을 통해 선전에 있는 한국 분들 사이 조금 유명해지셨고 한국에 계시는 우리 가족들, 친구분들도 엄마의 글을 읽으셨다. 지금은 엄마께서 책 한 권을 쓰시는 중이라서 항상 바쁘시다. 컴퓨터 앞에서 글을 쓰시거나, 외출하셔서 사진 촬영 또는 친구분들 인터뷰를 하신다. 집안일과 요리에 신경을 많이 쓰시는 엄마. 한국에서 못 봤던 엄마의 모습을 새로운 이곳 선전에서 보니 기분이 묘하다.

중국의 첫 인상

처음엔 중국인에 대해서 잘 몰랐다. 중국인이 중국어를 한다는 것 말고는 아는 것이 없었다. 선전으로 오기 전에는 중국어라고 해봤자 '니하오'(안녕하세요), '셰셰'(감사합니다) 정도? 중국인들의 성격, 외모는 우리와 비슷할 것이라고 믿었다. 하지만 막상 중국에 와보니 그들의 성격 또한 가지각색이었고 외모도 우리와는 약간 차이가 있었다.

처음으로 만난 중국인은 아빠 회사의 기사 아저씨. 짧은 머리에 약간 무서운 외모였다(약간 깡패 느낌이었다). 칼이라고 불리는 기사 아저씨는 싸늘한 외모와는 달리 나에게 친절하게 대해 주었고 보면 볼수록 깡패라는 느낌은 줄어들고 친근한 아저씨로 내 생각은 바뀌었다. 그 다음으로 만난 중국사람은 우리 아주머니. 아줌마는 중국의 55개(대다수를 차지하는 한족 제외)의 소수민족 중의 하나인 '조선족' 분이시다(조선족은 한국어를 하지만 자신들이 중국인이라고 강조한다). 아주머니는 우리 집에 오신 지 얼마 되지 않아 일본으로 가셨다. 그리고는 두 번째 아주머니가 오셨다. 역시 '조선족' 분이었다. 키가 조금 작으시고 외모는 한국인을 닮은 분이었다. 조선족 중에서도 한국인을 닮지 않은 사람들이 많다. 두 번째 아주머니는 착하고 정직하시며 우리 가족에게 매우 잘해주신다. 중국 사람들도 여러 가지 성격을 소유하고 있겠지만 내가 동네에서 본 중국인들은 보통 가래를 자주 뱉는다. 그냥 뱉는 것이 아니고 카~악 큰소리를 내면서. 처음에는 약간 더럽게 느껴졌지만 여기서 살다 보니 이미 그 소리에 난 익숙해져 버렸다.

국제학교에 다니다 보니 많은 친구들을 쉽게 사귈 수 있었다(솔직히 한국인이 학교에 제일 많다). 내 친구들이 중국인을 어떻게 생각하는지 반응을 지켜보니 그렇게 좋아하지 않는 사실을 알았다. 이유는 잘 모르겠지만 중국인에 대하여 말할 때마다 좋게 말하지는 않는다. 하지만 외국친구들의 반응은 한국 친구들과는 조금 다르다. 솔직히 외국 친구들은 중국인을 그렇게 좋아하지도 않고 싫어하지도 않는다. 한국 친구들은 보통 중국을 '쭝국'이라고 부른다. '쭝국'이란 단어는 듣기도 이상하고 중국을 비난하는 것같이 들린다. 몇몇 애들은 중국 사람들을 '짱깨'라고 부른다. 그건 좀 좋지 않은 단어일 텐데…. 『중국 즐겨찾기』에서 읽었는데, 우리가 중국 사람들을 '떼놈, 짱깨'라고 부르듯이 중국인들은 우리를 '고려 몽둥이놈'이라 부른다고 한다. '고려 몽둥이놈'은 무식하고 싸움밖에 모르는 고려인을 뜻한다. 한 가지 중요한 점은 여기서 '고려'는 고구려이다.

직장 생활에서 벗어나면 시간이 넘칠 것 같았다. 고소한 버터와 달콤한 딸기잼을 곁들인 갓 구운 토스트와 커피를 9시쯤 여유 있게 먹을 줄 알았다. 책도 원없이 읽을 줄 알았다. 지인들에게 메일도 부지런히 보낼 줄 알았다. 집을 꾸미는 데 매일같이 시간을 투자할 줄 알았다. 운동도 쉬지 않고 할 줄 알았다. 그런데 결론은, 그게 아니었다. 시간이라는 것이 손가락 사이로 달아나는 재주가 워낙 뛰어나 잽싸게 쥐어잡지 않으면 놓치기 일쑤였다.

주부 김은정의 일과는 선전대학을 다닐 때와 다니지 않을 때로 나누어 말하는 것이 정확하겠다. 선전대학 등교생일 때는 6시 30분에 일어나 준비하고 집을 나서면 7시 30분, 오전은 중국어 수업에 몽땅 할애돼 아침나절이 눈 깜짝 할 사이 가버리고 오후는 친구 만나 커피 한 잔 잠깐 하는 걸로 감지덕지해야 할 판. 오후는 숙제로 다 채워지고 나면 남는 건 저녁뿐. 저녁밥 먹고 영기가 과외 공부하는 동안 메일 답신하고 SWIC 뉴스레터에 매달 게재하는 인터뷰 글 쓰고 샤워하고 하루 지출액 액셀 차트에 기입하고 영기 잠자리에 드는 거 확인하고 책 좀 읽다가 자려고 시계를 보면 바늘은 어느새 새벽 1시~1시 30분을 가리키고 있다시험 때는 새벽 4시까지 간다. 선전대학에 더 이상 가지 않는 현재 버전은 이렇다. 기상 시간 7시이 책에 들어가는 글을 새벽 5시까지 쓸 때는 영기가 학교 가는 것도 못 보고 8시에 일어난다!, 컨디션에 따라 9시 혹은 10시 요가 클래스 참여, 점심 약속이 없을 경우에는 오후 내내 원고 집필 모드로 돌입, 4시 30분 영기 오는 시간에 맞춰서 간식 준비, 저녁 먹을 때까지 또 다시 집필 모드, 저녁 식사 후 취침할 때까지 원고를 쓴다. 잠자리에 드는 시간은 새벽 4~5시 사이. 눈뜨면 또 다른 하루가 날 맞이한다. 전날과 거의 비슷한 패턴으로.

원고를 쓰지 않을 때는 나름의 '사교 활동'을 벌인다. 여기서 사교라 함은 몇몇 친구들과의 점심 식사일 수도 있고 SWIC에서 마련한 여가 활동에 응하는 것을 의미한다. 친구들대부분 아줌마과 점심 약속 한 번 하면 최소 2시간은 기본, 식사 후 커피와 디저트까지 먹고 나면 세 시간 정도가 걸린다. 글을 써야 할 때는 친구들과 함께하는 시간이 길어지는 게 다소 부담으로 다가오는 게 사실이다. 같이 웃고 떠들고 공유하는 흐뭇함 뒤에는 컴퓨터 스크린을 뚫어지게 쳐다보며 글을 쓰는 작업이 기다리고 있기 때문이다.

여전히 바쁜 엄마

서울에서는 시간이 분 단위로 흘러갔다. 출근하면 5분 후 뭔가가 있었고 10분 후 또 다른 뭔가가 일어나고 있었다. 하루가 어떻게 가는지 흘러가는 시간을 셀 수가 없었다. 여기서는 시간이 크게 두 덩이로 잘린다. 툭툭. 아침과 오후로. 분 단위로 채를 치는 급박한 분주함 대신 정오를 기점으로 시간을 다진다. 신기한 건 시간이 넉넉해져도 바쁘다는 사실이다. 아침에 요가 1시간을 하면 2시간에서 2시간 반이 따라서 같이 간다. 아침은 그것으로 끝이다. 오후는 영기의 귀가 시간(4시 30분)이 거점, 그리하여 모든 볼일을 4시 이전에 마감한다. 학교에 뭔가를 문의하거나 제출하는 것부터 사진 인화, 액자 맞춤, 쿠션 커버 주문, 장보기, 수입식품 상점 들르기, 집에 고장난 곳 수리, 빵 사놓기(서울처럼 맛난 빵을 살 수 있는 제과점이 널린 게 아니므로 간식으로 먹을 각종 빵을 사려면 해상 세계에까지 가야 하는 번거로움이 있다), 은행 구좌에 관리비 입금, 세탁물 갖다주기…… 소소하지만 먹고 사는 데 절대적인 일과들이다. 서울 같으면 ATM을 이용해 관리비를 입금하면 그만인 것을 기계 조작에 워낙 서툰 데다 언어까지 낯설다보니 미련하지만 직접 창구에 가서 일을 보는 편이 안심이 된다. 우습게 들리겠지만 시간에 쫓기는 건 서울이나 여기나 마찬가지다. 사무실 못지않게 집에서 일어나는 크고작은 일들도 시간을 우적우적 잡아먹는다.

서울에서 반가운 손님이라도 오는 날에는 2일~10일 동안 '일상 가동' 스위치를 꺼놓는다. 이른바 '스페셜 모드'가 되어 손님들과 더불어 관광객으로 '놀이'를 이끄는 가이드가 된다. 민속촌 관람, 뤄후 쇼핑센터, 홍콩 · 마카오 여행 등이 선전의 관광 단골 아이템이다. 돌이켜보니 선전에 미처 익숙해지기도 전에 방문이 거듭되어 그때는 레퍼토리가 다양하지 못했다. 물론 민속촌처럼 기필코 가야 하는 곳도 있지만 햇수를 더할수록 돌아볼 곳이 속속 늘어나고 있다.

'투숙 모드'가 낳은 새로운 일상은 손님 도착 전 고급스러운 꽃 사놓기, 온 집안 대대적으로 청소해놓기, 냉장고 채워넣기, 일정 생각해놓기, 운전기사 칼과 배차 시간 확인해놓기, 현금 넉넉히 찾아놓기 홍콩 돈이 무조건 다 통용되는 줄 알고 중국 돈을 환전하지 않고 오는 경우가 있기 때문, 식단 신경 써서 짜놓기 등으로 요약된다. 가족을 비롯하여 가까운 친구들을 '투숙객'으로 맞는 '시추에이션'은 이들과의 유대 관계를 더더욱 끈끈히 맺어주는 기폭제가 되고 있다.

홍콩이 옆 동네인지라 지인들이 홍콩 땅을 밟으면 얼굴 보러 갔다 오는 '인스턴트 트립'도 선전 생활의 일부가 되었다. 홍콩에 출장 오는 이들이 적지 않다. 또한 홍콩에 발령받아 일하러 온 후배도 있고 남편 따라 살러 온 예전 '패션 업계 동지들'도 있어 홍콩에 갈 일이 늘면 늘었지 줄지는 않고 있다. 홍콩은 50분 거리에 있는 다운타운인 셈이다. 아침에 나가면 저녁나절이면 돌아올 수 있다. 일주일 중 주말을 제외하면 5일. 5일 중 하루 홍콩을 다녀오면 4일이 남는다. 4일 중 또 다른 하루는 집 한구석을 장식할 인테리어 소품을 보러

1. 영기 학교 행사 때 「바자」의 박혜수 기자와 함께.
2. 선전을 처음 방문했던 절친한 동생 세아와 찻집에서.
3. 「갤러리아」의 최은주 편집장이 아들과 천세리 기자와 함께 선전을 찾았다.
4. 아들, 손자, 며느리를 보러 오신 시부모님과 사천요리 식당에서.
5. 홍콩에서 재회한 '패션 업계 동지들.'

시내를 나갔다 오는 데 쓰인다. 하고 싶은 얘기는 일주일이 3일 정도로 느껴진다는 것이다주말은 제외하고. 월요일 다음에 화요일 그리고 화요일 다음에는 금요일이다. 다행이다. 지나가는 시간이 보이지 않아서. 지나가는 시간이 너무 잘 보일까 그토록 걱정했건만. 시간은 앞으로 휙휙 내달렸다. 첫 두 달만 빼고.

시간이 더디게만 지나간 첫 두 달

좀더 구체적으로 얘기하자면 2007년 9월 17일 전까지는 하루가 더디게 갔다. 9월 17일은 선전대학 등교일. 7월~8월, 휴가를 보내고자 본국으로 돌아간 외국인 거주자들로 셔커우는 텅 빈 상태였다. '해상세계' 스타벅스도 한산한 건 마찬가지였다. 9월이 되어야 '일상'의 옷을 다시 입는다 . 그때까지 언제 기다리지? 마음이 또 다시 파리의 진한 회색 비둘기빛으로 물들었다. SWIC의 호스피털리티 담당인 프랑스인 욜랑드를 만나려고 했으나 그녀 역시 부재중이었다호스피털리티 담당은 선전 셔커우에 새로 이주해오는 '뉴커머스' 들을 맞이하는 역할을 맡고 있다. 누구의 도움 없이 뭔가를 '해야만' 했다. 컨테이너 짐도 아직 도착하지 않았을 때라 아파트 실내는 싸하기 그지없고 우리의 말소리만 쩡쩡 울려댔다. 각 방의 침대와 식탁, 서재의 책상, 세탁기, 신발장, 작은 냉장고, 싱크대가 전부였다. 갖고 온 트렁크들이 왜 그리도 유난히 크게 보였는지. 실속 없이 크기만 한 호텔 방에 투숙한 느낌이었다. 주인아저씨가 외출하고 나면 주인아줌마와 아들만 우두커니 남아 하염없이 창가 너머를 내다보는 그런 그림이 계속되었던 나날들. 언어를 못 알아듣는다는 것이 얼마나 머리를 지끈거리게 하는 일인가를 절감하며 한숨을 푹푹 내쉬던 나날들. 곁에 듬직한 아들이 있기에 외롭지 않은 나날들이었다. 얼마나 의지를 했으면 이런 일도 있었다. 누군가 인터폰을 울려 (겁을 잔뜩 집어먹은 채) '통화' 버튼을

눌렀더니 전혀 알 수 없는 중국말이 들렸다. 난 계속 못 알아듣겠다고 '팅부동' 처음에는 '찐푸동' 인 줄 알았다을 외쳤건만 상대는 끈질기게 말을 걸어왔다.

"니하오 샬라샬라~~"

"……"

"니하오 샬라샬라~~ "

"팅부동! 팅부동!"

"니하오 샬라샬라~~ "

"팅부동! 팅부동! 팅부동!"(목소리가 점점 커진다)

"니하오 샬라샬라~~ "

"영기야, 이 사람 뭐라고 하는 거지? 미치겠다."

"엄마, 내가 어떻게 알아? 나도 모르지."(엄마를 바라보는 눈빛이 가관이었다)

영기, 당연히 알 턱이 없다. 난, 절망했기에, 어이 없이 기적을 바랐던 모양이다. 영기에게 이런 식으로 물어보는 건 지금도 변하지 않았다. 진짜다. 지금 영기의 중국어는 엄마의 실력을 훨씬 능가한다. 말귀를 알아듣고 대답도 재빠르다.

그때를 생각하면 손이 절로 입으로 간다. 그 철없음에 황당해서 말이다. 영기는, 이제, 놀라지도 않는다. 엄마의 '뻔한' 질문에. 누군가 적응을 어떻게 했는지 물어온다면 난 주저 없이 이렇게 답한다.

"「선전 데일리」가 도움을 주었다"고 언어 습득은 당연히 거쳐야 하는 관문이고 중국어에 관해서는 앞서 충분히 언급했기에 여기서는 다루지 않겠다. 나의 일상에서 신문은 VIP와도 같다. 끔찍이 '모신다.' 선전에 발을 붙이자마자 남편은 선전 유일의 영자 신문을 정기구독 해놓았다. 가만히 잘 있지 못하는 아내를 익히 아는지라 「선전 데일리」의 문화 행사 안내를 참고하여 미술이나 사진 등의 전시를 찾아다니라는 취지로 1차적 조치를 취한 것이었다. 귀머거리, 벙어리가 된 도시에서 보는 행위가 갖는 의미는 지대하다. 무언으로도 통할 수 있는 것이 예술이 아닌가. 어떤 형태로든 예술을 보면 싫든 좋든 가슴에 그 무엇이 남게 마련이다. 햇빛이 찬란했던 첫 두 달. 행사 소식을 샅샅이 훑고 필요한 부분만 오려 스케줄 다이어리에 덕지덕지 붙여 놓고 하나씩 가보는 모험을 단행했다. 물론 모든 모험에는 기사 칼이 동행했다. 신문 기사에는 영문과 한문이 같이 나와 있었으므로 기사에게는 한문 주소를 보여주면 목적지에 가는 것이 가능했다.

늘 스크랩해두는 「선전 데일리」의 문화 행사 소식.

돌이켜보면 이때 가장 절박했고 그러했기에 더 열심이었다. 영기와 내가 찰싹 붙어 다닌 적이 이때가 클라이맥스였다. 그야말로 '1+1'의 등식이 기분 좋게 성립되었기 때문이다. 영기도 묵묵히 쫓아다니며 함께 선전의 예술 활동을 즐겼다.

박물관이나 미술관에는 전시 작가와 작품에 관하여 영어 인내서 한 장 구비되어 있지 않았다. 전시 공간은 늘 한적했고 어딜 가나 기묘한 황량함이 공기 속에 가득차 있었다. 그렇게 날을 정해놓고 한 곳씩 체험하던 어느 날 선전을 대표하는 작가 중의 하나로 주목받고 있는 화가 저우웨이를 알게 되었다. 우연히. 행복한 '발단'은 'Shenzhen Free Art Base'라는 아티스트 단체의 전시회 고지에서 비롯되었다. 40여 명의 아티스트들이 벌이는 예술 퍼포먼스가 흥미를 당겼다. 선전을 베이스로 한 아티스트들을 한자리에서 만난다는 기획 의도가 관심을 야기시켰다. 모자는 한 번 더 나섰다. 잔뜩 기대감을 품은 채 칼과 함께 목적지에 도착하여 눈을 들어보니 이건 또 웬일이란 말인가. 전시장이라는 곳이 다 쓰러져 가는 건물이었다. 폐허가 된 건물

저우웨이를 처음으로 만났던 그의 작업실.

로 보였다. 그 어떤 움직임도 감지되지 않았다. 설마, 이런 데서? 보도에 무슨 착오가 있는 줄 알았다. 의심쩍어 물어보니 여기가 맞단다. 영화에서나 볼 법한, 녹으로 뒤덮인 육중한 화물용 엘리베이터를 타고 아티스트들의 작업실이 있다는 윗층으로 올라갔다. 어두침침함. 콘크리트가 쏟아내는 차디찬 기운. 생것의 적나라함. '몇 호 몇 호'로 분류되는 아티스트들의 작업 공간. 단체의 냄새가 코를 찔렀다.

"그래, 우린 사회주의 체제 안에 있는 거지." 잊고 있다 문득문득 이렇게 실감이 난다

저우웨이와 인사를 나눈 건 몇 명의 작업실을 둘러본 후였다. 첫눈에 그의 그림이 들어왔다. 난 미술에 대해 아는 게 없다. 그저 내가 좋으면 좋은 것. 저우웨이의 '버드 맨', 날아다니는 사람들이 중국적이고 유쾌했다. 물어보고 싶은 것이 한둘이 아니었음에도 소중한 호기심을 난 접을 수밖에 없었다. 그와 나 사이에는 아무런 말이 통하지 않았다(선전대학을 다니기 전이었다). '니하오'로만 대화를 나눌 수는 없지 않은가. 다행히 「선전 데일리」에 게재된 그의 인터뷰 기사 덕분에 난 그가 난징(南京)에서 미술을 공부했으며 러시아에서 유학했다는 사실을 알게 되었다. 또한 몇 가지 도록을 통해 그의 그림이 독일(쾰른)과 한국(서울)에서 판매되고 있다는 것도 알아냈다. 난데없는 반가움이란 이런 것인 모양이다.

캔버스 위에서 살아나는 그의 인물들은 대부분 뚱뚱했고 때로는 천진난만하거나 또는 속물처럼 보였다. 어찌 보면 슬프고 또 어찌 보면 익살맞았다. 거의 소통불가인 상태. 하지만 언젠가 그를 다시 볼 날이 있을 것이란 예감이 들었다. 헤어지는 길 그는 작품 도록과 작품이 인화된 일련의 엽서들을 선물로 주었다.

웃음과 끄덕거림으로 답답함을 해소해야 했지만 기분은 수플레처럼 먹음직스럽게 부풀어 올랐다. 마음을 톡, 상쾌하게 건드린 뭔가가 있다는 게 놀라울 따름이었다. 중국말을 세 마디 이상 입에 담을 수 있는 날이 오면 한국을 좋아하는 이 예술가 선생을 다시 만나겠다는 다짐을 굳혔다. 그후 1년이 흘렀고 또 다른 1년이 지나버렸다. 그 사이 땅바닥에 누워 있던 나의 중

저우웨이의 첫 '한국인 클라이언트'가 되는 순간.

국어는 2센티미터 자라 올랐다. 그 사이 저우웨이가 선전대학교 미술대학 교수로 재직 중이라는 사실도 알게 되었다. 그 사이 나는 저우웨이의 한국인 첫 고객이 되었다. 우리 집 거실은 탕후루중국인들이 간식으로 즐겨 먹는 설탕 입힌 과일를 손에 든 투실투실한 아이들이 점령해버렸다. 우리를 위해 새로이 탄생한 캔버스. 낯선 땅에서의 적응은 그렇게 무르익어 갔다.

은정표, 중국에서 흔히 볼 수 있는 장면들

주변 친구들이 말하길 난 새로운 환경에 묻히는 속도가 비교적 빠른 편이라고 했다. 틀린 사실은 아니다. 스며들려고 노력한다. 영기가 치과에서 진료를 받는 동안 한번은 이곳에서 '흔히 볼 수 있는 일상의 장면'엔 어떤 것들이 있는지 생각나는 대로 적어 내려갔다.

★ 길에 **침과 가래를 무시무시한 소리로** 뱉을 수도 있다(배에서부터 깊게 힘을 주어 강력해진 소리).

★ **식당에서 뜨거운 밥을 달라고 했음에도** (해놓은 밥이 더 이상 없다 하여) **찬 밥을** 전자레인지에 데워 (미안하다는 뜻으로) 씩 웃으며 줄 수도 있다.

★ **신호등이 초록색인데도** 행인들도, 차들도, 자연스럽게, 서로를 피하며 가던 길을 갈 수도 있다.

★ 옷에서 **덜 마른 행주 냄새**가 날 수도 있다.

★ 일생 동안 마셔온 차로 **치아가 기절초풍할 정도로 누렇고 검을 수도** 있다.

★ **얼마 버는지**에 대해 **아무렇지 않은 듯 물어볼 수도** 있다.

★ 줄을 무시하고 **중간에 슬그머니** 끼어들 수도 있다.

★ **한여름** 시원한 **얼음물을 안 마실 수도** 있다.

★ **실내에서**(심지어는 엘리베이터 안에서도) **담배 연기**를 볼 수도 있다.

★ 사타구니 부분에 타원형으로 구멍을 낸 내복 바지를 입힌 **아이들을 쇼핑 카트 위에 그대로 앉혀** 보드라운 아기 피부가 카트와 직접 닿는 수도 있다.

★ '푸통 드 카페이' (보통 커피)를 주문했는데 **난데없이 카푸치노**를 가져올 수도 있다.

★ 매번 물건 산 **영수증**을 달라고 하는데도 **매번 잊고 안 줄 수도** 있다.

★ **악어 고기**(어디 이뿐인가, 먹을 수 있는 동물들이 참 많다는 걸 알았다!)를 **먹을 수도** 있다.

★ **빨간색 속옷**이 엷은 색의 옷 밑에서 방긋이 웃음 지을 수도 있다.

★ **남한과 북한의 차이**를 모를 수도 있다.

★ (워낙 덥기 때문에) **러닝셔츠를 배 위로 돌돌 말아 올리고** 다닐 수도 있다.

★ 문제가 있는데도 **'메이 웬티' (문제 없다)**라고 말할 수도 있다.

★ **해결책이 없다거나** 아니면 **하나만 계속 강조**할 수도 있다.

★ 길거리에 **쓰레기를 그냥 버릴 수도** 있다.

★ **전혀 안 될 거 같은 일이 성사**될 수도 있고 **될 일이 잘 안 될** 수도 있다.

★ 은행에 설치된 **현금 인출기에서 가짜 지폐**가 나올 수도 있다(실제 친구에게 일어난 일이다).

★ **깔끔하게 청소된 아파트 단지 내** 산책로 곳곳에서 **아기들이 볼일을** 볼 수도 있다.

★ 패스트푸드점에서 자신이 먹은 **음식을 뒤처리하지 않고 맘 편히 나올 수도** 있다(고용 직원 수가 기본적으로 많기 때문에 그들에게 일할 거리를 제공해야 한다).

★ **역주행**하는 차들을 볼 수도 있다.

★ **미용실에 머리만 감으러** 갈 수도 있다(머리를 싹싹 감겨준 후 드라이기로 마무리한다).

★ **남자의 기다란 새끼 손톱**을 볼 수도 있다(귀 청소를 위해 끝의 손톱을 기른다고 한다).

★ **한밤중 화초를 한 가득** 리어카에 싣고 팔러 다닐 수도 있다.

★ **밥을 몇 번 갖다달라고 해도 잊고** 안 가져올 수도' 있다(영어 메뉴를 물어볼 때도 마찬가지. 큰 식당의 경우 직원이 아무리 많아도 각자 맡은 일이 있기 때문에 자신이 책임지지 않아도 되는 일은 중요하게 생각하지 않는다).

그저 이곳 중국인들이 살아가는 방식이다. 이런 차이들을 써나가면서 외국인들의 눈에 비친 한국인들의 모습은 어떤지 알고 싶어졌다. 우리에겐 이상할 거 하나 없는 것이 이방인들에겐 낯설게 보이는 것이 분명히 있을 것이다. 지나치게 친숙한 나머지 살갗의 일부로 받아들여지는 각자의 '사는 방식'이 누구에게는 전혀 다른 살덩이로 다가갈 것이다. 문화의 다양성 앞에서는 '좋다 싫다'가 큰힘을 못 쓴다.

"어머!" "이건 또 뭐야?" "왜 이래?" "미쳐 내가." "정말 알 수 없는 노릇이야."

이제 이런, '속' 있는 말들을 한다는 게, 생각을 낭비하는 일처럼 느껴진다. 영기 아빠는 문화적 '차이'들을 나처럼 세세히 따지지 않는다. 남편처럼, 영기처럼, 나도 흘려보내려고 한다.

'그럴 수가 없는' 것이 아니라 '그럴 수도 있는' 것이라고, 하루에 십수 번, 주문을 건다. 우리 세 식구, 잘 먹고 건강히 잘살게 해주고 있는 이 땅에 익숙해지지 않으면 행복해질 수 없을 테니까.

아빠 성준의 이야기

오전 6시만 되면 어김없이 울리는 자명종과 함께 그의 하루는 시작된다. 7시 30분~8시 사이 사무실 도착. 가자마자 팀원들을 소집하여 하루의 주요 스케줄에 대한 회의를 한다. 아침에 꼭 마셔야만 하는 스타벅스 커피는 이 회의 직후에 바로 사갖고 올라온다. 이때를 놓치면 월마트 차이나 본사에 출근하는 직원 1,600명을 피할 길이 없다. 엘리베이터 6대로 1천 하고도 600명을 실어나른다고 상상해보라. 비 오는 날 사람들로 빽빽한 엘리베이터 안 몇몇 사람들의 옷에서는 덜 마른 걸레 냄새가 난다. 예사로운 일이다. 선전은 습기가 많아 빨래가 눅눅해지고, 바짝 마르지 않다보니 옷에서 '축축한' 냄새가 나는 것이다 냄새의 성질은 물론 다르지만 외국인들이 한국에서 아침에 엘리베이터를 타면 마늘향이 강하게 난다고 하는 것처럼 나라마다 코를 자극하는 냄새는 이처럼 다르다. 그의 출근길 풍경 중 결코 빼놓을 수 없는 '중국식 일상'으로는 아래층 직원 식당에서 파는 만두 또는 삶은 옥수수를 아침 식사로 먹는 것이다.

성준 씨의 하루 일과는 출장을 가지 않으면 처음부터 끝까지 회의로 채워져 있다. 그는 기진맥진하여 집에 돌아온다. 그가 하는 일은 한마디로 신규 매장 개발이다. 전 중국을 누비며 월마트의 신규 매장이 들어설 위치를 물색하고 이와 관련된 업무를 진두지휘하며 1차 결정을 내리는 것이 그의 업무다. 부동산과 관련하여 처리할 일이 엄청난 것도 모자라 신규 프로젝트 리뷰까지 더해지므로 자연 회의가 많다. 회의 주제는 주로 전략 기획, 새로운 포맷의 매장 개발, 임대 매장, 문제가 있는 기존 매장 등이며 개발사와의 미팅도 중요한 일과 중의 하나다. 정신없는 아침나절을 잠시만이라도 끊어주는 점심시간이 오면 허겁지겁 직원 식당으로 내려가 10~15위안짜리 중국식 점심밥을 먹는다. 밥에 반찬 3가지가 기본, 볶음면도 있고 볶음밥도 있다.

30분 후딱 먹고 오후 1시부터 다시 회의로 들어간다. 회의하는 동안에도 블랙베리를 통해 메일이 끊임없이 들어온다하루 평균 수신 메일은 150~200개 정도. 그의 밑에 직원 수는 50명. 동서남북으로 나눈 지역에 맞춰 부서도 동서남북으로 갈린다. 회의가 진행되는 중에도 동서남북으로 파견된 직원들로부터 급한 전화가 걸려온다. 북부 베이징, 동부 상하이, 서부 충칭에서 시시각각 연락이 쏟아진다. 디자인팀, 건축팀, 법무팀, 대정부팀 등의 협력 부서와도 매일같이 미팅을 가져야 하고 사장과 부사장이 부르면 얼른 뛰어올라가야 한다.

6시 자리로 돌아오면 60개 정도의 메일이 그를 기다리고 있다. 그나마 중간중간 블랙베리로 메일들을 읽었기에 이만큼인 것이다. 그때부터 메일 읽기와 처리로 또 다른 종류의 분주함과 마주하게 된다. 그런 후 집으로 도착하면 7시 30분~8시가 된다. 중국에서의 '퇴근'은 서울에서와의 그 의미가 다르다. 아침 7시부터 퇴근 전까지 내내 '중국'에 있다 집으로 오면 '한국'이다. 영어와 중국어를 잊고 한국말 모드를 되찾는 평화로운 시간. 그에게는 저녁 식사를 마치고 난 다음부터가 황금 같은 시간이다. 푸얼차를 후후

불어마시며 인터넷 세상 속을 활보하는 두어 시간은 사무실에서 뒤집어쓴 스트레스를 털어내는 만끽의 시간이다. 바로 이때다. 그를 방해하지 말아야 할 때가.

그의 하루는 취침 전의 독서에서 유종의 미를 거둔다. 아무리 졸려도 책을 꼭 읽고 잔다. 여기서 생긴 새로운 습관이다. 세상모르고 자는 그의 모습을 보고 있으면 안쓰러움이 밀려온다. 그는 미치도록 일하고 난 그렇게 번 돈을 쓰는 사람이라는 생각에. 내가 번 돈을 마음대로 쓰는 데 익숙해진 탓에 아무 벌이 없이 그가 어렵게 번 돈을 사용한다는 것이 부담스러웠다. 결혼 생활 내내 우린 각자의 주머니를 찬 상태에서 필요하면 협력하는 맞벌이 부부였다. 지금은 엄청나게 익숙해졌다. 그렇지만 그때만 하더라도 '그의 돈'을 아무렇지 않은 듯 쓰는 것이 버거웠다. 재정적으로 보탬이 되어 주지 못해 미안했다. 언제였던가, 그에게 이렇게 말한 적이 있다. 땀 흘려 번 돈을 내가 축낸다고. 그는 '축내는' 것이 아니라고 했다. 물론 축내는 건 아니지만 왜 그런 표현을 썼는지. 집으로 내가 가져오는 돈이 없어서 '축내다'라는 동사를 썼음이 분명하다. "너희들 쓰라고 내가 버는 건데"라는 한마디가 심금을 울렸다.

1. 중국 관련하여 영기 아빠가 즐겨 읽는 책들.
2. 출장 간 도시만 1백 여 개. 그곳에서 그는 진정한 중국을 배운다.
3. 선전 푸텐구에 있는 월마트 차이나 본사.

그를 피곤하게 하는, 상식을 뛰어넘는 중국의 직장인들

중국에서 일한다는 것은 그에게 둘도 없는 경험을 가져다주고 있다. 그는 도전을 즐기는 사람이다. 선을 넘는 피로감과 스트레스가 있어도 잘 드러내지 않는다. 그를 가장 피곤하게 만드는 것은 빈번하게 일어나는 상식 바깥의 일이다.

사례 하나, 월마트가 입점해 있는 건물주가 (갑자기) 임대료를 올리겠다고 매장 앞에서 시위를 하는 경우가 적지 않다. 떼를 막 쓴단다. 계약서의 기간 명시 같은 건 신경도 쓰지 않는다. 모른 척 하면 일을 못하게 하는 관계로 임차인[월마트]은 경찰서와 정부에 도움을 청한다. 그러면 경찰은 "두 분이 알아서 처리하세요"로 일단락을 맺는다. 결국은 우는 놈에게 떡 하나 더 준다는 말이 현실이 된다. 사례 둘. 직원들이 일방적으로 승진을 시켜달라고 한다. "때가 되었으니" 승진을 해야겠다고 상관에게 의사를 표명한다. 주저 없이. 자연스럽게. 사례 셋. 발표가 나기도 전에 직원들이 자기 자리를 옮겨 놓는다는 것이다. 자리를 다시 제자리로 돌려놓으라고 하면 이미 해놨는데 체면 구기게 어떻게 옮기냐고 반문한다. 사례 넷. 지방에 부동산을 보러가는 경우 만전을 기하지 않으면 지역 관료들, 심지어는 언론들까지 가세하여 김칫국부터 마신다. 땅을 그저 한 번 보러 간 것이 '월마트가 생긴다'로 와전되는 것이다. 황당함이 도를 넘어도 한참 넘기에, 웃음밖에 나오지 않는 해프닝들이 작정하고 얘기하기 시작하면 끝이 없다.

강도가 높은 상식 밖의 이변들이 이런 것이라면 한국인과 차별되는 중국인 직원들의 일하는 태도의 차이에는 또 이런 것들이 있다. 첫째, 책임감 부족. 책임감을 갖게 하는 일이 힘들다고 한다. 방법은 하나다. 목표를 정확하게 설정하여 목표 달성의 중요성을 강조하고 또 강조한다. 목표를 이루면 봉급 인상과 승진의 가능성에 가까워지는 길이라는 말도 끊임없이 되풀이

한다. 둘째, 상관에게 서류를 가져다줄 때 툭 던지며 준단다. 역시 아무렇지 않은 듯. 나쁜 뜻이 있는 게 절대 아니다. 이와 비슷한 일이 출장 가서 정부 관료들과 회의를 할 때도 일어난다. 담배를 권하는 과정에서 상대방에게 담뱃갑을 던지며 건넨다. 셋째, 사무실 복장이 캐주얼하다는 점. 프로페셔널한 차림을 기대하기가 어렵다. 미니스커트와 호피 무늬 원피스를 입고 오며 속옷이 비치는 것에 큰 신경을 쓰지 않는다. 어떤 남자 직원은 슬리퍼를 끌고 온다. 그럼에도 우리와 비슷한 점도 있다. 상사를 '라오반'으로 부르며 깍듯이 대하는 건 중국이나 한국이나 마찬가지다.

이 모든 차이에도 불구하고 그를 행복하게 하는 특효약이 있다. 중국의 문화, 언어, 비즈니스, 관습 등에 대해 나날이 깊어지는 그의 지식을 중국 직원들이 인정해주는 것. 그런 때를 제일 뿌듯하게 생각한다. 진심은 어딜 가나 보이게 마련이다.

100여 곳의 도시 출장으로 중국을 배우다

이전에도 말했듯이 출장은 성준 씨가 중국에 있는 이유다. 중국에 적응을 빨리 할 수 있었던 것도 다 이 출장 덕분이라고 할 수 있다. 이제껏 다녀온 도시 수가 100개를 기록하더니 며칠 뒤 세 개가 추가되었다(2009년 4월 기준). 중국 국내선을 타는 데에 인이 박였을 것이다. 중국의 국내선을 타본 이는 알겠지만 대부분 출발 시간에 떠나지 않는 게 보통이다. 1시간 연착은 일도 아니다. 떠나면 다행이다. 더욱이 지방 공항에서의 기다림이란 삭막함이 그 절정을 이룬다. '로컬스러움'이 철철 넘친다. 읽을 책을 절대적으로 챙겨야 하는 까닭이 여기 있다.

비행기에서 내리면 대기하고 있던 차를 타고 또 몇 시간을 달린다. 가는 동안에도 블랙베리를 손에서 놓지 못한다. 흔들리는 차 안에서도 끊임없이 들어오는 메일들을 상대해야 하기 때문이다. 사람들은 그런 소리를 자주 한다, 그토록 여러 곳을 다녔으니 구경 많이 해서 좋겠다고. 시안과 베이징을 그렇게 갔어도 병마총 한 번 못 봤고 자금성 옆에 간 적도 없다. 여행의 'ㅇ'도 못 쫓아간다. 출장을 그야말로 제대로 만끽한다. 덕분에 '버터 냄새 나지 않는 중국'을 만나 중국인의 정서를 더 잘 이해하게 되었다.

출장 중 묵는 호텔도 중국스러움을 느끼게 하는 것 중 하나다. 깨끗하게 청소된 호텔 방에 발을 들이면 쾌쾌한 냄새가 공기 속에 배어 있다. 딱딱한 침대가 덩그러니 놓여 있고 CNN이 빠진 텔레비전이 중국말을 현란하게 쏟아내는 걸 감수해야 한다. 그리하여 그는 책 읽는 남자가 된다. 술 한 잔을 할 수 있는 바도 없는 경우가 더 많다. 생수 한 병 사갖고 올라가는 걸로 만족한다. 방에 냉장고는 있지만 무용지물이다. 중국인들은 찬 음료수를 마시지 않는다. 제일 힘든 것은 커피를 못 마실 때라고. 커피를 서빙하지 않는 호텔이 상당수에 이른다. 나이 어린 직원들조차 커피를 즐기지 않고 차, 두유, 뜨거운 우유, 미적지근한 오렌지 주스를 마신다. 오렌지 주스조차 뜨듯한 곳이 중국이다.

출장을 갔다 오면 다녀온 곳에 관해 이야기꽃을 피운다.

"자기야, 그런데, 그런 호텔에 꼭 묵어야 해?"

"그럼. 회사 정책이니까. 월마트는 저가 정책이 생명이잖아."

"간부들도 그런 호텔에 묵어?"

"당연하지. 윗사람이라고 더 좋은 데 묵는 법, 우리한텐 없어."

출장 한 번 갔다 오면 기운이 쏙 빠져 있다. 하지만 쉽게 얻을 수 없는 경험으로 충전되었기에 토해낼 추억들 또한 한가득이다. 자라 고기는 먹었지만 등껍질만은 입에 넣지 못했다느니 토끼 머리는 해골을 깬 다음 안의 내용물을 먹어야 한다느니 산양의 발이 발굽을 드러낸 채 찜으로 식탁 위에 올려졌다는 등 엽기적인 먹거리에 그는 할말이 엄청나다. 웬만한 건 다 먹게 되었다. 싫어하게 되더라도 일단 맛을 보는 게 그의 원칙이다. 갖가지 로컬 음식을 피부로 느끼다보니 어느새 지방별 미각의 차이도 어느 정도 점칠 수 있게 되었다. 후난 · 후베이 · 구이저우 · 사천 지방은 맛이 맵고 하얼빈 · 선양 · 다롄은 깔끔한 맛이 특색이고 장쑤 · 항저우 · 상하이는 맛이 달고 시안과 내몽골은 양고기 요리가 발달했고 주하이 · 산터우 등 광둥 지방은 신선함을 중시하고 베트남과 라오스, 미얀마와 국경을 이루는 윈난 지방은 맛이 이국적이라는 결론에 이르렀다.

"그래, 그렇게 출장을 다니면서 느끼는 건 뭐야?"

"어디를 가나 사람들이 바글거린다는 거. 중국의 개발 가능성이 무궁무진하다는 거. 어느 도시를 가도 강이 보인다는 거."

"개발할 곳이 아직까지 많은가봐?"

"아직까지는. 개발이 되는 곳만 다니다보니 내 눈엔 중국 도시의 특성들이 안 보인다는 게 아쉽지. 문화 유적지를 가면 느낄 수 있겠지. 100개 넘는 도시를 가봤어도 개발 풍경은 다 거기서 거기거든."

우리의 소원은 그가 틈이 날 때 중국의 도시들을 순수하게 구경하러 가는 것이다. 과연 몇 군데에나 발을 들여놓을 수 있을지 장담은 못하겠지만.

성준이 다녀본 도시의 첫인상

다녀온 도시들에 대한 첫인상을 물어보았다. 자세한 것 말고 끝까지 남은 기억 내지는 흔적을 대달라고 했다. 100여 군데 전부를 일일이 거론하기는 어렵다고 했다. 다음은 그의 뇌리에 살아 있는 몇몇 대표적인 기억들이다.

★ **청두** | 토끼머리
★ **충칭** | 훠궈(중국식 샤브샤브)
★ **시창** | 술에 취한 새우
★ **베이징** | 400년 된 북경오리 식당
★ **칭다오** | 휴양지 무드
★ **다롄** | 광장을 마주 보고 서 있는 옛날 대사관 건물들
★ **다리** | 호수에 비칠 때의 모습이 아름답다는 건축물 산타쓰(三塔寺)
★ **푸저우** | 다양한 해물 요리
★ **쓰촨성** | 러산의 대불상
★ **우한** | 마오쩌둥이 즐겨 수영했다는 양쯔강
★ **난징** | (난징 학살이 연상되어) 어딘지 슬픈 느낌

출장이 잦을수록 중국에 대한 애착도 강해지고 있다. 항저우, 쑤저우, 상하이, 쿤밍, 칭다오에서 터 잡고 살려면 살 수 있다고 한다. 주거 환경이 쾌적해 여유를 품을 수 있는 도시라고 생각한다. '만만디慢慢的'로 일축되는 중국인의 여유로운 습성과 우리와 비슷할 거 같으면서도 그렇지 않은 중국의 문화를 수용하면, 사는 게 훨씬 쉬워진단다. 중국에 더 신경을 쓰는 건 이 땅이 그에게 줄 수 있는 것이 무한대라는 점이다. 더 나은 기회, 더 나은 삶을 보장해줄 거라는 그의 믿음이 단단하다.

남편도 힘든 시간이 있었다. 우리보다 좀더 일찍 선전에 와서 혼자 살 때는 중국어 한마디도 할 줄 몰랐다. 밖에서 늘 혼자 밥을 먹고 영어 메뉴가 있는 식당만 골라다녔다. 적응은 다양한 노력의 복합체로 완성된다. 중국 관련 책들을 섭렵하고 출장을 다니면서 현지 음식을 먹는 데 시간과 정신을 투자했다. 중국말은 따로 배울 짬이 도저히 나지 않아 발음수업만 두 번 받고 혼자 교재를 보며 익혀 나갔다. 물론 이 가슴 넓은 남자에게도 고충은 있

월마트 충칭 점

다. 중국의 발전이 세계화를 향해 상향 곡선을 그리는 만큼 정부 관료와 사업가들의 사고방식이 국제화 바람을 온전히 탄 것은 아니다. 중국이 빨리 변하는 것처럼 보여도 속성은 그렇지 못한 게 현실이다. 그래서 그런지 인내심이 무럭무럭 자란다.

그간의 중국 생활이 그에게 선물한 것은 '중국스러움'을 보듬는 포용력인 듯싶다. 인구 13억이 부대끼며 살다보면 사생활 침해라는 개념 자체가 형성이 되지 않는다. 지극히 개인적인 질문을 대놓고 물어보는 것을 대수롭지 않게 여긴다. 사람투성이인 세상에서 개인성은 묻힌다. 숫자가 크면 질서를 요구하게 되지만 질서를 지키면 오히려 손해를 본다고 확신한다. 문화혁명 당시 피해를 본 사람들이 부지기수였고 생존하기 위해서는 타인을 생각할 여유가 없었다. 지금도 보면 그렇다. 13억 인구가 더불어 살려면 서로 서로에게 피해가 되는 행동은 자제해야 하는데 피해를 끼치는 경우가 다분하다. 외국인의 관점에서 보면 피해를 서로 주고받는 것처럼 느껴진다. 역설적인 건 사람들이 그러한 상황 자체를 이해한다는 점이다.

남편은 글을 쓰는 이 시점에도 출장 중이다. 허난성 정저우, 105개째의 도시에 있다. 쌓여가는 탑승권 속에 중국통이 되고자 하는 그의 꿈이 커가고 있다.

줌업, 일상 속으로::

소스 만드는 영기 영기가 소스를 나서서 만들 때가 있다. 삶은 닭가슴살을 저녁으로 준비할 때면 부엌으로 슬금슬금 나온다. 어깨 너머로 봐오던 여러 가지 맛들을 스스로 재현하는 걸 보면 역시 우리 아들이다.

거부할 수 없는 맛 세 식구 중 닭발을 먹는 건 성준 씨뿐이다. 먹을 건 없으나 마디마디를 발라먹는 맛에 중독된다고 한다. 그는 출장을 통해 상상을 초월하는 '진미'를 접할 기회를 갖는다. 진미보다는 '별미'에 가깝겠지만. 못 먹는 것이 없을수록 그를 포용하는 중국은 커져만 간다.

소녀시대를 알게 되다 어느새 음악을 즐겨 듣는 나이가 된 영기. 영기가 아니었으면 난 티파니가 누구인지도 몰랐을 것이다. 내가 음악에 눈떴던 것이 열네 살 즈음, 제네바 중학교 시절 시스터 슬레지와 아바를 들으며 음악과의 동거를 시작했었는데.

자전거와의 데이트 햇빛이 따스한 일요일 아침 자전거를 타고 갓 구워낸 크루아상과 고소한 스콘, 따끈한 커피를 사갖고 오는 길이 주는 행복의 부피는 풍성하다. 선전이 내주는 이런 사치, 오래오래 누리고 싶다. 지나친 욕심일지도.

사는 나라가 바뀌었고 정 붙일 집이 바뀌었고
매일매일의 그림이 바뀌었다. 달라져서 좋은 건 세 식구가
더 굳건한 삼각형을 그리고 있다는 사실이다.
하루는 일상이라는 소박한 이름으로 수놓아진다.
그것이 모이면 둘도 없는 삶의 기록으로 남는다.

반복되는 생활, 메이드 인 차이나.

새우 사랑 '중국스러움'에 물들게 되면서 우리 모자는 새우와 친해졌다. 정직하게 찐 새우를 먹는 방법은 꼬리에서부터 세 번째 마디 부분을 왼쪽 손으로 지긋이 누른 후 오른쪽 손으로 꼬리를 잡아 당기면 껍질이 그대로 빠진다는 사실. 그런 다음 간장에 찍어 먹는다.

버스로 가는 홍콩 홍콩의 카우룽(九龍) 사이드로 갈 때는 페리를 타지 않고 버스를 이용한다. 창구에서 티켓을 사면 목적지에 따라 색상이 다른 스티커를 옷에 붙이라고 나눠준다. 깃발을 몰고 다니는 관광객처럼 보이기 싫어 난 손등에 쩍 붙이고 다닌다.

물 마시는 버릇 예전에는 물을 잘 마시지 않았다. 습하고 후덥지근한 기후는 습관을 바꿔놓았다. 작은 물병 하나를 가방에 넣고 다니면서 심심하면 한 모금, 두 모금 그냥 마신다. 주하이로 가는 페리를 기다리면서, 페리 터미널에서 영기와 함께.

누가 먹었을까? 주말 아침 영기에게 바게트를 사갖고 오라고 시키면 한 입 베어 문 귀여운 상태로 식탁 위로 올라와 있다. 입을 댄 이유? 그저 배고프고 끝 부분이 튀어나와서 그랬다고.

믿음직한 어깨 언제 컸는지 모르겠다. 이 사진을 보면 아들이 대견하다. 차 안에서 셀카로 얼떨결에 찍은 컷 치고 누가 찍어준 것처럼 자연스럽게 잡힌 듯해서 이 사진을 자꾸 바라보게 된다. 아들과 엄마가 똑같이 닮은 데를 찾아보시길.

매운, 너무도 매운 쓰촨 요리의 특징은 혀를 마비시키는 강한 향과 매운 맛을 동시에 지닌 '마라'가 쥐고 있다. 마른 고추까지, 그것도 듬뿍 가세해 매운 맛이 눈물과 콧물까지 쏟아내도록 하는 쓰촨식 닭 혹은 새우고추볶음 요리는 영기의 마음까지 움직여 놓았다.

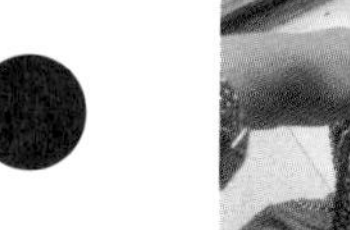

그림에 목숨 건 주문 딤섬을 먹으러 가면 조건이 하나 따라붙는다. 딤섬 요리의 사진들과 영어 메뉴가 구비돼 있는 곳으로 가야 한다는. 요리이름 옆 네모난 빈 칸에 표시하도록 돼 있는 일반적인 딤섬 메뉴는 우리 부부에게는 한자의 숲 그 자체. 숲 안에서 헤어나오질 못하니 말이다.

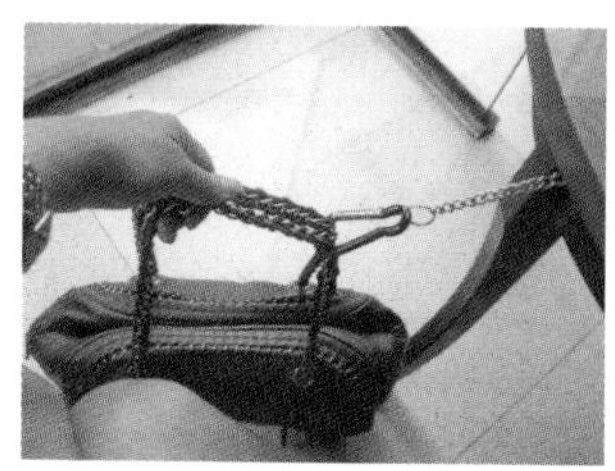

도망가지 못하는 가방 식당이나 카페에서 핸드백을 슬쩍 가져가는 사람들이 많다. 식당에 들어가 자리를 잡으면 종업원이 와서 가방을 놓은 의자에 덮개를 씌워주거나 가방과 의자를 사슬로 묶어두는 경우도 있다. 이곳은 스타벅스의 한 지점으로 테이블 밑에 체인을 달아 가방 손잡이를 잡아두고 있다.

삶을 비추는 등대 외국인들이 즐겨 가는 장소에 유통되는 「PRD that' s」 매거진은 주강 델타(Pearl River Delta) 지역권 도시의 문화 소식을 전하는 영문 무가지. 중국 경제의 요지로 불리는 주강 델타 삼각 지대에 속하는 선전에 할애하는 지면이 점차 늘어나고 있는 추세다.

뒤늦은 발견 운동과 거리가 멀었던 삶 속으로 요가가 들어와 흐느적거림이 점차 심해지는 팔뚝과 허리 살을 잡아주기 시작했다. 책 쓰는 일에 몰입하겠다고 선전대학 중국어 클래스를 그만 둔 다음으로 연을 맺게 된 요가. 중국어는 머리를 채워주었고 요가는 몸을 '비움' 으로 채워주고 있다.

미리 써두는 출입국 신고서 중국을 나갈 때, 홍콩으로 들어갈 때, 홍콩을 나올 때, 중국으로 들어올 때. 일국양제. 신고서를 작성하는 매 순간 중국과 홍콩의 특별한 관계를 체감한다. 한 달 홍콩을 평균 2회 정도 다녀오는 걸로 계산하면 이제까지 출입국 신고서를 쓴 횟수는 대략 50여 번쯤 되지 않을까.

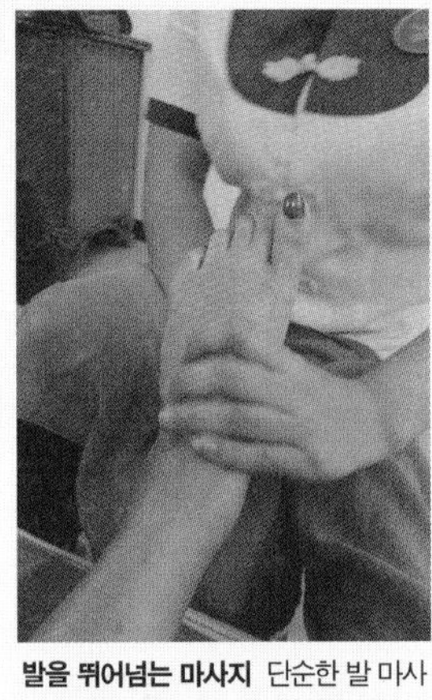

발을 뛰어넘는 마사지 단순한 발 마사지가 아니다. 뜨거운 물을 부은 통에 발을 집어넣고 있는 동안 어깨, 목, 등, 팔 부위를 시원하게 주무른다. 이 절차를 거치면 소화가 말짱히 되면서 안마사의 손은 다음 단계인 발로 이동한다. 1~2주일에 한 번씩 세 식구는 마사지 황홀경에 빠진다.

혼자서도 척척 홍콩을 오가는 일이 잦아지면서 영기도 어느덧 '짐꾼'이 다 됐다. 아이팟, 책 한 권 등 챙겨가는 소지품과 가서 음악 CD, 바지 등 사갖고 올 품목까지 합치면 '본인 짐' 도 만만치 않다. 무거워도 군소리 안 하고 묵묵히 짐을 메고 걸어가는 뒷모습이 가슴을 가득 메운다.

흥미를 유발하는 학교 행사 학교는 공부를 '해야만 하는 곳'이 아닌 '하는 곳'으로서의 소임을 다하고자 학생 스스로 기량을 발휘할 수 있도록 교육적인 행사를 '파티스럽게' 주관한다. 인터내셔널 부페, 옥토버 페어, 스트로베리 티, 윈터 콘서트…매혹적인 행사가 남기는 교훈은 크다.

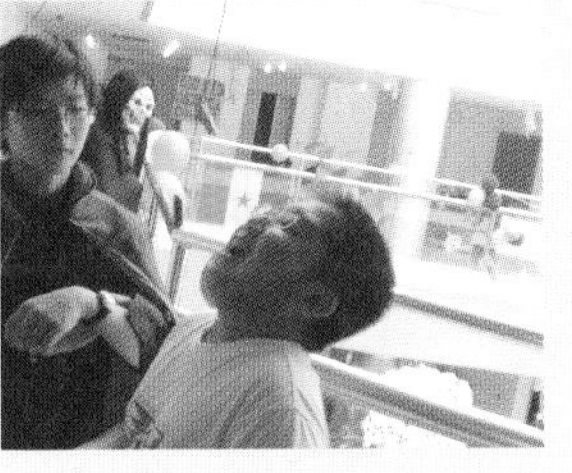

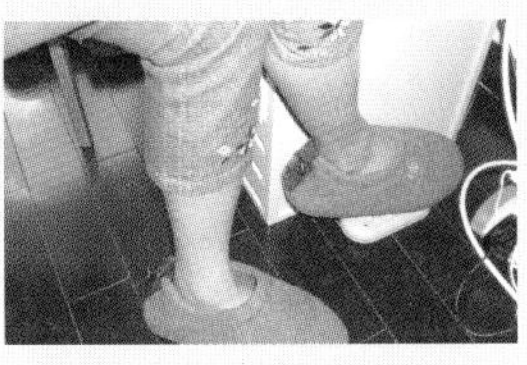

곰 발바닥 겨울만 되면 여지없이 나타나는 포근한 폴라폴리스 실내화. 이것 없으면 집안을 걸어 다니기가 힘들다. 나무바닥을 깐 서재나 안방은 그런대로 견딜 만하지만 거실, 현관, 부엌, 욕실바닥의 냉기는 참을 수 없다.

둥지를 틀다 중국 남쪽 지방 집들은 난방 시설이 없다(요즘 새로이 지어진 아파트들은 천장에 히팅 시스템을 갖추고 있다). 전기장판을 까는 쪽보다 우리는 양말을 신고 옷을 겹겹이 입는 전근대적인 방법으로 추위를 피한다. 영기는 체열을 고이 간직해 주는 슬리핑 백 안에서 평화를 찾는다.

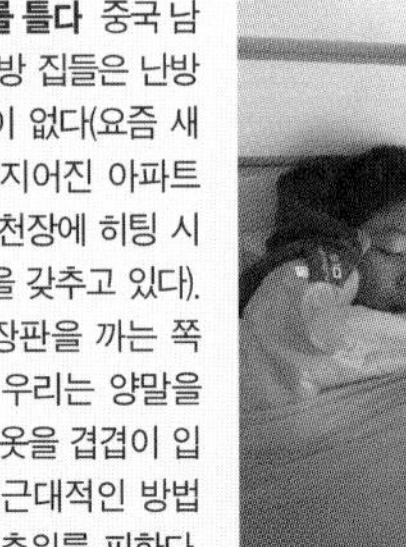

그녀의 머리말 이전에는 없던 밤 습관이 생겼다. 여러 종류의 책을 머리맡에 갖다 놓고 읽는다. 여행 가이드, 중국에 대한 교양서, 추리소설, 산문집, 시집, 잡지 등 대중없다. 정신이 분산될 거 같지만 그때그때마다 용하게도 가닥이 잡힌다.

그의 머리말 늦게까지 책에 파묻히는 건 그도 마찬가지. 남편은 영어로 된 책을 읽는다. 원서로 보는 게 더 편하기 때문이란다. 제임스 클래블, 톰 클랜시, 로버트 러드룸 등 열광하는 작가들의 포켓 북을 홍콩에서 사오는 것이 귀한 즐거움 중의 하나다.

따라쟁이 김은정 태국음식 가운데 상추에 싸 먹는 간 돼지고기 요리는 우리 집 단골 메뉴. 피시 소스 약간, 래몬 그래스 가루, 빨간 작은 고추, 후추, 고수, 라임즙에 고기를 1시간 정도 저며 놓는다. 볶은 다음 오이나 토마토를 곁들여 상추에 싸서 먹으면 향긋하고 매콤한 맛이 그만이다.

스크랩 인생 패션을 잊는다, 잊는다 해도 끌리는 사실은 어쩔 수 없는 것. 신문이나 잡지를 보는 게 어떨 때는 두렵기까지 하다. 잡아둬야 할 정보가 적지 않다. 스크랩해서 후회한 적, 이때껏 단 한 번도 없다.

기분 전환 야외에서 밥을 먹으면 기분이 남다르듯 독서도 그렇다. 조금 덥기는 하나 풀 냄새와 새소리, 햇빛이 더해진 아파트 단지 공원에서의 책 읽기는 서울에서는 쉽게 그려지지 않는 풍경이었다. 도산공원이나 용산가족공원을 가면 몰라도.

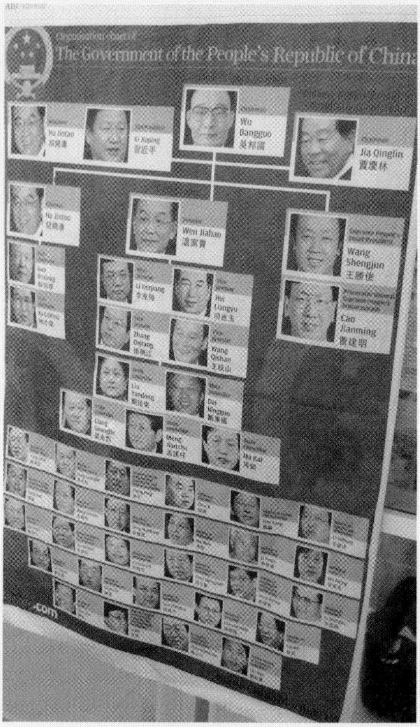

중국의 리더들 후진타오 국가주석과 원자바오 총리 외에는 떠오르는 얼굴도 이름도 전무했다. 「사우스 차이나 모닝 포스트」에 소개된 중국 톱 리더들의 조직도를 심심할 때마다 들여다본다. 그러면 나의 무식(無識)이 그때만큼은 사라지는 것 같다.

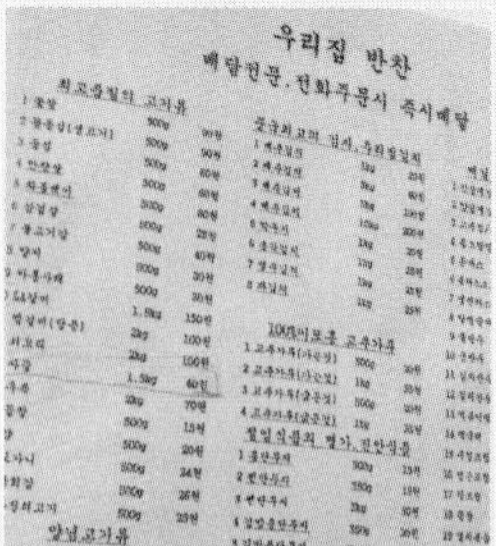

한국 사람이라는 증거 한국인이라면 으레 벽에 붙여 놓는 '우리 집 리스트'에는 열무김치, 아롱사태, 떡국용 떡, 손질된 생선, 오징어채, 양념 북어구이 등 웬만한 식품은 다 있다. 사골국이나 곰탕을 끓일 때 필요한 고기를 주문할 때 요긴하다.

창 밖의 홍콩 선전에서 홍콩에 말 걸기는 페리를 탄 후 20분 정도 지나면 가능해진다. '홍콩 영역'으로 진입하면 가장 먼저 통신회사명이 바뀌면서 통화와 관련된 혜택 메시지들이 수신된다. 배 안에서 아이팟과 함께 맞는 홍콩은 비행기 안에서 내다보는 홍콩에 비해 낭만적이다.

고마운 어드바이저 한국에서 요리책은 주말을 주제로 다룬 것이 아니면 책꽂이에 계속 꽂혀 있었다. 여기서는 나물무침이나 오징어채, 국 등 '기본'에 대한 개념 파악이 더 중요하다. '식탁에 늘 오르는' '웬만한 요리' '기초 요리' 등은 3년차 초보 주부의 구미를 매우 당기는 제목이다.

머리가 누리는 호사 이곳의 미용실에서는 머리를 정성껏 감겨주고 드라이를 해준다. 50분 간 머리를 마사지해주고 때를 빼주고 린스로 마무리해준 다음 드라이로 마무리하는 값은 38위안. 가격은 지역에 따라 틀리다(우리 동네는 20위안). 골치 아플 때 머리 한 번 감고 나면 두통이 치료된다.

장보러 가기 중국에 올 때까지만 해도 한화 130원이었던 중국 돈 1위안이 어느새 200원(2009년 4월 기준)으로 환율이 올랐다. 중국에서의 생활비가 싸다는 건 옛말이다. 고기(소, 닭, 돼지), 생선, 야채, 쌀, 음료수, 빵, 과일, 휴지, 세제 등 기본 아이템 1회 평균 구매액은 800위안 정도 된다.

하루의 시작 혹은 끝 우리는 두 가지 신문을 정기구독하고 있다. 「사우스 차이나 모닝 포스트」와 「선전 데일리」. 전자는 홍콩의 문화 정보를 얻을 수 있으며 후자는 선전에서 발간되는 유일한 영자 신문으로 선전 거주 외국인들에게는 절대적인 정보 제공자의 몫을 다하고 있다.

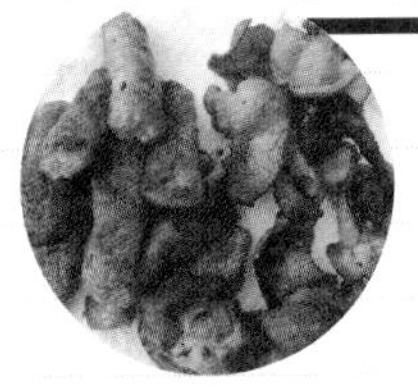

영기 아빠의 베이컨 미국에서 오래 산 남편은 베이컨과 소시지, 매시 포테이토, 스크램블 에그, 팬케이크의 풍부한 맛을 사랑한다. 일요일 아침 몸 컨디션이 좋으면(출장을 너무 다녀 주말은 늦게 일어난다) 그 누구보다 먼저 일어나 군침을 자르르 돌게 하는 베이컨 냄새를 온 집안에 퍼뜨린다.

삼자 미팅의 시간 일년에 두 번 갖는 '선생과 부모의 미팅' 중 한 번은 아이까지 동행하여 만남이 이루어진다. 학교에서 배운 것을 아이가 직접 설명하는 식으로 진행되므로 아이의 머릿속에 남겨진 수업 내용과 이에 대한 본인의 생각을 엿볼 수 있는 기회라 삼자 모두 '느끼는 바'가 크다.

재래시장에서 채소 사기 집에서 10분 거리에 있는 '셔커우 웻 마켓'(재래시장)에서는 주로 싱싱한 채소와 과일, 생선, 두부만 산다. 고기를 사지 않는 이유는 즉석에서 잘라 파는 라이브한 정육점이 다소 꺼림칙하기 때문. 그래도 재래시장에 줄기차게 가는 건 단골 아줌마의 후덕한 인심이 살아 있어서다.

다 함께 축하하다 나라 밖으로 나오면 다양한 문화권과 조우하는 확률이 높아진다. 프랑스 친구네 집에 가족 동반으로 초대된 어느 여름 밤은 영기 생일이기도 했다. 프랑스 어른들 틈 속에서 촛불을 꺼본 건 처음이었다.

행복한 공유 우리 부부는 좋아하는 것들이 비슷하다 보니 함께 세월을 먹는 부부에게는 취향을 나누는 기쁨이 얼마나 소중한 것인지 하루도 잊지 않고 있다. 그도 나도 '한 잔' 하고 싶을 때는 분위기 쿨한 바(bar)에 가서 음악과 사람들 틈에 섞여서 홀짝거리길 좋아한다. 집에는 그런 '사회적인' 공기가 없다.

중국에서 되찾은 크리스마스 얼마만인가. 크리스마스 트리를 장식하는 게. 트리에 매달 방울과 각종 장식물을 사러 홍콩에 가는 것부터 한 가득 사온 오브제들을 균형 있게 거는 것까지 일련의 '크리스마스 애티튜드'로 우리는 훈훈한 분주함에 빠진다.

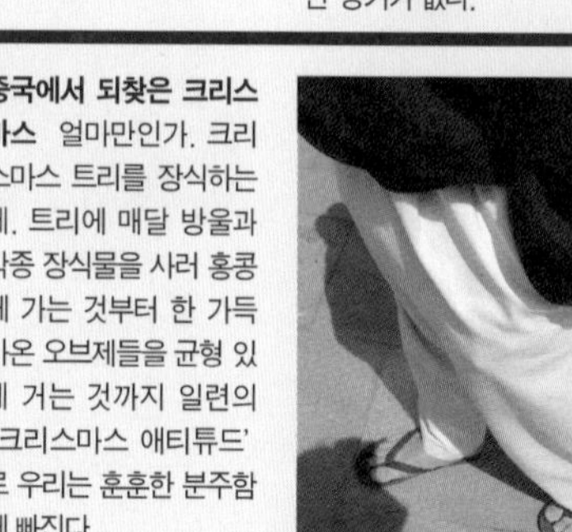

슬리퍼, 선전을 걷다 선전은 구두 신는 걸 부추기지 않는 도시다. 발가락이 보이는 슬리퍼나 샌들이 이 땅에는 더 적합하다. 슬리퍼 쇼핑이 진지해진다. 결국 여러 종류의 슬리퍼를 장만해도 모자람이 없다.

영기, 중국어 공부 중 일주일에 두 번, 1시간 반씩 영기는 중국어를 배운다. 피곤한 기색 하나 내지 않고 잘 따라간다. 선생님은 조선족 분이지만 대부분의 조선족과는 달리 조선학교 대신 중국학교를 다니신 까닭에 발음이 정확하다.

찻잔 청소 고급 식당을 제외한 일반 식당에서는 차를 서빙할 때 빈 대접을 하나 더 내온다. 찻물을 음식 공기에 부어 수저와 찻잔의 입 닿는 부분을 씻은 후 가져온 대접에 씻어낸 찻물을 버린 다음 음식을 공기에 덜어 먹는다. 영기는 엄마보다 능숙한 '식기 세척' 솜씨를 보인다.

세계의 음식을 맛보는 기회 새 학기가 시작하는 9월 QSI(영기가 다니는 국제학교의 이름) 캠퍼스는 40여 개 국가의 음식을 즐기러 오는 학생들과 부모, 선생들로 발 디딜 틈이 없다. 각자 집에서 자신의 나라 음식을 하나씩 준비해 가면 된다. 학생 머릿수가 가장 많은 대한민국은 음식을 차려놓는 영역도 넓게 배당 받고 있다.

까막눈이 되어버리다 2주 반~3주 간 소비할 먹거리가 찍힌 영수증 길이만큼 답답함도 비례한다. 글자 크기도 작아 사전의 신세도 질 수가 없다. 영수증을 보관하는 이유는 가전 제품이나 핸드폰 등을 산 경우 물건에 하자가 있거나 애프터 서비스 요청 시 영수증이 필요하기 때문.

지도를 끼고 살다 '내가 지금 있는 곳은 어디지?' 어디를 가든 지도부터 챙기게 되었다. 말이 통하지 않는 세상이 주는 지혜로운 선물이다. 홍콩에 갈 때도 지도를 꼭 챙긴다. 신문에 난 가게나 서점을 지도를 짚어가며 찾아가다 보면 홍콩의 오밀조밀함에 놀라게 된다.

친구들 덕분이다:

아키코, 안자라, 범수 어머니, 캐롤라인, 레베카,
신디, 클라우디아, 클로디, 클로딘, 크리스티나,
동현, 데보라…. 중국이 내게 선물한 이름들이다.
핸드폰에 알파벳 순으로 입력을 했으니
Y, Z에까지 도달하려면 아직 한참을 더 가야 한다.
아무리 불러도 싫증나지 않는 두 글자,
친구는 선전에도 있었다.
정착하는 과정이 순조로웠던 것도
또 매주를 새롭게 써나갈 수 있었던 것도
다 그들 덕분이다. 운이 좋다, 난.

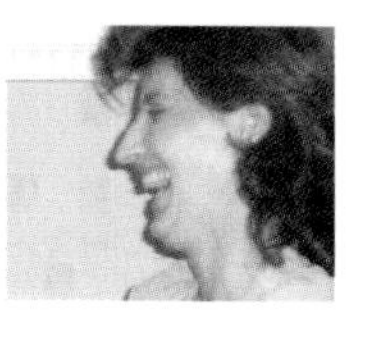

가장 절친한 친구, 타타

2007년 6월 29일 전까지 나는 과연 중국에서 좋은 인연을 만날 수 있을지 두려웠다. 미지수가 기지수로 변했을 때의 가슴 벅찬 안도감을 어찌 설명할지 모르겠다. 이렇게 좋은 사람들과 인연을 맺을 줄 미리 알았다면 서울에서 그렇게 근심할 필요가 없었을텐데. 정을 붙일 친구가 과연 생길까 하는 두려움도 수두룩한 두려움 중의 하나였다. 남편은 분명 새 친구를 사귈 거라고 했건만. 살아 있는 온기만큼 마음을 적셔오는 따스함도 없다. 감정을 만드는 인간의 힘은 근사하다. 울고 웃는 게 다 사람 때문이고 덕분이니 말이다.

선전에서 내게 친구라는 개념은 나이를 초월한다. 20대부터 60대까지 무지갯빛 스펙트럼이다. 이곳에 와서 나이는 잊어버렸다. 한국 사람들이 아닌 이상, 친해지기 시작할 때 나이를 맨 앞의 관심사로 꺼내지 않다보니 내 입으로 나이를 밝히는 경우가 그리 많지 않다. 나이를 의식하지 않는다고 배려나 존경심이 없는 것도 아니다. 나이는 그저 적당히 의식해야 좋은 것 같다.

수첩 안 일정을 적는 칸에는 여러 이름들이 주기적으로 반복되어 등장한다. 규칙적으로 보는 얼굴들이 있다는 사실에, 하루에도 몇 번씩 나 홀로 감사의 미소를 짓는다. 일상이 지루하지 않은 건 친구들의 성향에 따라 시간을 보내는 방법이 다르기 때문이다.

누구든 '제일 자주 보는 얼굴'이 있게 마련이다. 할 거 하나 없고 특별히 할 말이 없어도 만나야 속이 풀리는 존재. 내겐 타타가 그런 친구다. 나의 '베스트 프렌드'. 눈부신 블론드 헤어, 청회색빛 눈, 구릿빛 피부, 감각적인 옷차림, 쾌활한 성격, 속 깊은 마음. 미모와 따뜻한 인간적 매력을 다 가진 그녀에게 반하지 않으려야 않을 수 없었다. 그루지야인인 타타는 동서양의 사고를 아우르는 능력이 그 어떤 서구인에 비해 뛰어나다(아시아와 유럽의 중간에 위치한 그루지야의 지역적 특성을 무시할 수 없다). 그녀와 막역해질 수 있었던 이유다.

생양파와 마늘을 집어먹고 해장으로 뜨거운 국물을 먹어야 제맛이라고 여기는 아리따운 그녀 타타. 난 익지 않은 양파와 마늘은 입에 대지도 못하는데 타타는 우적우적 잘도 씹어먹는다. 우린 만나면 쏟아낼 이야기가 한가득이다. 오바마 대통령, 그루지야와 한국의 최근 이슈, 입고 싶은 옷, 최근에 읽은 책, 아이들의 성장 변화, 삶의 의미, 나이 듦, 미래, 가고 싶은 나라, 중국의 역사, 한국의 영화, 그루지야의 투철한 가족 정신, 맛있는 요리, 세계의 공항, 사형 제도 등 입에 올릴 화제가 넘친다. 관심사가 비슷하고 마음이 잘 맞는 상대를 만나는 건 흔한 일이 아니다. 우리 둘 모두 패션을 필요한 만큼 사랑하고 샴페인을 미치도록 사랑하고 죽을 만큼 구두를 사랑한다. 어떤 것을 그저 좋아하는 것만으론 모자라다. 비슷한 분량으로 좋아해야 똑같이 행복하다.

타타는 아내, 엄마로서만이 아닌 아름다운 '여자'로 건강하게 잘살아야 가정이 행복하다는 지론을 가지고 있다. 타타에 대한 애정이 깊은 이유로는 여러 가지가 있지만 그중 가장 특별한 건 그녀의 이 지론에 내가 전적으로 동의한다는 사실이다.

"EJ 선전에서 나는 내 이름의 이니셜인 EJ로 통한다, 아무리 친숙한 남편이어도 아내가 여자인 걸 망각하는 사실이 보이면 그건 별로 안 좋은 거야. 결혼한 지 오래됐어도 너, 신경써야 해. 알지?"

못 말린다, 그녀의 잔소리 아닌 잔소리는. 타타를 보면 아이 둘의 엄마라고는 상상도 못한다. 엄마 아빠를 닮아 역시 참밀빛 블론드 헤어를 이어받은 니콜라와 통통한 볼살에 묻히는 파란눈이 매력적인 나탈리. 먼 훗날 아이들이 성인이 된 모습을 서로 보여주기로 약속했다.

언젠가는 중국을 떠날 날이 오겠지, 라는 생각을 하면 실감을 할 수가 없다. 이 '언젠가는'을 떠올리기만 해도 둘 다 말을 못 맺는다. 그래도 웃을 수 있는 건 죽을 때까지 서로를 놓지 않을 거라는 희망찬 다짐으로 대화를 매듭짓기 때문이다.

엄마 같지 않은 엄마, 나의 가장 절친한 친구 타타와 그녀의 사랑스러운 두 아이 니콜라와 나탈리.

애정을 갖고 중국을 품으라고 만 가지 조언을 주었던 '베스트 멘토' 욜랑드.

으뜸인 멘토, 욜랑드

'베스트 프렌드'에 대해 털어놓았으니 이제는 '베스트 멘토'에 관한 고백으로 들어가겠다. 욜랑드 파브로는 새로운 환경에 어리둥절해 있던 나를 흔들어 깨워 손을 잡아 일으켜 세운 은인이다. 27년을 해외에서 보낸 이 첫 프랑스 친구 덕분에 난 '바깥'에서 잘살기 위한 '비법'을 아낌없이 전수받았을 뿐 아니라 더불어 멋진 친구들을 알게 되었고 선전에서 '해피' 할 수 있는 방법을 내 것으로 만들어 나갈 수 있게 되었다. 중국어를 죽어도 배워야 하며 배우려면 선전대학에 가라고 강하게 등을 밀었던 것도 욜랑드였다. 실제로 난 그녀의 중국어 실력에 감탄하여 용기를 얻어 '대학으로의 출근'을 강행하게 되었다. 그녀는 내게 다른 프랑스 여인네들을 소개해주었고 난 그들을 통해 프렌치 네트워크의 일부로 스며들 수 있었다.

가슴속에 선전을 깊숙이 품게 한, 나의 잊을 수 없는 욜랑드는 3년 반에 걸친 선전에서의 생활을 뒤로 하고 작년 봄 프랑스로 돌아갔다. 그녀가 없는 선전은 빈 것처럼 느껴진다. 그녀가 떠난 후 몇 달은 더더욱 이상했다. 그리고 1년이 지났다. 남은 사람들끼리 재미있게 살 거라는 그녀의 말처럼 '남은 우리들' 2007년 여름에서 가을 사이 선전에 온 여인네들은 씩씩하게 잘살고 있다. '남은 여인들'은 중요한 자리가 마련되면 사진으로 남겨 우리가 잘사는 모습을 그녀와 늘 공유한다. 그녀의 이메일 주소가 바뀌지 않는 한 앞으로 오랫동안 선전의 기별은 프랑스 파리까지 갈 것이다. 아니 이 주소록으로는 세계 어느 곳에 있어도 서로의 안부를 주고받을 수 있다. 프랑스 남부에 꿈에 그리던 정원 딸린 집 한 채를 구입한 욜랑드는 프랑스로 놀러와 자기네 집에서 묵고 가란다. 행여 빈말이라도 고맙다. 프랑스 남부는 나의 로망이다. 언젠가는 갈 날을 만들 것이다. 꼭. 지금 그녀는 파리 샹젤리제에 일찍이 장만해놓은 아파트에서 행복한 파리지엔의 삶을 만끽하고 있다.

클로디의 집에서 있었던 송별파티 때. 부엌에서 수다 떠는 건 국적을 불문한다.

프렌치 커넥션

나의 친구들 국적 분포도를 굳이 따지자면 프랑스가 반 정도 된다. 영어보다 프랑스어가 편하다보니 그렇게 되었다. 이 대목에서 밝히고 싶은 사실은 국적 비율에서 한국이 왜 프랑스보다 못하나에 관한 것이다. 여기에서 만나는 친구들은 남편을 따라 선전에 온, 입장이 누구나 할 것 없이 똑같은 주재원 부인들에 국한된다. 그럴 수밖에 없다. 그들을 만나는 지름길은 SWIC, 셔커우 국제 부인클럽에 회원으로 가입하는 것이다. 주재원들 대부분이 국제학교가 있는 셔커우에 거주하고 있어 부인클럽의 명칭 또한 선전이 아닌 셔커우인 것. 이에 반해 한국인은 상당수가 동해화원, 화교성 등 셔커우에서 차로 30분 정도 걸리는 곳에 살아 활동 반경이 셔커우까지 미치지 않는다. SWIC에 한국인이 귀한 이유다2009년 5월 기준 2008~2009 SWIC 멤버십 디렉토리에 등록된 한국인 회원수는 327명 중 12명. 그러다 보니 사귀게 되는 친구들이 거의 외국인인 경우가 많다.

다시 프랑스 친구들 얘기를 하자면, 가만히 보면 이들도 다른 나라 부인들과 잘 섞여 수다를 떨지 못한다. 다른 나라와 사람들을 싫어해서가 아니다. 영어를 잘 못하기 때문이다. 하더라도 떠듬거리며 말하기 때문에 영어권 부인들과 대화하려고 노력은 한다지만 결국 모국어로 돌아가고 만다 선전은 베이징이 아닌 관계로 이곳의 부인들은 다문화적 생활에 익숙한 외교관 부인들과는 좀 다르다. 전기 · 정유 · 유통업 · 무역업 종사자들이 대부분으로 이곳이 첫 부임지인 경우가 많아 영어 구사자가 생각보다 적다.

이에 반해 미국이나 영국 부인들은 영어권 국가의 부인 모두와의 교류가 가능하다. 자연 그들이 더 사교적일 수밖에 없다. 영어권 그룹이 두드러지는 이유다. 프랑스 친구들과 모이면 주로 집 장식에 관한 얘기를 늘어지도록 한다. 어디서 뭘 봤고 얼마를 깎아서 샀으며 괜찮은 가게가 어디어디에 생겼으니 꼭 가보라고. 음식도 빠지지 않는 주제다. 어디서 뭘 먹었는데 신선했고 분위기가 아주 괜찮았으니 적극 추천한다고. 가정과 멋을 다잡고 있는 여자들이 프랑스의 그녀들이다.

성격, 개성, 스타일, 사고는 달라도 그녀들에겐 비슷한 특성이 하나 있다. 자신의 취향 어디엔가 톡 튀는 그 무언가를 집어넣어 일상의 틀을 깨려는 공통된 성향을 지녔다는 사실이다.

클로디와 마리

선전에 1년 있다 베이징으로 간 **클로디**는 가족 사진으로 예술적인 콜라주를 만드는 재간이 출중하다.

한국 음식을 유난히 좋아하는 **마리**는 발랄함 그 자체다.

알사탕 같은 기분을 주는 친구. 리빙숍 박사 **비르지니 B.**는 아시아의 데커레이션 잡지를 즐겨 보며 디자인을 생활에 접목시키려고 애쓴다.

화가 **마릴린**은 겉으로는 차갑고 세련되어 보이지만 속은 정으로 꽉 찬 순정파 여인이다. 그녀의 집은 흐트러짐이란 단어를 모른다.

은행 간부였던 **마갈리**는 요리 솜씨가 으뜸이며 그녀의 쫀득쫀득한 바나나 케이크는 한 자리에서 두세 조각을 먹어도 배부르지 않다 문화적 이해심이 그 누구보다 깊다.

비르지니 D.

비르지니 D.는 타타를 통해 알게 된 '가장 중국스러운 프랑스 여인'으로 우린 한 달에 한 번꼴로 금요일 저녁 짬을 내 와인을 마신다.

우리의 비르지니는 얼마 전 바라던 꿈을 이루었다. 이집트 럭셔리 투어를 주선하는 자회사 '에스닉 트래블' www.etniktravel.com을 천신만고 끝에 설립하였다. 광둥성의 상류층을 대상으로 그들의 취향에 맞추어 이집트 여행 프로그램을 짜주는 것이 취지. 그녀는 중국통으로 알아줄 만큼 중국어를 편하게 구사하며 중국에 지독한 애정을 갖고 있다. 자신은 전생에 동양인이었을 거라고 믿는 귀여운 친구다.

마갈리와 알와

QSI에서 프랑스어를 가르쳤던 **'세 번째' 비르지니**는 영어를 잘해서 다양한 나라의 사람들과 잘 어울린다. 낯선 공기를 스스럼없이 받아들이는 태도가 성숙하다.

프랑스 영화의 여주인공 혹은 샹송 가수를 연상케 하는 **상드린**은 천천히 말하고 화들짝 웃는 모습이 사랑스러운 여자다. 물건 하나를 살 때 고민을 수백 번도 더 한다. 망설이는 데는 다 그럴 만한 이유가 있는 거라고 말한다.

튀니지 출신인 **알와**는 펄펄 끓는 에너지의 보유자. 요즘은 홍콩에 침술을 배우러 다니느라 얼굴 보기가 힘들다.

가엘

비르지니 D.와 카롤린

중국인인 **가엘**은 프랑스 국적을 취득하여 프랑스인이 되었다. 중국 소설에 나오는 비련의 여주인공처럼 곱다. 늘 반반의 정서에서 살아가는 고충과 낙이 있는 듯하다. 커리어 우먼인 **카롤린**도 비르지니만큼 중국어를 술술 쏟아내는 여인이다. 아프리카 우간다인인 남편은 그녀보다 중국어를 훨씬 더 잘해 이들만큼 중국통인 프랑스 문화권 부부도 없다. 카롤린은 SWIC 뉴스레터의 인터뷰 칼럼을 활성화시킬 수 있도록 뒤에서 날 힘차게 밀어준 조력자였으며 동시에 뉴스레터를 총괄하는 에디터이기도 했다.

카롤린과 나는 '마감'을 공유하며 우정을 다졌다.

귀부인 **로리스**는 이국적인 모든 것을 온몸으로 끌어안을 만큼 세계를 누비며 사는 삶을 더없이 사랑하는 국제적인 여성이다. 그녀의 깐깐함과 소탈함에 끌린다.

홍콩으로 출근하면서부터 매우 바쁜 주부가 된 **안느 소피**는 남의 이야기를 주의 깊게 듣는다. 부드러운 지성파.

부한 긴 머리가 트레이드 마크인 **샤를로트**는 자국인들과 떼 지어 몰려다니는 타입이 아니다. 독립군적인 기질이 다분한 이 여성은 겉도는 대화 대신 핵심을 찾아 시간을 투자한다. 프랑스인은 아니지만 이들과 친한 이탈리아인인 **크리스티나**는 프랑스의 리모지에서 살다와 프랑스어를 잘한다. 이 눈 큰 아가씨는 "한 세계의 역사를 비추는 거울"이라며 중국 한자의 예술성을 높이 산다.

마지막으로 **프레실르**는 어렸을 적 온 가족이 프랑스로 이주해 프랑스 시민이 되었지만 그녀의 심장 속엔 늘 페루가 숨 쉬고 있다. 빵 한 조각이라도 기꺼이 나눠먹을 사람이다.

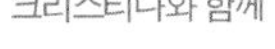
크리스티나와 함께

프레실르

안느 소피

선전에서 1년을 살다 베이징으로 간 클로디가 소리 소문 없이 선전 친구들을 보러 와 번개 파티를 비르지니의 집에서 가졌다. 번개 미팅이었음에도 올 사람은 다 모였다. 참석률 100퍼센트!

해상세계에서 점심 식사를 마치고 나서. 클로디(왼쪽)와 마릴린(오른쪽).

프렌치 커넥션이 구구절절하다보니 얘기가 길어졌다. 줄이려고 했지만 도통 줄여지지가 않는다. 왜? '사람'에 대해서, 그것도, 내 마음에 온기를 심어준 이들을 대충 아울러서 쓸 수가 없기 때문이다. 보편적이되 보편적이지 않은 그녀들로부터 난 실리를 배제하지 않은 감각으로 삶을 장식하는 법을 배우고 있다.

한국의 여인들

나의 삶은 커넥션 여러 개가 받쳐주고 있다. '베스트 프렌드', '베스트 멘토', '프렌치 커넥션' 그리고 '코리안 커넥션'이 뒤를 잇는다. SWIC을 통해 친구들은 다국적으로 사귈 수 있었으나 오히려 우리나라 사람들과의 만남은 쉽사리 이루어지지 않았다.

현희(가운데), 수정씨(맨 오른쪽)

현희는 맨 처음으로 친해진 한국인으로 가무잡잡한 피부에
긴 머리가 이국적인 미녀 주부다. 우리 둘은 서로가 한국인이
아닌 줄 알았다. 스타벅스에서, 첫 대면을 가진 이후 선전대학을
매일같이 함께 등교하게 되었다. 듀오는 수정 씨가 추가되면서 트리오가 되었다.

수정 씨는 SWIC 신규 회원 환영 행사 때 짧게 인사를 나눴던 여인이다. 현희,
나, 수정 씨, 우리 셋은 열정적으로 선전대학을 다니며 중국어에 빠졌다.
반은 달랐으나 중국어를 가슴속에 새겨두려는 마음은 같았다.
한 학기가 그렇게 지났다. 돌이켜보면 이 두 동지들 덕분에
'일찌감치 집을 나서는 싫은 감정'이 사그라질 수 있었다.
차비를 늘 셋으로 나눴기에 하나가 빠지면 소임을 다 못한다는 미안함에 앞서
서로서로가 기다리는 포뮬라를 깰 수는 없었다. 오자마자 정신없이 익힌
중국어를 떠올리면 난 늘 이들 생각이 난다. 수정 씨는 작년에 선전을 떠났다.
잠시 머물다 가는 무수한 이들처럼. 함께할 시간을 끝내 못 찾아
밥 한 끼 제대로 못 먹은 아쉬움이 아직까지 남았다.
결국 셋 가운데 중국어를 가장 오래도록 붙든 모범생은 현희였다.
한없이 여릴 것 같으면서도 강단이 있는 현희.
그녀의 깊은 배려는 수심 5미터 수영장 같다. 순수한 호기심으로 세상을 바라보는
그녀의 그런 우직함이 좋다.
2008~09 SWIC 멤버 재가입 등록이 있던 날 볼리비아 친구인 루시가 한국인이라고

소개시켜주어 알게 된 **동현과 지선**, 그들을 통해 만나게 된 **경연**,
하와이에서 살다 온 **연선**.

동현과 연선

SWIC에 불어온 새로운 한국 바람의 감촉이,
살갗을 기분 좋게 건드렸다. 일주일에 한 번,
바쁘면 2주에 한 번, 정말 바쁘면 3주에 한 번,
적어도 한 달에 한 번은 공주 네 명의 어여쁜 조잘거림이 실린
한국 바람을 맞아야 살맛이 난다. 감수성이 풍부한 동현은 계곡 사이에
흐르는 투명한 시냇물 밑으로 보이는 반들반들한 조약돌 같다.

한동안 얼굴을 못 보면 전화와 이메일로 잊지 않고 안부를 챙기는 살뜰함이 지극하다. 소리 없는 감동을 내보이는 지선의 도회적인 실루엣은 동그라미로 꽉 차 있다. 남들이 생각하지 않는 세심함은 그녀를 오래도록 애틋하게 기억하게 한다. 똑 소리 나는 경연이 보여주는 사실적인 솔직함은 그녀를 사랑받는 여인으로 만든다. 꾸밈없는 뭉툭한 말들이 예쁘장한 미모에서 툭툭 나오는 놀라운 조화를 창출한다.
베티붑을 닮은 연선은 머리부터 발끝까지 귀여움으로 도배한 파워 걸이다.
커다란 생각 주머니를 가진 야무진 귀여움으로 무장한 똘똘이.
넷 모두 생각이 하나같이 예쁘고 무겁지 않으며 진지하다.
살림과 요리 솜씨가 한가닥 하는 동생들 덕택에 SWIC 레이디스 사이에 한동안 우리 다섯이 합심해 선보였던 '코리안 쿠킹 클래스'가 회자되었다. 그녀들은 알까?

경연, 나, 지선

그들의 살림 노하우에 내가 얼마나 감탄하고 있는지.
난, 삶의 지혜와 함께하는 한국식 억척스러움을
나의 '모던 레이디스' 들을 통해 충전받고 있다.

코리안 커넥션의 선상에는 코끝에서 보석이 빛나는 척척박사 **혜령**도 있다.

경연, 혜령, 나, 동현, 지선

그녀는 모르는 게 없다. 잡지를 책처럼 보는 이 여인의
박식함이란 김밥에서부터 므렝그(프랑스식 디저트)

까지 문화의 간극을 폴짝폴짝 넘나드는 열정에 있다.

자주 보지는 못해도 늘 고마운 영기 친구 **동훈과 범수 어머니** 학부형으로 만났기에 셋 사이에 이름 석 자는 별 효력을 발휘하지 못한다 도 선전 인생의 소금이 되어주는 분들이다. 두 달에 한 번 점심을 같이 하며 아이들 자라는 얘기로 마음을 나눈다.

동훈과 범수 어머니

준영 엄마

호박죽을 맛나게 쑤는 **준영 엄마**,

또박또박 말 한마디 한마디를 맛있게 쏟아내는 **분욱 씨**,

나긋나긋한 말투와 생각의 테두리가 넓은 **원주 씨**,

시간의 가치를 소중히 다루는 **은주 씨**…

오래도록 회자되었던 우리들의 '코리안 쿠킹 클래스.'

명쾌한 소리를 내는 대한민국 여성들이 함께하기에 선전에서의 내 삶도 의미가 있다. 내 안에 아무리 많은 세계가 뒤섞여도 내게는 대한민국이 0순위다.

일본이 다가오다

나의 머릿속에 담긴 일본 외에는, 일본에 대해 난 관심이 없었다. 일본과 거리가 멀다고 생각했다. 친구라는 마법의 지팡이는 일본을 향해 취했던 서늘한 자세에 혈기가 돌도록 만들었다. **링무**와 **미호**를 알게 된 건 선전대학 중국어 초급반 급우가 되면서였다. 본격적인 저패니스 커넥션의 시작이었다. 나의 저패니스 커넥션에는 또 한 명이 낀다. 같은 초급반이었던 **은주**까지 우린 넷을 이뤄 한 달에 한 번 점심 회동을 갖는다. 중국식, 일본식, 한국식, 태국식, 스페인식 등 특출나게 맛난 거라면 대중없다. 웃긴 건 우리 넷이 모여 수다를 떨면 주변의 중국 사람들의 시선이 흥미롭게 변하며 우리를 향한다.

"니먼 스 날리 드?" 너희 어디 사람이니?

힘 들여가며 성조도 맞지 않게 중국말로 대화를 계속 이어가니 진짜 중국인들이 볼 땐 기이한 풍경인 모양이다. 딴 방법이 없다. 우리 넷 사이 교감 가능한 언어는 중국어뿐이다.

은주는 내가 라이카 카메라를 사는 데 처음으로 영감을 준 '중요 인물'이다. 그녀는 조용하지만 감각이 뾰족하다. 몸은 바람에 부서질 것 같은데 정신은 우뚝 서 있다. 링무는 60년대 초에 태어나 그보다 훨씬 뒤에 세상의 빛을 본 미호보다 사고방식이 전통적이라 내심이 깊다. 목소리 자체가 애교로 넘치는 미호는 현대적인 일본 여성이다. 언니뻘인 미호의 조언을 주의 깊게 따른다. 운이 정말 좋다, 난. 편견으로부터 자유로울 수 있는 친구들과 닿아서.

일본인 둘과 한국인 둘이 만나면 두 나라에 관한 진지한 토크로 서너 시간을 보낸다. 한국과 일본에 대해 끄집어낼 얘기들이 무궁무진함

미호, 은주와 함께

에 홍분을 맛본다. 음식이 천천히 입으로 들어가는 걸 보면 알 수 있다. 말랑말랑한 드라마부터 육중한 역사까지 각자의 생각을 서로에게 조심스럽게 알리는 사이 넷을 묶은 끈은 묘하게도 더 조여진다. 민감한 사안도 살짝 씹는다. 한국인으로 일본인으로 살면서 느끼는 중국이 비슷하면서 다르다. 질문과 대답이 쉼 없이 오가는, 침묵이란 일체 자리할 수 없는 점심 식사를 향유한다. 벅차다. 지난 달 우리만의 한일 문화정서교류위원회는 광양불고기 집에서 가졌다. 이번 달은 아직 미정이다.

미호, 링무와 함께

그리고 내 삶의 VIP들

친구들 얘기를 하자면 끝이 없다. 하이 톤의 '하이' 로 반갑게 인사를 건네며 조나단영기의 영어 이름의 안부를 잊지 않고 묻는 리즈, 뜨개질 근처에도 가지 않았던 내게 수개월에 걸쳐 가방을 뜨도록 이끈 크리스, 한마디 '하이' 로는 마주침이 턱없이 부족한 벌린, 일생을 온 세계를 누비며 살아왔던 지난 인생담을 내게 얘기해주는 샌디, 핸드폰 메시지에 "아이 미스 유"를 남겨 가슴을 뭉클하게 하는 세 아이 엄마 클라우디아, 헬스클럽에서 우연찮게 만나 여러모로 덕을 보게 해준 SWIC 멤버십 담당 지니, 한국 음식에 대한 사랑이 넘쳐 코리안 레이디스들로 하여금 SWIC 코리안 쿠킹 클래스를 주최하도록 주도한 레베카맨 처음 SWIC에 가입했을 당시 어리벙벙해 하던 내게 많은 관심을 갖고 적응하는 데 도움을 주었다, 웃음이 얼굴에서 떠날 줄 모르는 루시, 선전의 미술관과 아트 갤러리로 나를 데려다 준 마시코, 한국을 처음 다녀온 이후 서울의 아름다움에 취해 돌아온 마들린, 시크한 파리지엔의 자태로 모두의 시선을 잡아 끄는 카사블랑카의 미셸, 요가에서 항시 마주치는 안자, 한국 음식 사랑이 누구보다 깊은 아키코, 여기 와서 말 한마디 통하지 않았던 시절 물심양면 도움을 주었던 남편의 전 비서 레이첼과 그녀의 후임자였던 스노우, 중국 문화에 대한 의문이나 의구심이 생기면 즉각적인 메일로 답해주는 플로라, 해상세계 중국 고가구 숍의 여사장 주디, 특출한 안목을 갖춘 액자 숍 주인 신디, 한결같은 안부 전화로 우정을 확인하는 도린, 항상 어디론가 정신없이 바삐 달리는 씩씩한 메리베스, 상냥함과 겸손함이 아름다운 SWIC 전 회장 린다, 집에 무슨 일이 생길 때마다 나의 V자 이맛살을 펴주는 셜리다이안 앤 앤젤의 여사장, 세계화된 중국의 신세대 관슈엔, 아파트 단지 내외에서 오다가다 만나면 함박웃음을 짓곤 하는 레이코, 다양한 문화 체험을 온몸으로 즐기는 조, 웰빙 바캉스를 추구하는 잉거, 한국인 친구를 도와줄 준비가 돼 있는 성준 씨의 직장 동료인 샘과 그의 아내 샌디, 요가 강습소의 니콜과 다이앤 그리고 레베카, 그만둔 섀론까지. 약속 시간을 어기는 적이 없으며 상대방의 생각을 읽어내 입을 불필요하게 열지 않게 하는 배려심이 우물 깊이에 이르는 운전기사 칼. 빠진 이름들이 분명 있을 것이다. 활자화되지 않았다고 섭섭해하지 말라는 부탁을 하고 싶다. 이 마음 안에 있으니까. 그들의 의식 속에 내가, 우리 식구가 들어 있다는 현실이 때로는 거짓말 같다. 1초의 '하이', 3분의 전화통화, 5분의 길거리 수다, 30분의 커피 브레이크, 1시간 반의 점심식사… 이들은 내게 더없이 소중한 일상을 선물하는 내 삶의 VIP들이다.

MAPLE LEAF

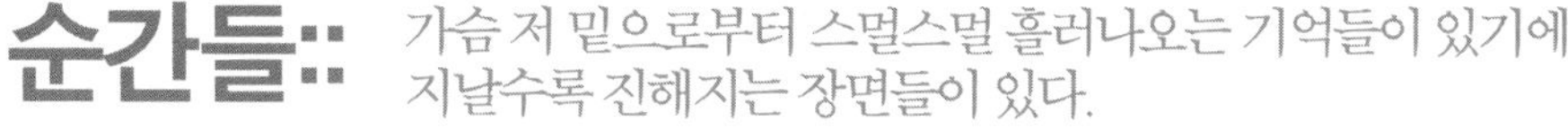

순간들:: 가슴 저 밑으로부터 스멀스멀 흘러나오는 기억들이 있기에 지날수록 진해지는 장면들이 있다.

1

2

3

1. 행복한 이중주 카롤린의 남편 알베르의 사랑은 지극하다. 르완다 외교관의 아들인 알베르는 중국어에까지 능통한 엘리트. 카롤린의 영어는 수준급이며 그녀 역시 중국어를 자연스럽게 구사한다. 서로를 끔찍이 챙기는 그들을 보고 있으면 싱긋 웃게 된다. 곧 2세가 태어날 예정이다. **2. 크로스오버** 마릴린의 예술 세계를 한국인 급우들에게 알리고 싶어 그녀의 그림 전시회에 함께 갔다. 점심 식사를 같이 한 다음 그녀로부터 직접 작품에 대한 설명을 듣는 시간을 가졌다. 한쪽은 한국인 친구들을 데려와 고마워했고 다른 한쪽은 프렌치 터치를 느낄 수 있어서 충만했던 평일 오후. **3. 한국 음식에 입문하다** 타타에게 한국 불고기의 맛을 제대로 보여주기 위해 '서라벌'을 찾았다. 파릇파릇한 상추 속에 간이 듬뿍 밴 야들야들한 고기 한 점에 사각거리는 마늘을 곁들여 입 안으로 쏙 집어넣어 먹는 우리 식의 맛을, 그녀는 잊을 수 없다고 했다. **4. 또 한 명이 가다** 욜랑드에 이어 이번엔 캐롤라인이 영국으로 돌아가게 되었다. 언제 봐도 다정하게 말을 걸어오던 캐롤라인은 작은 질문 하나에도 세심히 신경 써주는 SWIC의 어르신이었다. 만나면 헤어지는 삶의 연속. 머물다 떠나는 노마드의 삶에 나도 익숙해져야 할 텐데 걱정이다.

우리는 하루를 보내고 또 다른 하루를 기꺼이 품는다.
듬직한 우정을 짜나가는 여정 속에 아로새겨진 나의 행복 무늬.

1. 코리안 쿠킹 클래스 한국 음식을 무척 좋아하는 홍콩인 레베카는 SWIC에서 처음 만났을 때부터 줄곧 한국 음식 시범을 보이면 어떠냐는 제안을 했었다. 보여주려면 제대로 선보이고 싶어 우리는 때를 기다리고 있었다. 다다익선. SWIC 가입 한국 여인들이 많아질수록 국위선양은 한결 쉬워진다. **2. 간절했던 커피를 찾다** SWIC에 가입했을 초기 친한 사이가 된 안드레아와 드래곤 스토어(라이프스타일 관련 아이템을 판매하는 쇼핑센터)를 갔을 때 우린 커피에 허기져 있었다. 그렇게 애타게 커피를 찾아 헤매던 중 좁다란 골목 어딘가에서 우연찮게 발견한 작은 가게는 기대 이상의 커피를 제공했다. **3. 셔커우의 '세계' 를 만나려면** 처음 참석했을 때와는 달리 심적 부담이 없었던 2008년 SWIC 회원 가입 행사. 작년에는 총 243명 중 한국 사람이 여섯 명이었던 데 비해 이번에는 총 327명 중 한국 사람이 12명으로 증가됐다. SWIC 가입 회원 국적 수는 대략 45개. **4. 프랑스에서처럼** 선전에서도 프랑스식 파떼(어묵처럼 다진 고기로 빵과 함께 먹는다)를 먹을 수 있다. 욜랑드의 송별 파티 테이블 위에는 카사블랑카(인물 인터뷰 참조)의 미셸 사장이 손수 만든 프랑스식 오르되브르가 반짝반짝 그 풍채를 드러내고 있었다. 중국에서 누린 '바베트의 만찬'.

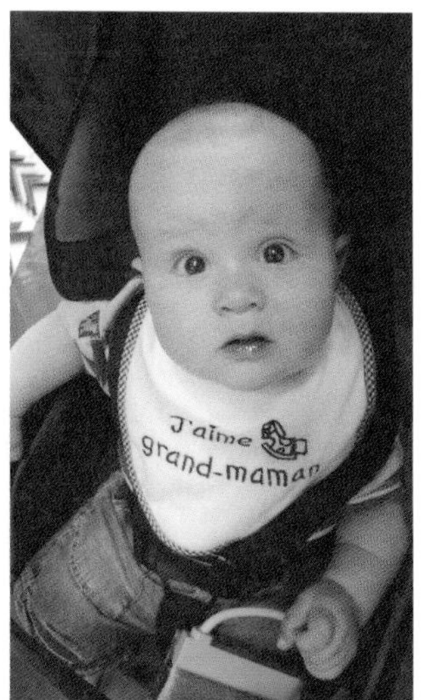

1. 홈 메이드 만두 중국인의 집에서 중국인이 직접 손으로 빚은 만두를 먹어보니 그 맛이 담백하고 풍부했다. 야채를 넉넉히 넣고 마늘을 조금만 넣은 만두소는 소화하기도 편했다. 중국인들은 만두 빚는 일을 대수롭지 않게 여기는 것 같다. 눈 깜짝할 사이 쟁반 하나가 후딱 채워진다. **2. 노아** 떡두꺼비 같은 프레실르의 둘째 아들 노아는 홍콩에서 태어났다. 세상에 나와 동양인들만 보다 보니 서양인들을 별로 좋아하지 않는다고 하니 환경이 대단하긴 하다. 그녀는 훗날 왠지 아시아인 며느리를 두게 될 것 같다고 입버릇처럼 말한다. 이 녀석, 궁금하다. 크면 무슨 일을 하며 살지. **3. 황송했던 어느 아침나절** F518(선전을 터전으로 삼고 활동하는 컨템포러리 아티스트들의 작업실이 집결한 특별 지대)에 갔다 알게 된 그곳의 이벤트 프로모션 담당자들. 이들은 친절한 안내자 역할을 아침 나절 내내 해주었는데 선전이기에 아직까지 누릴 수 있는 사치가 아닌가 싶다. **4. 외출** 집의 공기를 잠시 잊고 쿠스쿠스(모로코인의 주식으로 밀을 갈아 쪄낸 후 말린 모양이 좁쌀과 같으며 고기나 야채 스튜 등을 곁들여 먹는다)와 벨리 댄스의 율동적인 리듬에 우정을 실었던 여름 밤 금요일, 아줌마들은 실컷 웃었다.

1

2

4

1. 마드모아젤 샤넬 베이징으로 떠난 클로디가 선전을 잠깐 방문했을 때 선물로 남기고 간 캔버스백. 중국이 아니었다면 우리의 만남도 없었을 거라며 이런 '위트'를 준비하게 되었다고. 티셔츠는 로리스의 선물. 오리지널이 아니라도 이들의 초이스에는 경쾌한 그 무엇이 실려 있다. **2. 열정 한 숟가락을 사다** 한 SWIC 회원이 중국을 떠나게 되었다고 두고두고 모아놨던 귀한 장신구들을 SWIC 레이디스들에게 공개하는 '창고 개방' 행사를 마련했다. 내놓은 것 말고도 몇 트렁크분 더 될 것 같은 열정. 그 열정을 사면 내게도 전이가 되려나. 그곳에서 난 미얀마산 옥 팔찌를 하나 구입했다. **3. 선물은 마음** 작년 가을 일본 여행을 앞둔 우리를 위해 미호가 책 한 권을 일본에서 사왔다. 만화 식으로 편집된 일러스트 회화 책은 영기도 흥미를 갖고 들여다볼 정도로 구성이 아기자기하고 재미있었다. 링무는 도쿄에서 교토로 떠나는 신칸센의 시간표를 프린트하여 참고하라며 갖다주었다. **4. 작은 새장이 주는 감동** 뭘 보고 마음에 들어 한 모습을 기억하고 그 물건을 선물로 안겨주면 그 기쁨은 기쁨 그 이상이다. 로리스가 그랬다. 집 창가에 우두커니 서 있던 조그만 새장 안에 들여다 놓은 초가 상당히 귀여웠다. 안에다 뭘 들여놓을지 아직 고민 중이다.

중국에서 보내는 편지 셋

2008년 3월 25일

다시 지면을 두드립니다. 지금 전 감기에 푹 빠졌습니다. 선전에 발을 들여놓은 이후 처음으로 몸을 관통한 감기다운 감기에 걸렸지요. 매일 아침 6시 30분에 일어나는 것이 아마도 힘들었던가봐요. 수업하고 집에 오면 3시간 정도는 숙제와 복습으로 시간을 보내고, 영기 학교에서 돌아오면 그때부터 숙제에 신경 쓰고, 저녁 먹고… 선전이 절 공부하게 만드네요. 공부하는 게 재미있어요. 5분 전만 해도 내 것이 아니었던 것이 내 것이 되어가는 걸 보면 참 신기해요.

그래서 공부들을 하나 봅니다.

선전으로 인해 변한 것들이요?

1. 전신 경락을 더 이상 안 한다는 것.
2. 매니큐어나 페디큐어를 (자주 할 수 있음에도) 신기하게도, 잘 안 하게 된다는 것.
3. 뜨거운 목욕물 속에 들어앉아 있는 것보다 간편한 샤워를 더 선호하게 되었다는 것.
4. 요리에 관심을 갖게 되면서 새로운 요리 시도를 하게 되었다는 것.
5. 핸드폰을 자주 쳐다보지 않는다는 것. (문자 오는 게 한국만큼 없으니까).
6. 틈만 나면 지도와 여행책자를 산다는 것.
7. 한자를 좋아하게 되었다는 것.

8. 사진을 너무도 많이 찍는다는 것.

9. 더 열린 태도를 갖는다는 것. 타인에게 더 빨리, 즉각적으로 다가간다는 것.

10. 하루하루 그날의 지출을 꼬박 기록한다는 것.

11. 영자 신문을 읽는다는 것.

12. 절约의 공주가 되어간다는 것.

13. 패션과 멀어지고 있다는 것. 대신 리빙이 자리를 대신해 주고 있음.

14. 화분을 사는 습관이 생겼다는 것.

15. 버스 타는 게 재미 그 자체로 바뀌었다는 것.

(중략)

오늘은 이만. 낼 6시 30분에 또 일어나야 하는 관계로. 이번 주는 일요일까지 꽉 차게 수업이 있음. 휴… 뒤늦은 공부가 피곤함과 행복감을 동시에 가져다 줌.

모두들 몸 건강히 바이.

re in a

g up.
ıd in China" (Stuart and Barbara Strother)
r's history of China" (Stephen Haw) opened

ına: Having a complete tour with a lady, who
into a daily life.
not easy to find out the right one. Second,

ı. Stuffed puff pastry with jumbo crab, onion,

By Eunjeung Kim

마침내 ○ ○ ○ ● 젖어들다

중국인이 생각하는 한국

만나는 사람마다 물어보았다.
"한국 또는 한국 사람에 대해 궁금한 것이 있냐"고.
그들의 첫 마디는 한결같이 한국의 드라마로 시작되었다.
한국의 연속극 예찬은 끊이지 않았다. 피곤할 정도로.
한국의 드라마 DVD는 길거리 곳곳에서 판매되고 있다.
남녀노소 직업을 불문하고 한국의 드라마는 중국인들의
일상 깊숙이 파고들어 한국인이라는 소리만 들으면
주인공 배우에 대한 질문으로 말문을 튼다.
그러나 사실인즉 중국인들은 한국에 대해 잘 모른다.
우리도 그들을 어느 선까지 안다고 믿고는 있으나
사실은 그렇지가 않다.
중국인들은 우리에 대해 무엇을 알고 싶어 할까.
한 명, 두 명, 세 명, 네 명… 출발은 수줍었다.
그들과 나 사이에는, 소통의 벽이 가로막고 있었다.
대단한 커뮤니케이션을 주고받는 거사도 아닌데
원활하지 못한 소통에서 오는 부자연스러움은
호기심의 정체만 알게 해주었을 뿐
질문에 대한 답은 시원하게 해주지 못했으니 말이다.

그래도 불행 중 다행인 건 어설픈 중국어로 구사한
'한국 또는 한국인을 향한 질문' 한마디가 주변 사람들과의
거리를 좁혀나가는 데 혁혁한 공을 세웠다는 점이다.
친밀감이라는 다리가 놓이면서 마음의 왕래가 잦아진 것이다.
한국에 가보지 않은 사람들의 '마음 속 한국' 을 알고 싶었다.
요가 강사, 운전사, 대학생, 마사지숍 아가씨, 가정교사, 교수, 치과 의사,
마케팅 세일즈 담당, 대기업 비서, 같은 동에 사는 애기 엄마,
앤티크 가구점 주인, 조선족 아주머니, 찻집 주인, 조각가 등
근접 가능한 주변인들에게 말을 걸었다.
건너간 말은 반갑게도 살이 붙어서 되돌아왔다.
한국의 역사, 한국인의 일상, 아름다운 한국여자.
한국은 이 세 가지 코드로 압축되고 있었다. 또한 한국인은 정열적이고
세련됐고 친절하다고 했다. 중국을 향한 우리의 마음보다 한국을 향한
그들의 애정이 더 크게 감지되는 순간들이었다. 물론 이들의 진심 어린
목소리가 중국인의 생각을 대변한다고 볼 수는 없다. 난 이들의
이름조차 다 모른다. 중국의 이름들이 아직까지 기억에 착착
감기질 않는다. 개인적으로 잘 아는 사람들과는 거리낄 것이 없지만
이제 갓 만났거나 잠깐 스치는 사람들은 이방인이 뭔가를 메모하는
태도를 보이면 경계심 비슷한 조심스러움을 내보이니 질문자의
마음도 그리 편하지만은 않다. 솔직한 대답은 별다른 의미를 부여하지
않고 물어볼 때 나온다. 그래도 행복할 수 있다고 주제넘게 말할 수
있는 건, 새롭게 짜여가는 삶의 테두리 안으로 들어온 '등장 인물들' 이
한국에 관해서라면 유쾌한 진지함을 보인다는 사실이다.
중국으로의 출발 또는 중국인과의 만남을 앞두었다면 다음에 이어지는
질문들을 발판 삼아 대화를 발전시켜나가면 어떨까 싶다.
여행 경험이 풍부한 사람들의 호기심 못지않게 흥미로우니 말이다.

Q1 "서울의 수도를 왜 한청(漢城 한성)에서 쇼우얼(서울)로 바꿨나?"

놀랍게도 아직까지 대다수의 중국인들은 '쇼우얼' 서울이라고 하면 잘 모른다. 한청한성이 친근했는데 왜 쇼우얼로 바꿨는지 그들은 고개를 갸우뚱거린다. 우리에게 한청은 서울의 옛 명칭이며 현재 대한민국 수도의 법적 지명은 엄연히 서울이라고 말해도 낯설다고 한다. 전통적인 한청이 자연스럽다고 하면서 쇼우얼은 입에 잘 붙지 않는 이름이라고 한다. 혹자는 (서울 지명의 유래가 어떠하든) 한청이 쇼우얼로 바뀐 주된 이유가 한성의 '한漢'이 중국 한족의 '漢'과 동일해서 변경되었다고 믿고 있다. 한국의 '한韓'에 자긍심을 갖는 한국인들은 중국 인구의 90퍼센트 이상을 차지하는 한족漢族과 같은 '한'을 사용하길 원하지 않았다고 생각한다. 중국에 '귀속' 돼 있던 조선이 중국으로부터 벗어나려는 움직임의 일환으로 수도명을 바꿨다고 여긴다는 점에 귀추가 주목된다.

Q2 "한국인들이 제일 선호하는 음식은?"
"한국의 음식에 대한 모든 것. 김치와 된장찌개 등 한국의 음식은 정말 맛있다."
"한국인들이 매운 맛을 특히 좋아하는 이유가 있는가?"

중국처럼 먹는 것을 좋아하는 나라도 드물지 않을까 싶다. 한국 요리에 관한 중국인들의 관심과 사랑은 뜨겁다. 중국 친구들과 약속할 때 한국 식당에 가자고 하면 얼굴이 환해진다. 한국에서 왔다 하면, 끊임 없이 대장금을 거론하며 한국의 맛에 대한 예찬을 쏟아내기 바쁘다. 가장 좋아하는 것은 불고기와 갈비, 그리고 각종 탕류(찌개를 의미, 찌개는 일본인 친구들도 좋아한다). 하지만 쓰촨이나 후난 지방 출신이 아니면 매운맛을 잘 소화하지 못한다(한국 사람 중에도 매운 것을 잘 못 먹는 이도 있다고 했더니 어찌나 깜짝 놀라는지). 중국인들의 한국 음식 사랑은 어쩌면 한국 음식은 중국 음식보다 가볍고 일본 음식보다 무거운 절묘한 매력을 갖고 있어서 그런 건지도 모르겠다.

Q3 "왜 남한과 북한이 다른가?"

남북한의 실정에 대해 아는 이들은 알겠지만 '보통' 사람들에겐 (안 되는 중국어로) 한참 설명해야 한다(이는 교육 수준과 관계 있다). 남한 혹은 북한 어디서 왔냐고 물어올 때 "당연히 남한이지"라고 대답하면 이 '당연하다'는 정당성에 의아스러워 한다. 우리가 북한을 자유롭게 못 가듯 북한 사람들 역시 남한 방문이 허용 불가라고 하면 "정말?"이라는 짧은 한마디로 놀라움을 감추지 못한다. 정치적 이념과 체제의 문제가 그토록 심한 갈림 현상을 초래했다는 사실에 언뜻 수긍이 가지 않는 모양이다.

공산주의를 인지하는 관념의 차이 때문이다. 대화는 이렇게 끝을 맺는다. 중국인은 (원한다면) 남북한 두 곳을 다 갈 수 있다며 허허 웃어버리고 만다. 중국은 사회주의와 자본주의, 둘 다와 친하다고. 자본주의적 잔재의 대청소가 이루어진 문화혁명을 떠올린다. 과거의 비현실이 오늘날 현실이 되었다. 북한과 손잡고 미국에 맞섰던 그들이 아니었던가. 하지만 실용 노선을 택한 오늘날의 중국은 마오쩌둥의 사상에 투신하는 이상주의자들을 더 이상 배출하지 않는다. 남북한 얘기가 나오는 대목에서 얻은 교훈이 있다면, '공산주의' 라는 단어에 반기 섞인 감정을 이입하여 말하지 말아야 한다는 점이다. 단 하나의 정당 공산당이 지배하는 곳에 살고 있다는 사실을 한 순간도 잊어서는 안 된다는 것이다.

Q4 "여자들의 피부 관리 노하우를 전수 받고 싶다." "한국의 중년 여성들을 실제로 보면 나이보다 어려 보인다. 건강과 피부 관리가 그만큼 각별해서 그런 건가?"

중국의 여자들이 하나같이 빼놓지 않고 입에 침이 마르도록 꺼내는 화두는 한국 여자들의 맑고 깨끗한 피부. '왜' 라고 묻는 데에 지칠 정도다. 한국 여자들은 미운 사람이 하나도 없다고 말한다. 이에 '하나도' 없는 것은 아니라고 부정 비슷한 발언을 하면 고개를 절레절레 흔들며 "얼굴에 뭐가 난 사람을 통 못 봤기 때문에 동의할 수 없다" 고 대답한다. 그러면서 "한국 남자들은 좋겠다" 고 덧붙인다. 그들은 과연 그런 복 받은 사실을 알고나 있을까?

Q5 "한국 여자들의 패션 감각을 배우고 싶다. 너무 세련되게 잘 꾸민다." "한국 드라마에서 보여지는 모든 것이 감각적이다."

한국에서 수입한 옷은 매우 비싸게 팔린다. 참으로 이상한 건 한국에서 별 볼일 없어 보이던 것이 여기서는 썩 괜찮아 보인다는 사실이다. 그도 그럴 것이 대부분의 남쪽 지방 여자들은 키가 작고 말라서 옷 입는 감각이 특출나지 않는 한 세련된 스타일을 찾아보기 힘들다. 이곳 여성들이 가장 즐겨 입는 아이템은 깜찍한 느낌의 원피스와 (멋지게 보이게 하기 위해 일부러 구김 간 느낌으로 가공한) 청바지다. 구두나 가방 등의 액세서리는 '전혀 심플하지' 않은 것이 사랑받고 있다. 촌스럽긴 하나 귀여운 구석이 있다. 사정이 이러하니 한국의 드라마에 나온 여배우들의 '면밀히 계산된' 패션이 남다르게 비칠 수밖에 없는 것이 현실이다. 할리우드 여배우의 실루엣에서 빛나는 육감적인 섹시미보다 한국 톱스타의 도회적인 여성스러움에서 이들은 패션에 대한 해답을 찾고 있다.

Q6 "한국인들의 깊은 나라 사랑은 한국산 제품 사랑으로 이어져 한국의 기업들이 더욱 더 발전하는 밑거름이 되었다. 또한 국가가 난국에 처했을 때 국민들 스스로 사재를 털어 애국심을 발휘하는 국민성에 감탄했다. 단결에 강한 한국인들을 보며 그들의 가치관과 전통 문화에 대해 더 많은 호기심이 생겼다."

무엇이든 관심이 싹트면 그 변천 과정을 알고 싶은 것이 사람의 마음이다. 한국의 발전상은 중국인들로 하여금 그들 또한 한국처럼 성장할 수 있다는 희망을 주고 있다. 위기 시 '하나 되는' 저력에 감탄하는 이들을 심심찮게 만날 수 있었다. 이들은 1997년 IMF 위기가 닥쳤을 때 나라를 위해 애지중지하던 금을 국고에 바친 한국인들로부터 큰 자극을 받았다. 이들은 한결같이 지금의 중국인들에게서는 기대할 수 없는 행동이라고 입을 모았다. 더 나은 미래라는 명목으로 과연 중국인들은 품속에 고이 끼고 있던 금조각을 (자발적으로) 정부에 기증할 수 있을지 미지수라고 덧붙였다. 세계적인 핸드폰을 생산하고 박지성 같은 축구 천재를 배출하고 중국 대륙의 심금을 울리는 드라마를 만들어내는 한국, 한국인들이 걸어온 길에 모아지는 이목. 하나 되는 모습이 정치에서도 보여지면 기가 막힐 것 같지 않은가?

Q7 "오늘날의 중국에 대한 한국인들의 생각은 어떤가? 중국 사람, 중국 문화, 중국 역사, 중국의 발전 등 현재의 중국을 향한 한국인들의 솔직한 고백이 듣고 싶다."
"중국에 전혀 가본 적이 없는 한국 사람들이 머리에 그리는 중국은?"
"중국에 대한 정보는 어떤 루트를 통해 가장 많이 접하는가?"
"2002년 한국의 어느 백화점에서 '중국인 사절'이라는 팻말이 붙었다고 들었는데 과연 사실인가, 믿기지 않는다."
"선진국의 반열에 오른 한국은 (한국보다) 못 사는 나라에 대해 어떤 견해를 갖고 있는지 궁금하다."

한국인들에게는 중국을 과거 속에 가둔 채 바라보고 평가하는 경향이 있다. 올림픽이 한창 열리고 있을 무렵 한국의 어느 방송국에서 중국 스페셜 다큐멘터리를 방영한 적이 있다. 한국에 대한 중국인들의 반감을 다루는 과정에서 기자가 한국의 중국 유학생을 인터뷰하는 장면이 나왔다. 중국 유학생의 입에서 나온 대답은 어처구니 없었다. 중국에도 소파가 있냐는 물음을 받는다고 했다(그 옛날 스위스에서 독일인 친구가 내게 비슷한 질문을 했던 것이 기억난다. 그는 한국에도 연필이 있는지 궁금해 했다). 물론 이 정도까지는 아니지만 그러한 편향이 내게 전혀 없었다고 하면 거짓말이다. 매스컴을 통해 보도되는 오늘날의 중국은 뒷전에 두고 어렸을 적 '중공'이라는 이름 아래 입력된 단상으로써 '새로운 중국' 을 읽으려고 했던 것 같다. 이는 한국하면 6 · 25 때의 잔상만 연상하는 것과 다를 바가 없다.

중국인들은 듣기 거북한 소리를 잘 하지 않는다. 겉으로 말을 안 해서 그런 것일 뿐, 중국을 '내려보는' 한국인들이 중국을 마음 속에 어떻게 담고 있는지 그들은 꿰뚫어 보고 있다.

솔직한 내 느낌은 한국 사람들에 대해 중국 사람들이 갖는 선입견보다 중국 사람들에 대해 한국 사람들이 갖는 선입견의 폭이 더 큰 것 같다. 이 전에는 당연히 인지하지 못했던 사실이다. 중국의 품 속으로 들어오니 보인다. 잘못된 인식은 바꾸려는 노력이 필요하다. 진심은 결국 진심을 부르기 때문이다.

Q8 "한국에서는 왜 그리도 성형수술이 인기가 많을까?"

(잡지에서 읽은 바 한국에서는 딸이 18세가 되면 부모가 성인이 된 기념으로 성형수술을-선물의 의미로-시켜 준다고 하는데 진위 여부를 알고 싶다)

"많은 여자들이 성형수술을 대수롭지 않게 여기는 게 사실인가?"

"한국에 대해 각인된 또 하나의 코드는 성형 수술이다. 얼굴뿐만 아니라 몸을 성형하는 기술 또한 탁월하다. 유달리 성형술이 발달한 이유가 뭘까?"

쓰촨성의 양쉬에 갔을 때 만난 여행사의 중국인 가이드는 한국의 톱스타 누구누구가 성형을 했는지 무척 궁금해 했다. 이와 더불어 배우 김모양의 완벽한 얼굴도 현대 의술의 신세를 진 것인지 슬그머니 물어왔다. 처음에는 몇몇에 한하여 생긴 호기심이려니 했다. 그런데 이게 웬일인가. 얼굴이 반반하기만 하면 전부 메스를 댄 것으로 확신하고 있었다. 한국 여자들은 아름다워질 수만 있다면 얼굴에 손대는 것을 아무렇지 않게 생각한다고 믿고 있으니. 대한민국의 별들이 중국에서 수려한 빛을 내고 있다는 점이 자부심을 가질 만한 사실임은 분명하나 한국의 미녀는 성형과 친하다는 인식은 같은 한국인이라는 뿌듯한 동질감을 위축시켰다.

Q9 "일반인들도 한국의 드라마나 영화에 나오는 배우들처럼 말을 하는가? 그들의 말투는 사랑스럽고 다정다감하다." "보통 사람들의 일상은 어떤 모습일까?"

한국 여자들에게는 중국 여자들에게서는 볼 수 없는 애교가 철철 넘쳐흐른다는 것이다. 알아듣지는 못해도 심장을 녹이는 간들간들한 목소리, 여기에 더해지는 귀여운 몸짓과 표정만 봐도 한국 여성들의 '저력'이 느껴진다고 한다. 그러면서 일상생활에서도 여자들의 말투가 그처럼 부드러운지 알고 싶어 했다. 중국 여자들은 무뚝뚝하다는 것이다. 그래서 많은 중국 남자들이 남자를 진심으로 위할 줄 아는 '여성스러운' 한국 여자들을 선망한다는 것이다.

중국 여자들을 보면 다소 여장부 같은 기운이 느껴진다. 감상적이기보다는 현실적이다. 이들에게 한국의 드라마는 곧 현실이다. 눈에 보이는 것을 믿게 마련인 법. 여자들은 늘 아름답거나 귀엽고 남자들은 늘 미남이고 시어머니는 늘 고약하고 식탁에 올리는 반찬의 가짓수는 늘 수두룩하고 남녀 삼각관계는 없을 수가 없고 최신 감각으로 무장한 여자들의 가방은 늘 명품인 브라운관 속의 현실은 한류 열풍이 식은 지금까지 일상을 미소 짓게 하는 작은 보너스로 중국 여성들에게 낭만 한줌을 안겨 주고 있다. 한국 드라마의 장면 장면들이 '일상적'으로 비치지 않는 데에는 여러 가지 이유가 있을 수 있겠지만 가장 큰 차이는 현대적 스타일이 가미된 연출 감각이라는 생각이 든다. 장면 하나하나가 잡지 화보 한 컷을 연상시킨다는 사실을 중국 드라마를 보며 더더욱 실감하게 되었다.

Q10 "한국의 남자들은 가정적인가? 한국의 가족은 관습을 얼마만큼 따르는가?" "한국에서 여자의 위상은? 한국은 남자를 위한 나라인가?" "한국 여성들은 직장과 가정을 어떻게 조화시키는가? 양쪽을 다 만족시키기란 여자 입장에서 정말 어려운 일이다. 한국 여자와 남자의 생각은 어떻게 다른지 알고 싶다."

중국보다 더 유교적인 곳이 이 세상에 있다면 한국일 것이다. 한국의 드라마는 이곳 사람들에게 한국 사람의 냄새를 전하는 방향제가 되어 부모와 자식, 부부, 친구, 연인, 직장 상사와 부하 직원 등 삶을 지배하는 수많은 관계를 이해하도록 이끄는 역할을 하고 있다. 물론 드라마이기 때문에 등장 인물의 캐릭터를 어느 정도 포장해야 하는 부분은 얼마든지 있을 수 있다. 그러나 한국적 성향은 여지없이 강력한 실체를 드러내게 되어 있다.

실제로 중국은 남자와 여자가 평등하다. 남녀평등 사회가 도래한 배경 뒤에는 마오쩌둥의 '반비엔티엔(半邊天, 하늘의 반쪽은 여성이라는 의미)' 사상이 버티고 있기에 가능했다고 한다. 그들이 느끼기에 한국의 여자는 예뻐야 하고 살림도 잘 꾸려야 하고 (직장이 있다면) 일도 잘해야 하는 만능 슈퍼우먼이다. 그래서 한국 여자들은, 특히 맞벌이 부부인 경우, 일과 가정, 두 마리 토끼를 다잡는 것이 힘들 것 같다며 한국 남자들의 (시대에 다소 걸맞지 않은) 보수성을 거론한 적이 한두 번이 아니다. 시대의 흐름에 맞춰 한국 남자들도 과거에 비하면 비상한 도약을 내보인 건 사실이지만 세계를 향해 열린 마음을 놓고 보면 (개인적으로는) 변화를 수용하는 속도가 여자들이 조금은 더 앞서지 않나 싶다.

Q11 "한국인들은 예절이 바르기로 유명하다. 중국인들에게는 한국인들처럼 등을 굽히며 깍듯이 인사하는 습관이 없다. 중국인들에게까지 예절 바르게 인사하는 광경을 자주 봤는데 이럴 경우 사실 중국인들은 한국인들처럼 공손하게 인사하지 않는다. 이에 대해 기분이 상하지 않는가?"

한국인과 일본인들과는 달리 머리와 등을 아래로 깊이 숙여 인사하는 중국인들을 보질 못했다. 머리를 숙여 인사하는 모습은 간혹 보이긴 하나 중국인 친구의 말로는 중국인들은 몇 번을 되풀이하며 절하지는 않는다고 한다. 그저 손을 흔들어 인사하는 정도에 머물기 때문에 중국 사람들에게까지 정중히 절하는 모습에 의아함을 품은 이들이 한둘이 아니다. 그도 그럴 것이 중국인들은 조의를 표할 때 (영정에) 절을 하는 관계로 지인이나 친구들에게는 절을 하지 않는 문화라고 한다. 나이에 상관 없이 친구를 사귀는 것과 존댓말이 없는(존칭이 없다는 얘기는 아니다. 예우를 둬야 하는 상대방일 경우 적합한 표현들이 있지만 우리처럼 웃어른이나 선배 등 예의를 갖춘 의미의 존대는 아니다) 것 또한 중국 문화의 일부라고 할 수 있다. '존중'과 '평등'의 개념이 공존하고 있다. 평등은 동등함을 부여한다는 점에서 합리적이다. 절대적인 존중을 미덕으로 간주하는 우리의 눈에 중국인들의 태도가 버릇이 없어 보이는 데에는 이 동등함이 적지 않은 자리를 차지하고 있다. 나도 어쩔 수 없이 '마담 김치'인 모양이다. 지극한 공손함이 더 예뻐 보이니 말이다.

03

Loving

my life

First Theme

행동양식

습관이라는 게 무섭다.
한 번 빠지면 그 안에서 아예 터를 잡고 살기 때문에
큰일이 생기지 않는 한 습관이란 고질병은
쉽사리 고쳐지지 않는다.
다행히 내겐 인생의 행로를 바꾼 '큰일'이 일어나
새로운 습관이라는 것을 자연스럽게 맞아들일 수 있었다.
원래 새것은 시간을 타면 익숙한 것으로 변하고
익숙한 것은 그 사이 정으로 변하지 않던가.
서울과 선전. 직장 생활을 했을 때와 하지 않을 때.
혼자만의 시간이 없을 때와 있을 때.
삶을 메우는 소소한 행동 양식들이 이렇게 바뀌었다.

달라진 습관들:

컴퓨터 안에 파일로 정리 → 앨범으로 정리
추억의 순간들을 한 권의 앨범 속에 고이 간직하면 좋을 듯싶어 여행을 다녀오면 사진들을 인화해놓는다. 박물관 입장권, 탑승권, 식당 팸플릿, 동전 등 여행과 관련하여 기념이 될 만한 것들도 모아두었다가 앨범에 같이 넣는다. 일종의 콜라주 작업으로 간주하면 될 듯. 의미는 있으나 시간을 많이 잡아먹는 것이 흠이다.

정장풍 옷차림 → 반바지와 티셔츠가 주를 이루는 캐주얼 스타일
날씨가 덥고 습한 것이 선전의 기후.
따라서 우아한 맵시를 내는 원피스라든가 커리어 우먼 냄새가 팍팍 나는 울 플란넬 팬츠, 셔츠 같은 옷은 잘 입지 않게 된다.
다루기 편한 면 소재를 즐겨 입게 되면서 티셔츠와 치마, 반바지, 탱크 톱 등이 옷장의 주인공들로 등극하였다.

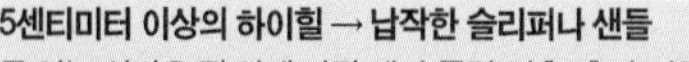

5센티미터 이상의 하이힐 → 납작한 슬리퍼나 샌들
굽 없는 신발은 집 앞에 나갈 때나 주말 외출, 휴가 여행 때가 아니면 현관 한쪽 구석을 지키고 있어야 했다. 신발도 옷차림에 따라 바뀌는 법이다. 티셔츠와 짧은 치마에는 굽 없는 신발이 어울린다. 납작한 슬리퍼를 고집하는 또 하나의 주된 이유는 많이 걷기 때문. 하나 더, 곱게 물들인 발톱이 숨을 쉬려면 뚫린 신발이 절대적이다.

곁눈질로 바라보던 중국 → 크게 뜬 두 눈으로 들여다보는 중국

서점에 가면 중국 코너를 제일 먼저 찾는다. 중국은 생활의 전부라고 해도 과언이 아닐 정도로 삶의 영감이 되었다. 중국 음식, 중국 문화, 중국 역사, 중국 여자, 중국 도시, 중국 사람, 중국 가구, 중국 예술… 중국이라고 써 있으면 눈에 불을 켜고 들여다보는 사람으로 변했으니 삶이라는 게 참 기묘하다.

아파도 대수롭지 않다 → 아프면 큰일이다

'몸 아픔' 에 대한 개념 자체가 달라진 데에는 언어가 큰 작용을 한다. 말이 통하면 병원에 가는 행위가 부담스럽지 않다. 통하지 않으면 두려움이 앞서 자세한 증상을 아주머니에게 설명하고 사다주신 약으로 버티려고 안간힘을 쓰게 된다. 결론은 아프지 않는 길이 최선이다.

최대 관심사는 패션 → 최대 관심사는 리빙

집을 꾸미는 모든 것이라면 돈을 쓸 준비가 되어 있다. 패션은 영예의 자리를 리빙에 넘겨주며 뒷전으로 물러났다. 가구, 꽃병, 그릇, 깔개, 조명 등 스위트 홈다운 모양새를 갖추기 위해 풀어나갈 숙제는 끝이 없다. 집에 있으면 신경을 써줘야 할 곳이 자꾸 신호를 보내온다. 즐겁기도 하고 괴롭기도 하다.

벌레에 질겁하다 → 벌레와 정면 승부를 하다

날아다니는 바퀴벌레, 그을린 쥐포에서 떨어져 나온 탄부스러기보다 작은 붉은색 개미, 이보다 조금 큰 흑개미, 모기, 새끼 거미 등 더운 날씨와 무성한 나무들로 여긴 벌레가 제법 많다.
집에 혼자 있을 때 벌레와 마주치면 그들을 죽이는 수밖에는 다른 방법이 없다.
그들이 나오기를 기다렸다 독기를 품고 무조건 덮친다.

저녁 메뉴, 아줌마에게 통째로 맡기다 → 저녁 메뉴, 아줌마와 함께하다

바깥에서 저녁을 먹고 오는 경우가 대부분이라 저녁 메뉴는 전적으로 아줌마의 몫이었다.
아줌마가 알아서 식사를 준비하는 것이 일반적인 모양새였다면 지금은 냉장고를 들여다보고 빨리 소진해야 할 재료로 뭘 어떻게 조리해 먹을지 궁리한다. 고기, 생선, 채소의 조화도 신경 쓴다. 우리 집(조선족) 아주머니에게 아이디어를 내면 그녀의 또 다른 아이디어가 첨가되어 홍가네만의 독특한 요리가 완성된다.

운동 '무' → 매일같이 요가

사무실과 사랑에 빠지면 운동할 틈이 없다.
사무실이 없어진 인생에선 몸을 가동시켜줘야 한다.
요가를 중국에서 처음 해보았는데
그 느낌이 썩 괜찮아 1년짜리 멤버십을 끊어놓고
매일같이 다니고 있다.
균형도 못 잡던 나무 같았던 몸이
한 발 들고 서 있는 걸 보면 기특하다.

그때그때 마련하는 선물 → 선물용 아이템을 미리 사놓는다

선물용 아이템을 사려면 시내까지 나가는 번거로움을 감수해야 한다. 그래서 차편이 될 때마다 선물용으로 쓰일 물건을 확보해놓는다.
한국에 가면 외국 친구들에게 한국을 기념할 물건을 다량으로 사놓아 때가 되면 푼다.
그리하여 중국과 한국을 추억하게 하는 '그 무엇'을 보관하는 선물 보따리라는 것이 생겼다.

카메라, 있으면 좋은 것 → 카메라, 절대적으로 소지할 것

도착한 날부터 지금껏 단 하루도 일상의 기록을 남기지 않은 적이 없다.
한국에서도 순간 포착에 충실한 편이었지만 찰나를 렌즈에 이처럼 미치도록 담을 정도는 아니었다.
새로운 곳, 새로운 삶, 새로운 일상을 기억해두지 않으면 밀려드는 후회를 감당할 자신이 없다.
언제 어디서나 '찰칵' 할 준비가 되어 있다.

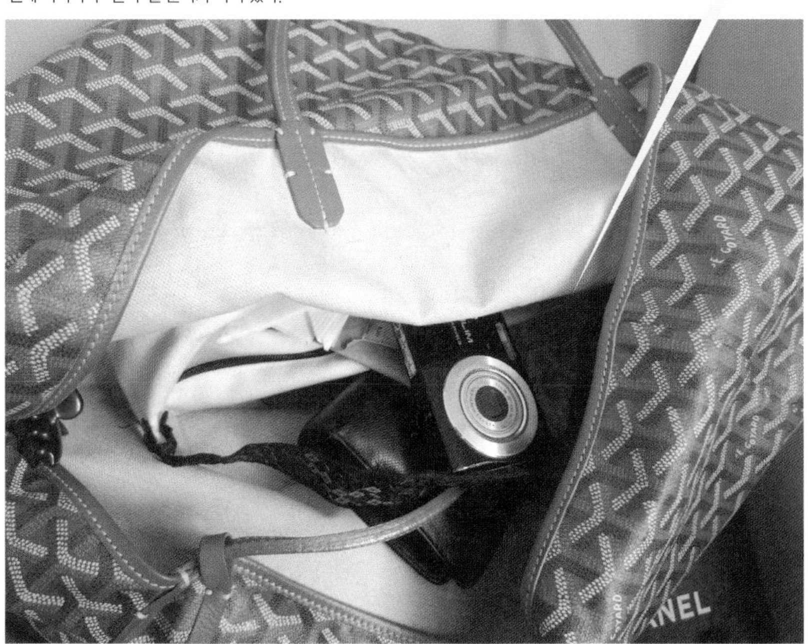

Second Theme

문화적 취향

절박하다, 지독하다, 아름답다.
중국에 관한 그 어떤 책을 읽어도
심장을 물들이는 감정은 일정했다.
내칠 수 없는 끈질긴 뭔가가 날 놓지 않고 있었다.
소의 발목을 지탱하는 힘줄과 비슷한 끈기.
맛을 보고 난 후에야 쫄깃한 질감에 숨어 있는 단맛을
비로소 감지했을 때와 같은 야릇한 새로움이
'내 안의 중국'을 키우는 자양분이 되고 있었다.

책에서 만나다

중국을 '조금'이라도 알려면 그에 대한 느낌부터 가져야 했다 말이 '중국'이지 56개 다른 민족이 부대끼고 사는 광활한 땅을 알려고 하는 것 자체가 무리임을 모르는 바 아니다. 중국을 느끼려면 중국인의 사고를 읽어야 했고 사고를 읽으려면 중국에 관한 소설들을 접하는 게 가장 효과적이었다. 사실 중국을 배경으로 삼은 책은 어렸을 적 펄벅의 『대지』 외에는 건드린 적이 없다. 베르톨루치 감독의 「마지막 황제」를 통해 잠시 중국 신드롬에 빠지긴 했어도 그건 중국을 향한 진정한 관심이라기보다는 당시 유행 바람을 탄 문화의 조류에 편승했던 얄팍한 움직임에 지나지 않았으니 '중국'하면 딱히 열어보일 이야기 보따리가 내겐 없었다. 그것이 중국 작가를 발견하도록 이끈 도화선이 되었다. 하지만 아직 멀었다. 지식의 서랍에 들여 넣을 이들이 너무도 넘친다. 우리말 번역서부터 영어책, 불어책까지 책이 모자라서 읽지 못하는 일은 결코 일어나지 않을 것이다 한국어 번역판으로 존재하지 않는 저서들이 있어 불가피하게 영어나 불어로 읽어야 할 때가 있다.

문학을 통한 간접 체험은 실생활에 대한 이해의 폭을 넌지시 넓혀 주었다. 소설 속 주인공들의 삶으로 들어가 하나가 되는 것 외에는 다른 말이 필요 없다. 소개하는 책들은 중국을 이해하는 데 밑거름으로 작용하여 나의 중국 생활에 오아시스가 되어 주었다. '대국'을 뼛속 깊숙이 체험한 문인들의 삶이 녹아 있는 글 이상으로 중국을 생생하게 표현하는 것이 어디 또 있겠는가.

PEARL BUCK
바둑 두는 여자
샨사 장편소설
연인 서태후
Imperial Woman
길산
gb
Xinran
What the Chinese
대륙의 딸 하 장융
까치
대륙의 딸 상 장융
까치
3565
Dai Sijie Balzac et la Petite Tailleuse chinoise
folio
Shan Sa Les Conspirateurs
30857
Mr. China
Tim Clissold
목욕하는 여인들
허삼관 매혈기
위화 장편소설

Leaving Living Loving

중국 밑줄긋기::

대륙의 딸

장융 지음 / 황의방 등 옮김 / 까치 / 2006

내가 처음으로 받은 강한 인상은 영국이 놀라울 정도로 계급이 없는 사회라는 점이었다. 나는 공산주의 엘리트 계층으로 태어났고, 마오쩌둥의 중국이 얼마나 계급이 많고 또 계층화되어 있는가를 보았다. 모든 사람이 좁은 부류로 분류되었다. 모든 서식에 '생년월일'과 '성별' 바로 옆에 '가족 배경'이라는 난이 꼭 들어가 있었다. 이것이 그 사람의 출세, 인간관계, 생활을 결정지었다. (중략) 이 끔찍한 현실의 결과로 우리는 누가 어느 집안 출신이냐에 무척 관심이 많았고, 흔히 처음 만나서 대화를 나누는 자리에서도 그 질문을 하고는 했다.

우리나라 사람들 역시 출신, 학력, 등을 중요시하지만 '지극히 개인적인' 사안에 대해 중국인들이 갖는 호기심은 이루 말할 수가 없다. 가족관계, 결혼 여부는 그렇다 치고 월급을 아무렇지 않게 물어보는 건 예사라 참으로 이상하다고 생각했으나 이 대목을 읽고 나니 그들의 강도 높은 호기심이 어느 정도 이해가 된다.

여기에선 모호함이 참으로 잘 통한다는 사실이 경이롭기까지 하다. 중간적 입장을 취하는 태도를 무조건 비난한다는 얘기는 아니다. 이것도 저것도 아니어서 가슴이 답답한 경우가 많았는데, 그 모호함이 '중국의 전통적인 화법'이라는 저자의 서술에 날이 선 신경줄을 내려놓을 수 있었다. 문화로 받아들이면 관대함과 인내심이 자라는 모양이다.

어머니는 말씨가 부드럽고 설득력이 있었으며, 또 정확하기까지 했다. 이것은 중국에서는 찾아보기 힘든 특징이었다. 아버지는 정확성을 매우 중요하게 생각했다. 아버지는 겉만 번드르르하고 무책임하며 모호한 중국의 전통적인 화법을 싫어했다.

목욕하는 여인들

티에닝 지음/김태성, 고찬경 공역 / 실천문학사/ 2008

아이의 균형 잡힌 몸매와 예쁘장한 얼굴, 노랗게 물들인 머리를 보자 인샤오타오는 텔라비브와 뉴욕 그리고 서울에서 보았던 검은 옷을 입은 여자들의 모습을 떠올렸다. '세계에서 유행하는 것은 뭐든 여기서도 유행하는구나.' 검은 옷을 입은 또 다른 한 여자는 하얀 스포츠카에 다리를 꼬고 앉아 초조한 듯 손목을 들어 시계를 들여다보더니 퉤 하고 가래침을 뱉어냈다.

'뉴욕과 서울에서 본 검은 옷을 입은 여자들.' 패션의 메카 뉴욕과 서울을 동일 선상에 놓은 점이 흥미로웠다. 그리고 뿌듯했다. 중국도 서서히 패셔너블한 차림을 한 여성들이 많아지고 있다. 그런 그들에게서 쉽게 볼 수 있는 중국적인 습관이 떠올려지기에 미소가 걸린다. 멋지게 차려 입은 여자가 칵칵 소리 내며 가래침을 뱉는 건 보통 일이다. 또한 상상을 해보라, 그럴 듯하게 꾸민 여성이 오리목을 뜯어먹고 있는 광경을.

물론 그보다도 우리 조국이 더욱 간절히 생각났습니다. 우리는 너무 가난해요. 하지만 우리중국도 곧 부유해져 세계 어느 도시에 가더라도 마음껏 즐길 수 있는 날이 올 겁니다. 마음 깊은 곳에 감춰진 열등감을 모두 극복하고 말입니다. 때때론 이런 열등감은 자만의 형태로 나타나기도 합니다.

중국이 '최고'가 될 거라는 확신의 열기는 중국 곳곳에 스며있다. 앞서 언급한 바와 같이 내가 만난 이들은 시간이 다소 걸릴 뿐 중국이 한국처럼 발전할 것이라는 희망을 당당히 피력한다. 일본 다음에 한국, 그리고 이어질 타자는 중국이라고. 그런가 하면 희망의 외침이 팡징의 말처럼 열등감이 자만의 형태로 나타나기도 한다. 그것이 열등인지는 정확히 모르겠지만 한국 사람이라고 하면 규모로 기를 죽이는(물론 기는 꺾이지 않는다) 이들 또한 적지 않다.

중국에서는 전통적으로 여자라면 무조건 자수와 재봉에 능해야 했다. 생계와 가정을 위해, 동물적인 본능을 억제하기 위해, 그리고 남아도는 시간을 소비하고 창백한 생명을 유지하기 위해서였다.

중국엔 수를 놓는 여성이 도처에서 보인다. 젊은 여성들도 수를 곱게 잘도 놓는다. 그런 모습이 참하다. 그래서 자수가 어여쁜 천 주머니나 치마 등을 살 때 대폭 깎아 달라고 하기가 미안하다. 시끌벅적한 이 시대, 아직까지 수줍은 여성미가 존재한다.

바둑 두는 여자

샨사 지음/ 이상해 옮김 / 현대문학/ 2004

열렬한 아마추어들인 노인들은 거기서 온종일을 보낸다. 그들은 한 손에는 부채를, 다른 손에는 차주전자를 들고 새벽에 도착해 새장을 나뭇가지에 걸어두고 바둑을 두다가 오후 느지막한 시간이 되어서야 자리를 뜬다. 바둑통의 뚜껑이 둘 다 열려 있으면 약속이 있다는 걸 의미한다. 닫혀 있으면 정해진 약속이 없으니 누구든 도전해보라는 뜻이다.

중국적인 그림이 한눈에 펼쳐진다. 노인들, 부채, 차주전자, 새장, 바둑, 바둑통 뚜껑을 열고 닫는 의미. 나뭇가지에 새장을 걸어두고 벤치에 앉아 도란도란 이야기꽃을 피우는 노인들을 자주 보아 왔다. 단순히 멋으로 들고 다니는 것도 아닐 테고. 여유를 품는 그들의 습관이 우아하다는 생각을 금할 수가 없다.

허삼관 매혈기

위화 지음/ 최용만 옮김 / 푸른숲/ 2007

"힘을 팔았으니 그럴 수밖에. 우리가 판 건 힘이라구. (중략) 힘에는 두 가지가 있지. 하나는 피에서 나오는 힘이고, 나머지는 살에서 나오는 힘이야. 피에서 나오는 힘은 살에서 나오는 힘보다 훨씬 더 쳐주는 법일세."

이 말이 사실이라면 우리가 안간힘을 다할 때의 힘은 피에서 나오는 것이고 적당히 쓸 때의 힘은 살에서 나오는 것이라는 소리로 들린다.

"오늘 거리를 걷다가 붉은 완장을 찬 사람들이 집집마다 들락날락하며 솥과 밥그릇, 쌀, 간장, 식초, 소금까지 가져가는 걸 봤다구. 이틀이나 갈까 싶었는데, 우리 집에도 와서 싹 가져가버렸어. 그러면서 하는 말이 앞으로는 어느 집이든 밥을 할 수 없다는 거야. 전부 식당에 가서 밥을 먹어야 한다더군."

누군가 그런 말을 했다. 어떤 택시 기사였나 보다. 내가 이해한 바로는 한국인이라고 하자 6.25 전쟁 때 북한을 돕기 위해 중국 공산당 정부는 인민들로부터 (무기 제조에 쓰일) 냄비를 가져갔다고. 사실 여부는 확인해 봐야 한다. 상하이의 한 친구 아파트는 건물 안에 오래된 주방이 있었다. 미래의 도시로 불리는 상하이에서 뜻하지 않게 발견한 쓸쓸한 옛 부엌은 쉽게 사라지지 않고 있다.

연인 서태후

펄 S. 벅 지음/ 이종길 옮김 / 길산/ 2007

자희가 양손으로 거대한 복숭아를 쥐자 그것은 순식간에 두 조각이 났다. 그러자 그 안에 놓여있던 신발 한 켤레가 모습을 드러냈다. 그것은 분홍색 공단 바탕에 금실과 은실로 한 땀씩 공들여 꽃 모양을 수놓은 것으로 갖가지 빛깔의 보석이 올올이 박혀 있었다. 또한 신발 밑창에 달린 만주식의 높은 굽에도 인도에서 가져온 분홍색 진주가 점점이 박혀 있었다. …(중략)…당시 중국에서 신발 선물은 여자에 대한 남자의 성적인 사랑을 상징하는 매우 대담한 것이었다.

발가락들이 발바닥 아래로 접혀 들어가고 발꿈치가 꺾이는 심한 통증으로 결국은 발을 기형적으로 만드는 전족이라는 풍습은 익히 알고 있었어도 신발 선물이 성적인 사랑을 상징한다는 사실은 몰랐었다. 여기 묘사된 신발이야말로 진정한 오트 쿠튀르가 아닌가 생각된다. 갖가지 빛깔의 보석, 수 한 땀 한 땀, 굽에 박힌 인도산 분홍색 진주…마음이 움직인다.

프랑스는 '너무 작은 나라', 미국은 세련되지 못한 '신생국', 위대한 여성이 통치하는 '조금 다른' 영국. 너무 작으면, 세련되지 못하면 관심을 끌기가 어려운 것이 보편적인 현실인 모양이다. 이목을 집중시키려면 뭔가 달라야 하는 법. 무수한 세월이 지났건만 고개가 끄덕여진다.

태후는 유럽의 지도를 살펴본 후, 프랑스는 너무 작은 나라이니 굳이 그 나라의 언어로 인사를 할 필요는 없으리라 결론 내렸다. 그리고 미국은 아직 신생국일 뿐이며 세련되지 못하다고 여겼다. 그러나 영국은 조금 달랐다. 태후는 중국과 마찬가지로 위대한 여성이 통치하는 국가라는 이유만으로 항상 영국을 선호해왔다. 그래서 그녀는 인사말로 영국 여왕의 언어를 선택했다. 태후는 빅토리아 여왕의 초상화를 주문해 침실에 걸어놓고 세심하게 관찰한 끝에, 여왕의 관상에도 자신과 마찬가지로 생명선이 길게 이어져 있음을 발견했다. 관상이 맞다면 필히 그녀는 장수할 것이다.

What the Chinese Don't Eat

Xiran, Vintage Book, 2006

'No, nothing, I just wanted to tell you that the cup of tea you're drinking costs as much as my whole family earns in a day.' She turned her back on me and left.…(중략)… That cup of tea cost 15 yuan(£1.15) and it was the cheapest beverage in the four-star hotel. …(중략)…
I was drinking the daily income of her entire family.

작가 신란이 2003년 난징의 4성급 호텔 커피숍에서 옛날에 근무했던 라디오 방송국의 디렉터를 기다리는 동안 일어났던 일이다. 그녀 앞으로 청소부가 다가온 이유인즉 그녀가 마시고 있는 차 한 잔의 값이 청소부의 전 가족이 하루에 버는 액수만큼 많다는 점을 알려주고 싶었다는 것이다. 이틀 후 그 청소부를 다시 보게 된 신란은 '다른 선택이 없어' 하루하루를 힘겹게 사는 수많은 중국 여성들의 현실에 눈뜨게 되면서 (자신이 거주하는) 런던의 쇼핑을 즐기는 여성들에 비해 삶의 고된 주름을 묵묵히 펴내며 사는 중국 여성들의 강인함에 감명 받은 에피소드를 그리고 있다.

In my interviews with around 200 Chinese women, I found that for most uneducated rural women, their god is their husbands. As for many young Chinese city women, they are waiting and seeing: as a Chinese girl in Nanjing told me, her belief will depend on what religion is in fashion next!

신란은 말한다. 중국에서 신이란 황제가 될 수도, 공산당 지도자가 될 수도, 남편이 될 수도 있다고. (1920~1980년 사이 중국의 인민들에게 장제스(장개석), 마오쩌둥은 정치가들이 아닌 현대적인 이름을 가진 황제들, 다시 말해 신과 동일시되었다는 점을 잊지 말자). 어느 날 그녀는 여자 친구의 기묘한 종교관에 관하여 호소하는 한 아일랜드 남자로부터 이메일을 받았다. 그의 여자 친구는 아름답고 마음씨가 고와 흠 하나 잡을 데가 없는데 이해 못하는 점이 딱 한 가지가 있다는 것이다. 그녀는 매일 저녁 부처에게 절하고 매주 일요일이 오면 카톨릭 성당엘 간다고 했다. 두 개의 종교를 오가는 여자 친구의 신앙심이 뭔지 갈피를 잡을 수가 없어 그녀에게 조언을 구하게 된 것이다. 실제로 중국인들은 유일신 신봉주의자가 아니라고 한다. 중국인들은 여러 개의 종교를 갖는 것에 대해 양심의 가책을 느끼지 않는다. 가능한 한 많은 종교에 적을 둠으로써 내세에서 구원 받을 기회를 더 늘이려고 하는 건지도 모르겠다. 하나를 믿든 두 개를 믿든 선택은 각자의 몫이지만 어쩨 이상하다는 점을 부인할 수 없다. 아무튼 중국은 흥미진진한 세상이다.

Mr. China

Tim Clissold, Robinson, 2006

'Those rules are internal and not to be told to the outside.'

이 대목은 저자의 동생이 그가 묵고 있는 베이징의 대학
기숙사 방에서 동침하며 불거진 일화를 소개하고 있다.
기숙사 관리 대장은 학교의 허락 없이 외부인을 재웠다
고 그에게 불같이 화를 내며 동생은 다른 거처를 찾아야
할 것이라고 엄포를 놓는다. 이에 저자는 공손히 기숙사
의 규칙을 물어 보았는데 그의 질문에 대한 관리대장의
대답인 즉 "규칙은 있지만 외부엔 알려줄 수 없다"는 똑
떨어지는 한 마디가 전부였다. 중국에서 이런 일은 비일
비재하다. 이러지도 저러지도 못하는 상황에 처하는
수가 많다. 규칙 고지 의무 같은 것은 없다.
답답함을 헤아리며 일을 처리해 나가는
방법밖에 없다. 정보를 쥐고 있다는 걸 절
대적인 힘으로 간주하기 때문에 그것이
설령 일개 기숙사의 규칙이라도 공유가
되지 않는다.

Chinese people have a deep sense of 'Chineseness', which I felt I had to break through.

This 'Chineseness extends well beyond patriotism, nationality, citizenship and loyalty but includes all of those ideas.…(중략)…I think that being part of that exclusive five-thousand-year-old club gives the Chinese a sense of separateness and self-esteem. It can occasionally develop into a sense of superiority, but no more than anywhere else.

1990년대 초반부터 월스트리트의 투자 사업가와 함께
펀드를 조성하여 중국에서 합작투자 사업을 시작한 저자
톰 클리솔드가 중국인에 대해 내린 명백한 결론이다. '중
국인의 피는 황허의 물보다 진하다'는 말이 생각난다. 저
자의 주장처럼 중국인들에게는 애국심, 국적, 시민권, 충
성심 등의 개념을 저만치 뛰어넘는 '중국성'이라는 자질
이 팔딱팔딱 살아 있다. 한 마디로 일축하면 대국 기질이
다. 세계에서 가장 오래 지속하는 문명, 이라는 거한 자부
심은 그들로 하여금 독보적인 우월감을 갖게 만들
기도 한다. 국적을 바꾸거나 외국에 나가 산
다고 중국성으로부터 벗어날 수 있는 것은
아니라고 저자는 강조한다. 중국성은 선
천적인 것이기 때문이다.

현대미술로 만나다

"예술가의 본분은 사람의 마음의 심연에 빛을 보내는 일이다."

난 예술을 하는 사람도, 예술이라면 미친 듯 달려드는 예술광도 아니다. 허나 특별한 사람들이 만들어내는 의식을 뒤흔드는 표현을 접하고 나면 독일의 작곡가 슈만의 말대로 마음 저 깊은 구석이 할로겐을 켠 것처럼 환해진다.

중국 예술가라면 위에민쥔岳敏君 외에는 입력된 이름이 없었다. 눈을 감은 채 이를 있는 대로 드러내고 껄껄 웃음을 짓는 대머리 남자(위에민쥔 자신이다)는 잡지의 문화란을 도배하던 단골손님이라 이름 석 자 정도 알고 있었다. 들여다볼수록 슬픔을 자아내는 유쾌한 표정은 급격한 변화에 따른 상실감을 드러낸 현대 중국인의 자화상이라고 한다. 중국 현대미술의 표상으로 자리매김한 그의 클론들은 상업성의 극치를 달리고 있지만 생존을 위해 귓가에까지 웃음을 걸며 내색하지 않는 중국인들을 실제로 떠올리게 하는 점에서 간과할 수 없는 성질의 호소력이 있다.

만약 그림의 주인공이 '중국인'이 아니었어도 이만한 관심이 있었을까. 다른 결과가 도출되었을지도. 중국은 그렇게 조금씩 내게로 다가왔다. 기억하는 아티스트 한 명이 둘, 셋, 넷으로 늘어나면서 중국에 대한 '정'은 점차 '애정'으로 바뀌었고 중국을 생각하는 마음은 깊어져 갔다.

1. 회화, 조각, 설치, 퍼포먼스, 사진, 비디오 등 다양한 분야에 걸친 중국 현대미술을 저술해 놓은 리처드 바인(Richard Vine)의 『NEW CHINA NEW ART』(2008). 표지에 실린 웃는 얼굴은 위에민쥔의 1994년 작 「Tatoo」.

2. 『CHINA ARTBOOK』(우타 그로스닉, 카스파 H. 슈베 공동 저, 2007)에 소개된 장샤오강의 「A Big Family」(1995).

중국현대미술의 표상들

세상을 조소하는 듯한 멍청한 웃음으로 강렬한 흔적을 남긴 위에민쥔 다음으로 이름을 외우게 된 이는 중국의 전통 가족사진을 작품의 모티브로 삼은 장샤오강張晓刚이었다. 그의 화두는 가족으로, 대가족을 이루며 살아온 중국인들의 전통적 가치관이 영감의 토대를 마련했다. 문화대혁명으로 억눌려 있던 중국인들이 자본주의와 조우하면서 갖게 되는 이데올로기적인 혼돈이 그의 초상화 속 인물들에 깃들어 있다. 그가 그려내는 가족 구성원의 눈매는 초점을 잃은 것처럼 보인다. 뭔가에 홀린 듯 영혼이 빠져나간 모습이다. 음울한 뉘앙스를 보이면서도 르네 마그리트풍의 초현실적인 냄새가 배어나와 몽환적이기까지 한 그의 인물들은 주술을 걸어놓은 듯 한 번 눈에 들어오면 잊혀지지 않는다.

나의 기억의 숲에 세 번째로 이름을 새긴 아티스트는 중국 제일의 전위 작가로 불리는 아이웨이웨이艾未未였다. 방대한 스케일로 세계의 이목을 집중시킨 그를 난 모르고 있었다. 이래서 관심이란 중요하다. 관심을 부르는 신경 한 줄기로 우리의 두 눈은 열리고 닫히니 말이다. 베이징 올림픽 주 경기장에 관한 기사를 읽다 발견한 'Fairytale'이라고 명명된 그의 획기적인 설치는 또 한 번 감성의 문을 두드렸다. 청나라 시대의 의자들을 무려 1,001개를 동원하여 창조해낸 장관도 멋졌으나 전시가 열린 독일의 카셀에 중국 시민들을 한 달 동안 초청하여 도시를 둘러보는 기회를 제공함으로써 그들 자신이 작품 명대로 동화의 주인공으로 분하게 하는 프로젝트 의도에 난 단숨에 매료되었다스케일로 밀어붙이는 중국이라지만 실질적으로 스케일을 창출해내는 건 말이 쉽지 단순한 행위가 아니다. 청나라 시대의 탁자를 다리 두 개의 현대적인 가구로 개조시킨 'Table with two legs on the wall' 도 신선하다.

『CHINA ARTBOOK』에 소개된 아이웨이웨이의 「Fairytale」(2007).

네 번째 관심 대상은 장다리張大力라는 하얼빈 출신의 아티스트. 그는 '그래피티'로 대중과 소통한다. 그는 곧 허물어질 건물 벽들을 물색하여 벽면에 사람의 머리 모양대로 구멍을 뚫어놓거나 낙서를 남긴다. 이미 2천 개의 '머리'를 작품화시켰지만 중국의 여타 도시들에 불고 있는 강도 높은 개발의 바람에 의해 그의 머리들은 흔적도 없이 사라져버린다. CNN.com에서 그의 인터뷰 기사를 읽어보니 그는 사진으로 작업상을 보여준다고 한다. 현대화되기 위해 걷잡을 수 없이 파괴되어가는 도시들이 품는 기대와 아픔의 양면성, 희망찬 중국 건설에 희생되는 저소득층의 권리를 대변하는 이 사람의 행보에 시선이 갈 수밖에 없다.

그 다음 관심 리스트에 오른 이는 차이궈창蔡国强이다. 아는 만큼 보인다는 말이 있다. 알고 보니, 99마리의 늑대들이 앞만 보고 달리다가 투명한 유리벽에 부딪혀 넘어지는 모습을 사실적그러나 추하지 않음!으로 표현한 'Head on'의 작가는 다름아닌 2008 베이징 올림픽의 시각특수효과 디자인을 진두지휘했던 감독이었다. 검색 사이트에서 'Stage one'을 쳐보면 영화 세트장을 방불케 하는 차이구오치앙식 설치 예술에 놀랄 확률이 다분하다. 「사우스 차이나 모닝 포스트」의 문화란 일면에서 그를 만난 이후 난 그의 발상을 좇는 팬이 되었다.

중국미술에 더 깊게 빠지다

중국 땅의 기운이 세긴 센 모양이다. 중국이란 두 글자에 반응조차 하지 않던 내가 이 땅의 기운에 서서히 빠져드는 것을 보면. 관심은 또 다른 관심을 불러일으키며 무지의 영역을 0.1밀리미터씩 좁히고 있다. 어느 세월에 좁혀질까마는 언젠가는 앎의 지대가 펼쳐질 거라고 믿는다.

상하이에서 구입한 『CHINA ARTBOOK』은 중국 현대미술에 관심 있다

1 장다리

2 쉬빙

3 차이궈창

1. 『CHINA ARTBOOK』에 소개된 장다리의「Demolition, Time Plaza, Beijing」(1999).
2. 『NEW CHINA NEW ART』에 소개된 쉬빙의 「Installation」(1987-91).
3. 『CHINA ARTBOOK』에 소개된 차이궈창의 「Illusion II」(2006).

면 구비해놓아도 좋을 필독서다. 중국 현대미술 작가들을 알파벳 순으로 분류하여 찾기도 쉬울 뿐더러 대표적인 작품 사진과 작가의 이력이 잘 정리되어 있다.

처음 쉬빙徐冰의 작품 사진을 본 후 훅, 하는 짧지만 열기 높은 숨을 들이마셔야 했다. 활자로 만든 향수를 뒤집어쓴 기분이었다. 「Book from the sky」라는 제목의 설치는 그가 고안한 수천 자의 한자들을 새겨 넣은 책들로 이루어진 작업으로 전시관을 한가득 메우는 광경은 장대한 서사시 한 편을 떠올리게 한다. 작가는 이 작품을 통해 오늘날의 중국에서 통용되는 한자에 대한 아쉬움을 토로하고 있다. 「The living word」에서는 활자들이 줄지어 날아가고 있다. 잠시 동화 속으로 발을 내디딘 느낌이다. 쉬빙에겐 남들이 갖고 있지 않은 투명한 마력이 있다. 중국적이면서 서구적인 양면의 매력. 군더더기를 청소하는 자질이 뛰어난 사람 같다. 프로필을 읽어보니 그의 주거지는 미국이었다. 과연 환경이 '중국색'을 털어버리게 한 것일까?

80년대 초 독보적인 패션 감각으로 감수성 많은 고등학생이었던 날 패션의 세계로 끌어들인 프랑스의 저명한 일러스트레이터 엘렌 마즈라Helene Majera를 연상시킨 펑쩡지에俸正杰도 빼놓을 수 없다. 상하이의 어느 갤러리에서 마주하게 된 그의 팜므 파탈은 나의 청춘 시절 아이콘이었던 엘렌의 싸늘한 여자들과 묘하게 닮은 모습을 하고 있었다이건 어디까지나 나의 개인적인 해석이다. 차이가 있다면 서양인에서 동양인으로 인종이 바뀌었고 중국 아티스트의 여성상이 더 과격하게 표출되었다는 점 정도. 짙은 초록 혹은 핑크꽃분홍빛 배경, 돌아가는 눈정신이 나간 여자 같기도 하다!, 붉은 입술, 거리감 있는 양미간, 후광처럼 인물의 테두리를 둘러싼 광채. 이런 특징을 지닌 그림이 보이면 모사가 아닌 이상 필시 펑쩡지에의 붓끝에서 나온 여인일 가능성이 높다.

상하이는 내게 또 한 명의 아티스트를 보여주었다. 이름만큼 예쁘장한

펑쩡지에 『CHINA ARTBOOK』에 소개된 『Chinese Portraits』 시리즈.

상하이 샤인 아트 스페이스(Shine Art Space)에서 구입한 작가도록에 실린 2008년 작 「January: Life Goes」.

린하이룽林海容은 정치적인 팝이니 냉소적인 사실주의를 추구하는 사람이 아니다. 강렬한 여백과 입자가 곱고 미세한 분의 색감이 사랑스럽게 어우러진 캔버스는 눈 사이가 멀고 조그만 입술이 꽤나 귀여운 동그란 얼굴의 요조숙녀가 일상의 평온한 때를 다잡은 배경이 된다. 시가 그림으로 분하면 아마도 이런 모습일 것이다.

괴짜 아티스트들의 매력

한편 아름답지는 않아도 흥미를 유발하는 작가도 있다. 창신苍鑫. 베이징의 자금성, 런던의 빅밴, 베를린의 브란덴부르크의 문 앞 도로에 누워서 자신의 혀를 땅바닥과 접촉시키는 행위 예술가. 그의 「Communication Series No.2」에서는 그의 혀가 촛불, 나뭇잎, 권총, 엽서, 성냥개비 등 다양한 재질의 오브제들을 만나고 있다. 뭣 하는 짓인지 더 이상 할 말이 없다. 하지만 뭔가가 마음에 걸린다. 그의 「Identity Exchange」는 경극배우, 요리사, 신부와 옷을 바꿔입는 그 자신을 보여준다. 그의 깊은 세계를 난 알 수가 없다. 그저 그가 장소, 사람, 물건과 영적 교섭을 이루려는 괴짜 같다는 생각만 있을 뿐이다.

또 한 명의 괴짜는 자오반디趙半狄라는 일명 '팬더 맨'이다. 그의 영원의 짝인 귀여운 팬더 곰 인형은 그가 가는 곳이면 늘 함께한다. 그의 작품을 처음 본 곳은 새로 문을 연 선전의 현대미술 갤러리. 검은 양복을 입은 남자가 색색의 팬더를 품에 안고 해맑게 웃는 사진이 벽 한 면에 붙어 있었다. 창신과는 달리 팬더 맨은 동심을 자극하는 부드러움으로 대중에게 폭넓게 다가가고 있는 듯했다. 그는 안전벨트 착용, 에이즈 예방, 폭력 방지, 흡연 금지, 마약 문제 등을 다룬 공익 광고에 자신의 팬더와 함께 출연하면서 일약 '호

1 창신

1. 『CHINA ARTBOOK』에 실린 창신의 「Communications Series-Tian'anmen」(2002).
2. 『CHINA ARTBOOK』에 소개된 자오반디의 공익성을 띤 작품 행위들.

2 자오반디

『CHINA ARTBOOK』에 소개된 왕광이의 선전 포스터식 작품들. 현 중국의 자본주의적 사회주의 체제를 느낄 수 있다.

감형' 아티스트의 자리에 앉게 되었다고 한다.

세상엔 별난 사람도 많다. 별난 사람이 있기에 별나지 않은 이는 즐거울 수 있는 거라고 생각한다. 나의 열 번째선호도의 순서가 아님을 알린다! 그들을 알게 된 순서로 나열한 것이다. 인물은 정치적 팝 아트로 익히 범주화된 중국 현대미술을 대표하는 왕광이王广义다. 왕광이의 작품을 처음 접한 것은 선전 허시아닝 미술 박물관에서였다. 전시작을 설명한 도록도 없고 작가명이 영어로 표기도 되어 있지 않아 뭐가 뭔지 통 알 수 없는 상황이었는데 한 작품이 유난히 눈에 띄었다. 차지하는 자리도 다른 사람들에 비해 널찍한 것이 '수상했다.' 그것이 바로 그 유명한 왕광이의 '비자 시리즈' 중 하나였다. 우는 아기의 얼굴과 빨간색 바탕에 쓰여진 흰색의 'VISA' 로고가 한눈에 들어왔다. 아기의 사진 위에는 왕광이, 성별, 출생일, 코드 번호 등이 영어로 표기되어 있었다. 그의 작업은 공산당원들이 힘차게 구호를 부르짖는 모습으로 등장하는 선전

포스터의 형태를 띠고 있다. 그런데 단순한 '친공' 포스터가 아니라는 점이 눈길을 끈다. 무슨 외침처럼 샤넬, 베르사체, 오메가, 포르셰 등 서구의 유명 브랜드 로고가 커다랗게 들어간다.

폐쇄되었던 문이 갑자기 열리면서 자본의 무게를 지탱하는, 새로운 중국의 애환과 의욕이 원색의 화폭에 살아 있다. 현 중국의 자본주의적 사회주의 체제를 그대로 드러내고 있다. 중국에서 개방이 제일 먼저 이루어진 선전에 살면 자본의 냄새가 자본주의 사회보다 심하게 난다는 사실에 경악을 금치 못할 때가 많다. 씁쓸하지만 어쩔 수 없다. 또 이 때문에 불편 없이 살 수 있는 것 아닌가. 실속을 따지는 중국, 어설픈 듯하나 깐깐하고 깐질긴 듯하나 짬이 있어서 그 맛이 감칠나다. '나의 발견'은 갓 시작에 불과하다. 미리 말해둔다. 이건 빙산의 일각이라고. 하지만 상관없다. '나의 발전'에 속하는 일이기 때문이다.

F518 창이위엔에서 발견한 아티스트들

선전은 내게 저우웨이라는 아티스트와의 인연을 선물했다. 베이징이나 상하이처럼 정신을 마비시키는 거장들의 작품전이 분주히 열리는 도시가 아니라는 점이 실망스러웠던 참에 저우웨이와의 만남은 떡이 두둑이 든 찬합을 싼 보자기 꾸러미와 닮은꼴이었다. 난 포만감을 그리 좋아하는 사람은 아니나 그와의 만남이 선물한 포만감은 선전을 마음속으로 받아들이게 해주었다.

연한 파스텔빛 상공을 비상하는 학생, 인민군, 노동자, 정치인의 배는 공기가 주입된 듯 풍선처럼 볼록하다. 이들은 때론 붉은색 깃발을, 때론 낫과 망치를, 때론 술병을, 때론 레드 북을, 때론 탕후루가난한 시절 아이들이 제일 먹고 싶어했던 간식를 손에 쥐고 함박 웃음을 머금은 채 앞을 향해 날아간다. 즐거워 보이

저우웨이

1. 『버드 맨』 시리즈 H No.5(2006).
두리둥실 연한 파스텔빛 상공을 비행하는 뚱뚱한 아이들, 군인들, 정치인들은 한없이 유쾌해 보인다. 그러나 속내를 들여다보면 꼭 그렇지만은 않다는 걸 알게 된다. 저우웨이의 하늘을 나는 '버드 맨' 시리즈가 갖는 냉소적이면서도 상큼한 톤에 매료되었다.

2. F518에 있는 저우웨이 작업실에서.

지만 이들은 어딘지 슬픈 구석을 감추고 있다. 도록 서문에 적힌 그의 말을 압축하자면, 우리가 살고 있는 이 시대는 도덕성과 믿음이 결여되어 있으며 넘치는 정보는 인간의 영혼을 시도 때도 없이 가로막는다고, 지속적인 사회의 발전은 사람들을 꼬리 없는 물고기로 변화시켰다고, 어릴 적 못에서 낚은 불완전한 생체와 같은. 냉전과 폐쇄, 개혁개방, 유복하게 변한 사회 환경을 거치는 동안 중국인은 정체성을 상실했다고, 자신은 그런 원통함을 달래기 위해 하늘을 누비는 'Bird Man Series'를 그린다고 말한다. 그의 중국적(냉소적)이면서 경쾌한 뉘앙스는 부담을 주지 않아서 좋다. 볼수록 드는 정겨움에 선전을 대하는 내 마음은 모서리가 마모되어 가고 있었다.

그와 난 가끔 메일로 안부를 주고받는다. 문제는 동일한 언어로 커뮤니케이션을 하지 않는다는 것. 나는 한자의 병음과 영어를 섞어 쓰고 그는 완전한 한자로 보내온다. 그러면 내 쪽에서는 쉬운 말로 다시 바꾸어서 가능한 한 짧게 다시 써달라고 부탁한다. 짚고 넘어갈 질문이 있을 경우에는 친구 플로라[중국어 가정교사였던 친구]의 메일 주소를 참조로 넣어 답을 영문으로 받는다. 선전이 문화적 소양을 갖출 가망 있는 도시인지 전문가로서의 견해를 듣고 싶어 영어와 병음을 섞은 메시지를 보냈다. 그는 이런 답을 들려주었다.

"선전은 젊은 도시다. 중국의 그 어떤 도시도 선전 같은 곳은 없다. 선전은 중국의 경제 발전에 중요한 공헌을 하고 있다. 그러나 예술적으로는 아직 '아이'에 불과하다. 생존을 위해 전력투구한 선전의 첫 이주자들은 예술을 어루만질 여유가 없었다. 그들에겐 생존이 우선이었다. 그러므로 베이징, 시안, 난징처럼 유구한 역사를 자산으로 보유한 도시의 문화성이 선전에서는 꽃피우지 못했다. 현재 선전시는 예술의 중요성을 인식하고 번창할 수 있도록 다각도로 노력하고 있다. 선전은 파릇한 문화 도시가 될 것이다."

메일이 몇 번 왔다 갔다 하는 사이 나와 중국이 가까워지고 있음을 느낀

류홍이

다. 저우웨이의 작업실이 있는 F518 창이위엔은 선전을 대표하는 아티스트들로 구성된 'Shenzhen Free Art Base'의 기지다. 운이 좋으면 아티스트를 직접 만날 수도 있다. 쓰촨 파인 아트 아카데미를 졸업한 류홍이刘红艺가 그런 경우였다. 그 역시 영어를 못해 소통의 한계는 어김없이 찾아오고 말았지만 그가 열광하는 것이 강렬한 색채라는 사실 하나로 그저 고개를 끄덕거릴 수밖에 없었다. 그도 답답했는지 'Shenzhen Free Art Base' 소속 작가들의 프로필이 간략한 영어로 소개된 책자를 내밀며 읽어보란다. 그는 조 히사이시일본 애니메이션 음악의 대가의 열렬 팬이었고 모순된 감정이 빚는 혼돈을 캔버스에 담는다고 적혀 있었다.

솔직히 이렇다 할 큰 감흥은 받지 않았다. 하지만 집에 작은 거실이나 서재가 있다면 벽 한 면을 착하게 장식해줄 수는 있을 듯싶다. 세월이 그에게 어떤 변화를 가져다줄지는 아무도 모른다.

주인은 부재 중, 작품만 실컷 보고 나온 곳도 있다.

'Shenzhen Free Art Base' 발족의 핵심 인물인 두잉홍杜應红, 빨간색 털실을 주 재료로 사용하는 션루沈鷺, 쿵푸를 영감으로 엮는 웬제文杰가 그랬다. 아티스트 소개 책자를 보던 중 소소한 일상을 사실적이면서도 만화답게 표현하는 모쥔펑莫俊峰이라는 작가도 나의 아티스트 리스트에 추가되었다.

그런가 하면 중국스러움은 현대미술에서뿐만 아니라 전통에 기반을 둔 수묵화로도 마음의 문을 두드리고 있다.

F518 창이위엔 내 어느 갤러리에서 접한 양허핑扬和平의 먹물 풍경은 일본

풍 삽화에서 느낄 수 있는 신비한 맛을 내며 요염한 여인네들이 등장하는 링샤오싱凌晓星의 작품에선 수채화와 수묵화의 중간을 어루만져 기분을 좋게 하는 묘한 분위기가 우러나고 있다. 청초한 색감으로 도드라진 주추엔청朱全增의 이국적인 식물들은 마음을 온통 초록빛으로 칠해주는 활력소 같아 시선을 머물게 한다.

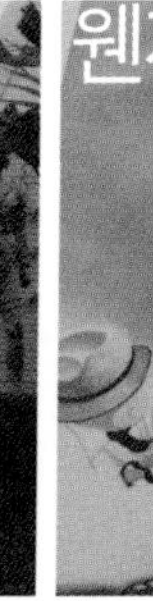

머릿속에 일찍이 들어섰던 '브랜드화'된 '일류'는 일류대로, 선전에서 호흡하며 접촉한 예인은 예인대로 내게는 모두 똑같이 소중하다. 상하이나 베이징의 문화 바람을 타지 않는다고 주눅들 필요가 없음을 깨닫고 있다. 구슬땀 흘리는 예술가들은 이 세상 곳곳에 존재한다. 그리고 그들의 이상을 지켜보는 관람객들도 반드시 있다. 그들이 계속 창조적인 행위를 밀고 나갈 수 있는 힘을 이들은 제공해줄 것이다. 낯선 열정으로도 이 마음 하나는 넉넉하고 따뜻해진다. 다미안 허스트와 로이 리히텐슈타인이 아니어도 말이다.

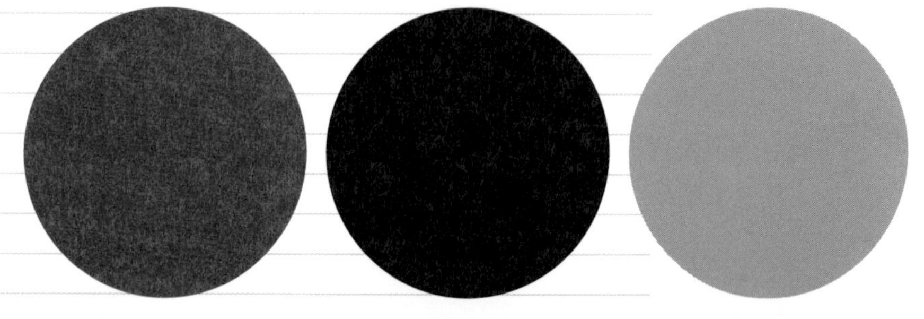

양허핑

모쥔펑

주추엔청

링샤오싱

Third Theme ○ ○ ● ○ ○

다양한 음식

중국 음식이 이렇게 맛난 것일 줄,
역시 알 턱이 없었으니(중국 음식에 관한 나의 지식은
자장면, 짬뽕, 탕수육, 유산슬, 잡탕밥, 부추잡채, 해파리 냉채 등을
넘지 않았다) 중국 요리가 가진 다양하고 깊은 미각에 여러 번
놀래야 했다. 입이 딱 벌어지는 다채로운
요리의 가짓수, 복합적인 조리법, 신선하게 살아 있는 재료의
맛, 특색이 넘치는 지방색, 상상을 초월하는 요상한 먹거리,
각양각색의 만두 컬렉션, 갖가지 종류에 이르는 채소,
혀를 타고 재주 부리는 솜씨가 뛰어난 이국적인 향신료 등
중국의 맛은 가히 신선한 충격이었다.

중국 음식에 빠지다

이곳을 다녀간 여동생은 고추와 후추, 산초를 풍부히 넣은 쓰촨 지방의 매운맛에 중독되었다. 동생은 "먹으면 먹을수록 올라오는 매운 감각에 빠져버렸다"며 중국 음식 얘기만 나오면 주변 사람들에게 쓰촨 요리와 고소한 향이 나는 고슬고슬한 쌀에 대해 말하느라 바쁘다 그녀는 기름진 음식을 혐오하는 타입이라 중국 음식은 그녀의 '적성'이 아니다. 그녀처럼 중식과는 친하지 않았으나 이곳에 와서 그 매력에 반한 이들이 적지 않다. 영주 본부장님도 그 중의 하나다. 그녀 또한 포만감이 덜한 '날아다니는 쌀' 밥알이 붙지 않는 안남미와 비슷하다과 중국 음식에 대한 선입견을 없애준 중식 야채 요리의 팬이 되어버렸다. 야채 자체가 갖고 있는 단맛을 느낄 수 있으며 야채 하나만으로도 충분히 단품 요리가 될 수 있다는 사실을 깨달았다고 한다. "중국 음식의 마력을 한마디로 한다면 담백한 밥, 리치한 주요리, 중화 작용을 하는 야채 요리. 뭐가 더 필요하겠는가." 그녀의 의견에 난 전적으로 동의한다. 사업차 선전을 자주 들르는 한 지인은 고추기름과 갖은 향료로 미각을 자극하는 쓰촨과 후난 지방의 요리에 매료되었다. 신기한 점은 강한 향신료를 사용해도 식재료 고유의 맛이 죽지 않고 기품 있게 살아 있다는 사실이다.

중국 음식은 알쏭달쏭한 것들이 참 많다. 같은 재료라도 음식점에 따라 결과물이 천차만별이라 요리명을 중국인 친구에게 물어보면 해당 음식점에 가지 않는 한 알 수가 없다고 한다. 중국 음식은 중국인들에게도 대서양 같은 존재인 듯. 나, 동해에서 건너온 물고기는 이제 겨우 '대서양'에 몸을 담갔다. 대해의 물결은 여러 모로 나의 식습관을 바꿔놓았다.

채소를 사랑하게 되다

중국은 채소의 종류가 헤아릴 수 없을 만큼 많아 그 존재감이 억수로 퍼붓는 비와 같다. 나의 먹는 인생에서 야채는 고기의 3분의 1 정도에 불과한 '푸성귀'에 지나지 않았다. 내게 야채는 곧 산나물이었고 카레 속의 양파와 당근이었으며 국이나 찌개에서 건져먹는 무와 우거지, 콩나물이 전부였다. 맛있어서 먹는 것이라기보다는 몸에 필요하다니 섭취하는 수준이었다. 때문에 푸른빛 '식물'이 내겐 그리 달갑게 와닿지 않았다.

채소 사랑에 제일 처음으로 불을 붙여준 효자는 기다란 줄기와 줄기 밑으로 구멍이 뻥 뚫린 것이 인상적인 콩신차이 영어로 '모닝 글로리'라고 하며 남방 야채에 속한다 라는 초록빛 채소였다. 아삭아삭 씹히는 질감이 고구마순을 연상시키지만 더 사각거리는 맛이 일품이다. 기름에 살짝 볶아먹기도 하고 마늘을 넣어 푹 데쳐 먹기도 한다. 또한 차이신 유채로도 불린다 이라는 것도 있는데 생김새와 향이 갓과 비슷하다 배추의 줄기보다 질기지만 한편으론 봄빛의 신선한 내음을 머금고 있어 한국인, 외국인 모두에게 사랑받고 있다 . 중국식 채소 요리를 즐기게 된 연유를 곰곰이 생각해보니 기름을 뜨겁게 달구어서 향을 낸 후 센불에 짧게 볶아내는 조리 기술에 그 비밀이 숨 쉬고 있는 것 같다. 콩신차이, 차이신, 껍질콩, 시금치, 부추, 셀러리 등 다소 '억센' 스타일의 채소류가 매력적인 주인공으로 거듭날 수 있는 까닭이 여기에 있다고 본다. 기름에 양념이 스며들도록 하여 향을 생성시키면

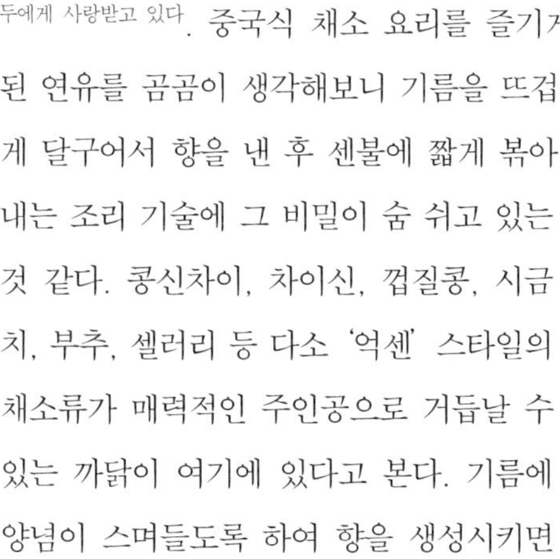

(위)만들기도 쉽고 맛도 상큼한 피망과 샹차이 볶음 요리.

(아래)살짝 데친 상추에 베이컨은 훌륭한 양념 역할을 한다.

1. 중국에 온 이후로 즐겨 찾게 된 돼지고기 요리. 사진은 짭짤하고 매콤한 삼겹살 볶음.

2. 아삭아삭 씹히는 맛이 고구마순을 연상시키는 콩신차이는 우리 가족이 제일 좋아하는 채소.

3. 중국 어느 식당에 가도 먹을 수 있는 차이신. 생김새와 질기게 씹히는 질감이 우리의 갓과 좀 비슷하다.

음식의 맛이 은은해져 잘 넘어가는 것이다.

두 번째, 채소와 고기 혹은 채소와 채소의 결합과 궁합에 신경을 더 쓰게 되었다는 것이다. 별도로 존재하던 것이 파트너를 만나면 더 행복한 미각을 만들어낼 수 있다는 조화의 법칙에 관심을 두게 되었다. 이를테면 '목이버섯+돼지고기' '피망+소고기' '가지+돼지고기' '돼지고기+고추' '피망+실파+샹차이[고수]' '콩나물+돼지고기' '돼지고기+셀러리' '셀러리+감자' '풋고추+계란' '감자+가지+고추' '닭고기+버섯' '죽순+돼지고기' '두부 +피단' '쑥갓+오이' 등 리스트에 축적되는 공식은 계속되고 있다.

세 번째, 샹차이, 고추, 산초, 통후추, 팔각 등 향이 강한 재료에 의존하는 힘이 커졌다. 이는 홍콩 길거리에 서 있으면 코끝에 걸리는 중국적인 냄새가 그다지 역하게 다가오지 않는다는 의미이기도 하다. 어떤 요리를 하든 향신료를 꼭 곁들이는 버릇이 생겼다. 감자채에도 빨간 고추 약간을 썰어넣고 고기를 볶을 때에도 샹차이를 반드시 더해준다. 아마도 선전의 습하고 더운 기후가 날 이처럼 '마담 스파이스'로 바꿔놓은 듯하다. 중국의 향에 묻힐수록 파 · 마늘 · 깨소금 · 참기름으로 한 목소리를 내는 한국의 양념맛이 다소 심심하게 느껴져 세 식구 모두 한국에 가면 어느 순간 중국 음식을 그리워 한다. 어느새 인이 박인 모양이다.

네 번째, 토마토를 익혀서 먹는 습관이 생겼다. 물론 이탈리아 사람들도 토마토를 날 것뿐 아니라 조리해서도 잘 먹지만 동양식이란 테두리 안에서 토마토를 뜨듯하게 가열하여 먹는 것이 처음엔 낯설었던 게 사실이다신선한 걸 왜 열 받게 하는지 의아스러웠다 지금은 토마토를 국으로 끓여 먹기도 하고 계란과 함께 볶아먹기도 하는데 덥게 즐기는 토마토의 맛이 계란의 부드러움과 뒤엉켜 상큼하다.

다섯 번째, 소고기나 닭고기만큼 돼지고기를 애용하게 되었다. 여기서 먹는 돼지고기에선 돼지고기 특유의 역한 냄새가 나지 않는다. 중국에서 음식에 '육' 자가 들어가면 다 돼지고기라고 봐도 좋다. 그만큼 중국인들은 소보다 돼지를 더 쳐주는 것 같다. 선전대학 중국어 교수님이 돼지에 얽힌 재미난 들려준 적이 있다. 중국에서는 사람을 셀 때 '코우'□라는 단위를 쓰는데 돼지를 셀 때에도 같은 '코우'를 사용한다. 버릴 게 하나 없는 돼지의 이로움이 어쩌면 중국인들의 마음을 사로잡은 나머지 인간과 돼지가 동일한 단어로 측량되고 있는 것이 아닌가, 하는 추론이었다. 이건 여러분들의 판단에 맡길 문제다.

우리 입맛에 맞는 소고기를 사려면 월마트나 샘스 클럽, 저스코일본 슈퍼까

1. 일요일 아침 겸 점심으로 즐겨 먹는 딤섬. 딤섬은 여럿이서 나눠 먹어야 다양한 종류를 맛볼 수 있다.

2. 딤섬 주문 시 잊지 않고 시키는 치웨이시엔샤창. 쌀로 빻아 만든 야들야들한 피 안에 새우를 넣고 찐 요리.

3. 두부 속에 간 돼지고기를 넣은 하카식의 커지아냥 더우푸. 고기를 못 먹더라도 두부 요리의 종류가 다양해 굶을 걱정은 하지 않아도 된다.

지 가야 한다. 중국의 일반 슈퍼나 시장의 정육점 등에선 쉽게 찾아볼 수 없다. 양지나 있으면 그나마 다행이다. 그래서 맨 처음 와서 시장을 볼 때는 '소고기 색출'에 혈안이 되어 있었다. 그만큼 아무 데서나 사기가 어려웠기 때문이다. 아무튼 돼지고기가 들어간 김치찌개를 심하게 싫어했던 나, 지금은 슈퍼에서 살빛 어여쁜 연분홍색 살코기를 고르는 기쁨을 맛보고 있다.

여섯 번째, 주말 '아점'을 딤섬으로 대체하는 경우가 잦아졌다. 딤섬은 광둥식 발음이다. 그런데 광둥성에 속한 선전에서 '딤섬'하면 알아듣지 못하는 사람들이 대부분이다. 지방 곳곳에서 모여든 이주민들로 이루어진 도시라 표준말인 띠엔신点心을 써야 의미가 통한다. 딤섬 식당은 아침 일찍부터 문을 여는 관계로 점심시간에 맞춰 가면 한참 기다려야 한다. 최대한 10시 30분을 넘기지 않아야 끝없는 기다림을 면할 수가 있다. 수십 가지에 달하는현존하는 딤섬의 가짓수는

200여 개라고 하는데 열 가지만으로도 눈, 배, 위가 금세 채워진다! 각양 각색의 딤섬은 여럿이 나눠 먹어야 제맛이다. 머릿수가 많아야 다채롭게 딤섬을 즐길 수 있다. 육류와 해산물, 야채 등이 골고루 들어가 풍부한 영양을 선사할 뿐만 아니라 앙증맞은 크기와 아기자기한 모양은 보는 즐거움까지 제공한다. 이런 딤섬의 가장 큰 매력은 여러 종류의 음식을 조금씩 맛보며 나누는 대화가 남다른 기쁨을 준다는 것이다. 중국어 사전에서 띠엔신을 찾아보면 '간식' 혹은 '가벼운 식사'라고 되어 있다.

다음은 딤섬의 유래에 관해 위키피디아에서 간추린 내용이다. 고대 실크로드를 횡단하던 유람객들을 위해 길가엔 찻집이 생겨났다고 한다차를 마시는 행위를 얌차로 부른다. 딤섬을 차와 함께 마신다 하여 얌차라고도 한다. 찻집은 점차 농부들의 안식처로 자리를 잡게 되면서 차와 함께할 간단한 스낵 푸드를 선보이게 된다. 허나 초창기에는 음식과 차의 궁합이 어울리지 않는다는 생각이 지배적이었다고 한다. 음식을 섭취하면 체중이 무거워질 우려가 있기 때문이었다. 그러나 소화를 돕는 차의 효능을 알게 된 후 찻집 주인들은 안심하고 요깃거리를 발전시켜 나간다. 이것이 바로 딤섬의 소박한 시작이었다고 전해진다.

발견의 재미

우리 세 식구는 가능한 한 중국 음식을 자주 먹으려고 노력한다. 자주 가도 늘 새로운 것이 중국 음식이다. 선택의 여지가 넉넉해 채식주의자여도 크게 걱정할 필요가 없다. 채소 요리의 종류가 다양해 무엇을 먹어야 할지 행복한 고민이 늘 즐겁다. 여러 가지 다른 취향을 모두 만족시킬 수 있는 것이 중국 음식이 갖는 대국적인 기질이다. 두꺼운 책자처럼 생긴 식당 메뉴를 아무리 뒤적여보아도 결론이 나지 않는 것. 그래서 기대감을 갖게 하는 것. 덥고 찬 음식 간의 조화를 중시하는 것. 부족함 없이 먹는데도 살이 찌지 않는 것. 여럿이 나눌수록 발견의 재미가 커지는 것. 양념이 재료의 본맛을 죽이지 않는 것. 생각보다 느끼하지 않은 것. 음식 이름이 시적인 것. 중국인마저 평생 다 먹지 못하는 것. 중국 음식은 내게는 그런 것이다.

선전에 오자마자 제일 처음으로 맛본 음식은 후난 지방의 요리였다. 후난은 마오쩌둥의 고향으로 유명한 남서부 내륙 지방으로 음식 맛이 기막히게 매운 것이 특징이며 쓰촨 요리와 비슷하다. 내륙이라 버섯, 죽순 등 산에서 구할 수 있는 채소들을 많이 쓰는 것으로 유명하다.

매콤한 고추와 돼지고기를 곁들인 죽순 볶음이 내는 신맛과 매운맛은 쌀을 쑥쑥 넘어가게 하는 밥도둑이다. 혀를 아찔하게 만드는 고추의 공격은 죽순 특유의 강한 향을 적절히 눌러주며 죽순에 대해 이로운 기억만 남게 한다. 죽순을 이렇게 맛있게 먹어본 적이 없다. 또한 고추는 계란과 같이 쓰여 부드러움과 강렬함을 다잡은 고추계란볶음의 형태로 '독특한 매운맛'의 계보를 잇는다. 후난의 고추 예찬은 끝이 없다. 고추의 향이 잔뜩 밴 새우꼬치도 즐겨 찾는 요리 중 하나다. 껍질채 먹는 바삭바삭한 새우는 달짝지근하면서 짭짤하고 얼얼하다.

후난의 요리가 지닌 강점은 시큼하고 매운맛 같다. 그리고 어딘지 동남아시아적인 구석이 있어 더더욱 이국적이다. 후난 요리와 함께 매운맛으로 양대 산맥을 이루는 쓰촨 음식은 우리 식구가 제일 좋아하는 중식이다. 이유는 딱 하나. 쓰촨 요리의 특징인 '마라[麻辣]'라고 불리는 알싸한 매운맛은 혀를 마비시킬 정도로 상상을 초월한다. 눈물 콧물 땀을 쏙 빼놓는 이 무시무시한 매운맛은 화자오[花椒], 우리말로 하면 산초가 내뿜는 향이다. 조그만 알갱이[모양이 은단과 비슷하다] 하나만 씹어도 그 위력은 폭발적이다. 선전을 방문했던 지인들은 처음 느껴보는 이 '마라' 현상에 대해 "중독성 있는 알갱이" "다시 오면 제일 먼저 체험하고 싶은 맛"으로 표현한다. "맛있다"에서 끝나는 것이 아니라 "기억에 오래 남는 음식"이라며 그 남다른 개성에 후한 점수를 준다.

우리의 넘버원은 라쓰지辣子鸡라는 닭고기 고추볶음이다. 닭을 잘게 썰어 바싹 튀긴 다음 마른 고추를 듬뿍 넣고 화자오와 함께 볶아 매운맛과 고소한 맛이 절묘한 조화를 불러일으키는 쓰촨의 대표 요리다. 닭고기보다 고추가 월등히 많아 사실 입으로 정작 들어갈 살코기는 부실하나 나름 추려서 먹는 재미가 있다. 이 라쓰지는 맥주 안주로 최고다.

중요한 사실 하나, 쓰촨 음식을 먹을 때 우린 왕라오지王老吉라는 음료수를 잊지 않고 곁들인다. 아이스티 중국 버전에 해당하는 갈색물은 신기하게도 정신을 뚫는 매운맛을 삭히는 효능이 탁월하다. 이 밖에도 즐겨 시키는 쓰촨식 요리는 몇 종 된다. 얼굴이 들어가고도 남음직하게 커다란 세수대야 만한 그릇에 담겨 나오는 쉐이쭈니우로우水煮牛肉는 빨간 고추와 화자오, 소고기, 콩나물 등을 기름에 넣고 한참 동안 끓인 고기 요리로 오래도록 온기를 보존한 육질과 콩나물이 한데 씹히는 맛이 걸작이다.

1. 쓰촨 음식의 특징은 혀를 마비시키는 '마라'라는 향신료에 있다. 라쓰지를 시키면 이 마라의 독특한 향미를 발견하게 된다.

2. 쓰촨을 대표하는 쉐이쭈니우로우. 온기를 보존한 고깃살과 콩나물이 한데 씹히는 맛이 훌륭하다.

3. 혀를 울게 할 만큼 매운 빨간 고추와 돼지고기를 곁들인 후난식 죽순 볶음요리.

4. 달짝지근한 후난식 새우구이는 바삭한 맛에 먹는다. 위로 계속 들어간다.

쓰촨 요리에 대한 반응은 극단적으로 나뉜다. 미치도록 좋아하거나 매우 싫어하거나. 우린 쓰촨식의 매운맛을 사랑하는 가족이다. 한동안 먹지 않으면 생각이 간절해진다.

중국 음식을 논할 때 '가장 중국적'으로 손꼽히는 훠궈火锅도 짚고 넘어갈 별식이다. 중국식 샤브샤브로 불리는 훠궈는 여럿이 모여 먹는 즐거움이 유달리 큰 요리다. 그래서 내외국인 모두로부터 열렬히 사랑받고 있다. 매운맛과 맵지 않은 맛 두 가지로 국물이 준비되며 각종 고기와 야채, 해산물, 국수, 만두 등을 끓는 육수에 넣어 익혀 먹다보면 나도 모르게 엄청난 과식을 하게 된다.

식탁 문화

새로운 건 음식만이 아니다. 식탁 문화에도 익숙해져야 했다. 다른 지방은 어떤지 모르겠지만 이곳에서는 음식은 작은 공기에 덜어먹고 뼈나 껍질 등의 찌꺼기는 공기를 받치고 있는 작은 접시에 놓는다. 우리는 물론이고 대부분의 외국인들도 처음에는 음식을 편편한 접시 위에 놓는 경우가 허다했다. 처음에는 조금 이해가 안 됐다. 여러 가지의 요리를 공기 하나에 담아서 먹으라는 의미로 받아들였으니 말이다. 남편 왈, 공기는 원하는 만큼 새 것으로 바꿔주니 괜한 걱정 하지 말라고. 그런데 또 이런 방식으로 식사를 하

다보니 결론적으로는 맛이 배인 국물까지 다 먹을 수 있어 바람직한 것 같기도 하다. 대중적인 음식점에 가면 행하는 흥미로운 '의식' 도 있다.

뜨거운 찻물을 (음식) 공기에 먼저 따라부은 후 수저와 찻잔의 입이 닿는 가장자리 부분을 씻은 다음 공기의 찻물을 따로 갖다 놓은 대접에 쏟아버린다. 일종의 소독행위라고 할 수 있다. 중국인들은 의심이 많은 탓에 그릇이 행여나 닦이지 않았을지도 모른다는 우려를 하기 때문에 식탁에서 이처럼 자가 세척을 한다는 것이다. 불신의 산물이다. 그런데 더욱 놀랍고 신기한 점은 서로의 불신을 기분 나쁘게 생각하지 않는 듯하다. 다들 그러려니 한다.

찻잔이 한가득 차 있어도 찻물을 붓는 서빙도 익숙하지 않은 것 중의 하나다. 잔을 비우고 난 후에야 찻물로 잔을 채우는 습관이 들었던 까닭에 아직 차 있는 잔에 물을 새로 붓는 것이 이상했다. 그런데 설명을 들으니 일리가 있는 얘기였다. 찻물이 이미 식었기 때문에 뜨거운 물을 새로 부어준다는 것이다. 중국인들은 체내 온기 보존을 매우 중요시한다 기름 함유량이 풍부한 중식을 소화시키는 데에는 따뜻한 차가 제일 효과적이다.

밥을 시키는 문화도 달랐다. 밥을 요리와 함께 먹지 않고 요리로 배를 채운 후 밥은 나중에 먹는다. 반면 우리는 반찬과 밥을 같이 먹는 식이라 요리를 시킬 때 밥까지 같이 주문을 한다. 그러면 열에 여섯은 밥을 제때에 갖고 오지 않는다. 적어도 두 번은 주문을 반복할 필요가 있다. 가져다주겠지, 하고 기다리다보면 운이 없는 날은 요리가 바닥이 날 때까지 새하얀 쌀 구경을 못하는 수도 있다. 밥은 원하는 바로 그 순간에 시키는 것이 최선책이다. 때맞춰 식탁에 오르지 않는 밥 한공기에 신경 세포가 종종 곤두서는 일, 유치하지만 쉽게 그려지는 풍경이다. 이런 새로움 모두가 낯설지만 찰나를 특별히 기록해주고 있기에 중국이란 두 글자에 정이 새록새록 붙는다.

음식은 훌륭한 문화 수업

남편은 출장을 가면 현지 식당에만 간다고 한다. 지방마다 즐겨 쓰는 재료와 양념이 다르고 설령 같은 재료라도 요리로 펼쳐내는 기술이 남달라 더없이 훌륭한 문화 수업이 되기 때문이다. 이때껏 "싫어서 못 먹겠다"는 건 없었다고 자신한다. 그동안 다닌 곳 중 가장 인상적인 음식 몇몇 좀 알려달라고 하면 답이 금세 나오지 않는다. 음식이란 것이 "어디"하면 "이거다"라고 아무런 생각 없이 톡톡 튀어나오는 단순한 것이 아니란다. 요리는 각 지방의 사람이고 풍경이고 정서라는 복합적인 등식을 성립하는 문화라는 이유에서 그의 답은 뜸을 한참 들인 후에야 나온다. 주로 쓰촨과 후난 지방의 요리를 즐겨 먹어서 그런지 아직까지 난 그가 말하는 차이를 잘 모르고 있다. 그런데 절대로 아니라고 부인한다.

윈난 지방은 동남아시아적인 기운을 품은 향신료 가득한 채소 샐러드로, 남단 동쪽의 푸지엔성은 신선한 해산물로, 내몽골은 구운 양고기로, 양쯔강이 흐르는 대표적인 항구 도시 우한은 환상적인 민물고기로, 북부 하얼빈은 서양적인[러시아풍] 소시지로 기억되고 있다.

선전은 우리에게 수많은 먹거리를 선물해준다. 다양한 지방의 음식을 맛보는 짜릿한 기쁨을 누리게 해준다. 주말 선전의 식당들은 (홍콩에 비해서는) 저렴하고 맛 있는 본토의 산해진미를 맛보러 오는 홍콩 관광객들로 문전성시를 이룬다. 그만큼 본토의 요리는 입맛을 잡아당기는 힘이 있다. 중국의 음식은 가식적이지 않아 그 맛이 진한데[향신료의 맛이 강하다] 비해 세계인의 입맛을 충족시키는 홍콩의 중식은 보편성을 위해 다소 변화된 느낌이다. 전자는

서부 구이저우식 소고기 고추 볶음.

순박하고 후자는 맵시가 있다. 그래서 우리는 양쪽의 기운이 다 필요하다. 그러나 좀더 솔직해지자면 푸근하고 깊은 오리지널 중국식에 마음이 더 가는 건 사실이다. 뭐라 딱 잘라 표현할 수 없는 감이 있다. 느낌이 풍부하면 간단 명료하게 설명이 되지 않는다.

발붙이고 잘살기 위해 우리는 좋아하는 것을 가능한 한 많이 가지려고 한다. 언젠가 간절히 생각날 풍미들이 나의 행복 리스트를 점령해가고 있다.

자장 소스에 볶은 가늘게 썬 돼지고기를 파와 함께 두부피에 싸먹는 베이징식의 징장로우쓰京酱肉丝, 향긋한 매콤함이 인상적인 서부 구이저우식의 소고기 고추 볶음 젠자오니우로우쓰尖椒牛肉丝, 두부 속에 간 돼지고기를 넣은 하카중국 한족의 일부로 오래전 북부에서 남동부로 이주한 종족식의 커지아냥더우푸客家酿豆腐 등 행복의 분자들은 끝이 없어 보인다. 홍콩의 「사우스 차이나 모닝 포스트」로 이름을 알린 케빈 싱클레어는 아이리스 웡포이와 공동 저술한 글로벌 컬처 가이드 『중국』에서 '중국의 전 지역을 다루려면 아마 요리책 1만 9천 권을 써도 부족할 것'이라고 기술하고 있다.

중국인들조차 평생 가도 못 먹어보는 음식이 많다고 하니 하나둘도 아닌 쉰여섯 개의 민족이 숨쉬는 또 하나의 기상천외한 세상, 중국이라는 나라를 곱새기지 않을 수 없다.

색, 향, 맛의 재발견::

부드러운 카리스마
계란과 고추를 함께 볶아 계란이 주는 착한 맛과 고추의 드센 맛이 밥맛을 환상적으로 돌게 하는 후난 요리, **젠쟈오차오단(尖椒炒蛋).**

신선한 충격
고추, 양파, 피망, 청경채, 닭고기를 넣어 만든 소스를 얹은 쌀국수 요리, **훙샤오지콰이가이쟈오미엔(红烧鸡块盖饶面).** 한입 먹고 나면 그 서양적인 맛에 소스라치게 놀란다. 간쑤성 란저우 소수 민족의 음식.

못 먹는 게 많다면 먹을 수 있는 것 또한 많은 것이 중국 요리라는 사실에 근심에 젖었던 나는 비로소 마음을 놓을 수 있었다. 선택의 폭이 넓어 누구든 입맛에 맞는 걸 찾을 수 있다. 다음은 우리 식구가 좋아하는 요리들이다. **새로운 음식을 시도할 때마다 우리는 새 친구를 얻는다.**

맛있는 가지
흐물흐물하기만 했던 가지가 보드랍고 말랑말랑한 속살을 자랑하는 근사한 요리로 변할 수 있다는 사실을 알았다. 요리 이름은 **첸셔우체즈(牽手茄子).**

피단을 먹는 이유
피단(진흙으로 싸서 왕겨 속에서 삭힌 오리알)을 인생에서 처음으로 의욕 있게 먹게 한 쓰촨식의 **젠자오피단(尖椒皮蛋).** 생고추와 마늘과 같이 먹는 오리알이 고소하다.

둥그런 매운 맛
중국 된장을 주된 양념으로 하여 노릇하게 지진 **후피젠자오(虎皮尖椒).** 고추의 매운맛이 듬직한 된장 속에 녹아드는 맛이 절묘하다.

용서가 되는 느끼함
밀가루를 발효시켜 길쭉한 모양으로 만든 후 기름에 튀겨낸 것이 요우탸오(油条). 중국인들이 아침 식사로 애용하며 두유 혹은 흰 죽에 찍어 먹는다.

속을 거북하게 하지 않는 만두
중국의 만두소는 갖은 양념이 들어간 한국식에 비해 단순하다. 다진 고기나 새우, 생강, 부추로 내용물 작업은 끝이다. 마늘 맛이 강하면 나머지 재료의 맛이 충분히 살지 못하기 때문이라고.

중국식 쌈
얇게 썬 돼지고기를 얇게 썬 오이와 함께 쌈으로 싸먹는 셩차이쭈러우황과(生菜猪肉黃瓜). 싸먹는 스타일, 마늘 양념 맛이 강한 간장 등 여러 모로 한국인들의 입맛에 맞을 요리.

공짜는 없다
식당에 가면 물어보지도 않고 땅콩, 무말랭이 조림, 닭발, 미역줄기 무침 등을 갖고 온다. 애피타이저 용도로 서빙되는 자잘한 요깃거리들은 사실상 값이 매겨져 있으므로 원치 않으면 "부야오"라고 말한다.

화려한 돼지갈비
감자 튀김 위에 얹혀져 나오는 독특한 스타일의 중국식 돼지갈비. 산초와 고추, 후추 매운맛 삼총사가 듬뿍 스며들어 돼지고기의 누린내는 완전히 제거되었으니 안심하고 먹어도 좋다.

굽는 기술이 부리는 맛
베이징에 가면 반드시 먹어야 한다는 베이징카오야(北京烤鸭). 바스락거리는 얇은 껍질, 채 썬 파와 오이를 밀전병 위에 올려 놓고 플럼 소스(춘장도 무방)를 묻혀 싸서 먹는다.

산뜻한 입가심
오이의 모양이 들쑥날쑥 일정하지 않은 이유는 칼로 자르지 않고 툭 '부러뜨렸다'는 표현이 적합할 듯. 참기름과 소금, 깨, 식초로 버무려진 이 생오이 무침은 **파이황과(拍黃瓜)**로 불린다.

귀여운 비빔밥
옥수수, 당근, 완두콩, 자그맣게 조각낸 돼지고기를 넣고 비벼먹는 일명 타이완식 덮밥의 이름은 **타이완루러우판(台湾卤肉饭)**으로 패스트푸드점 쩐콩푸의 인기 아이템.

향긋함과 쫄깃함을 다잡은 면발
쓰촨의 대표 면 요리 **딴딴미엔(担担面)**은 땅콩 소스가 내는 진한 맛과 산초의 싸한 향, 고추, 간 돼지고기 등을 넣고 만든 비빔국수. 쫀득쫀득한 면발은 잊을 수 없는 감동이다.

강렬한 고소함
겹겹으로 층을 이룬 밀전병 **차오마오빙(草帽饼)**은 얇게 한층씩 떼어먹는 즐거움이 있다. 기름기가 좀 많은 것이 흠이지만 노릇하게 구워낸 바로 그 순간 입에 넣으면 고소함이 절정에 달한다.

서구적인 미각

남녀노소 누구나 좋아할 여지가 충분한 구이저우식의 감자 샐러드 **먀오웨이투더우니(苗味土豆泥)**. 약간 시큼하나 시큼하기에 덜 느끼하다. 빵과 함께 먹으면 좋을 듯.

무난한 밥반찬

고기가 부담스러울 때 시키면 이상적인 **훙샤오더우푸(紅烧豆腐)**는 초록색과 빨간색 피망과 조화를 이룬 두부 요리. 별거 아닌 것 같은데 먹어보면 그 맛이 예상을 초월한다.

귀족적 풍미

통통한 가재 살과 마요네즈, 중간 정도 굵기의 납작한 국수가 만나면 모두가 행복해진다. 국적을 불문하고 즐길 수 있는 이 요리 명은 **룽샤쮜이미엔(龙虾焗伊面)**.

상추의 훌륭한 변신

상추를 살짝 데친 후 간장을 뿌려서 상에 올리는 상추 요리 **바이쭈어셩차이(白灼生菜)**는 딤섬을 먹을 때 꼭 시키는 메뉴. 열이 가해졌어도 아삭거림은 유효하며 날 것보다 부드럽게 먹힌다.

달콤한 돼지

남편과 아들이 열광하는 **차사오(叉烧)**. 달짝지근하게 구워진 돼지고기, 고슬고슬한 흰밥, 고기와 밥을 밀착시켜주는 간장 소스, 여기에 두 줄기의 차이신까지 곁들이면 금상첨화.

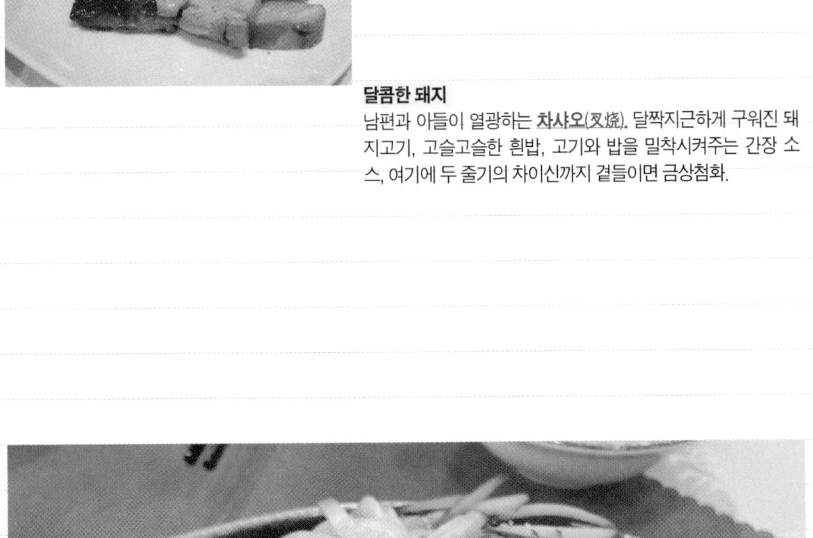

입맛을 당기는 개운함

촨베이량펀(川北凉粉)은 한마디로 중국식 묵이다. 흑초의 시큼한 맛이 고추기름을 만나 향기롭게 바뀌고 마늘과 송송 썬 쪽파, 오이채 고명이 얹혀져 시원한 맛을 전한다.

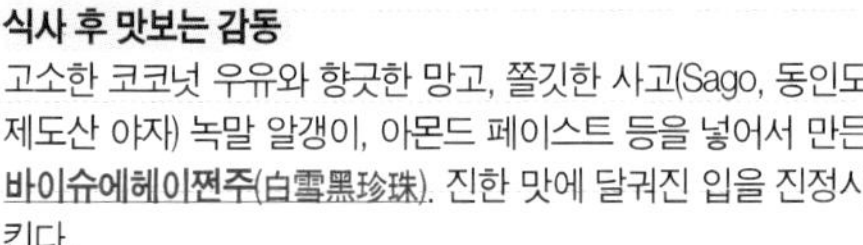

식사 후 맛보는 감동

고소한 코코넛 우유와 향긋한 망고, 쫄깃한 사고(Sago, 동인도 제도산 야자) 녹말 알갱이, 아몬드 페이스트 등을 넣어서 만든 바이슈에헤이쩐주(白雪黑珍珠). 진한 맛에 달궈진 입을 진정시킨다.

단순한 풍부함

달걀 흰자와 파만 썰어넣은 깔끔한 스타일의 볶음밥. 불행히도 볶음밥 이름 파악에 실패했다(양저우차오판은 분명 아니다!). 그 이후 이런 스타일을 다른 곳에서 보질 못했다.

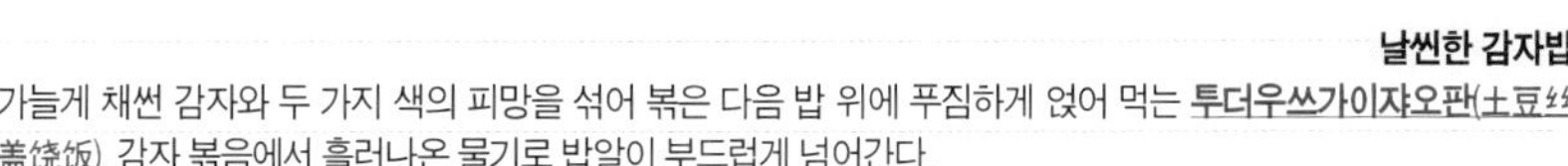

날씬한 감자밥

가늘게 채썬 감자와 두 가지 색의 피망을 섞어 볶은 다음 밥 위에 푸짐하게 얹어 먹는 투더우쓰가이쟈오판(土豆丝盖饶饭). 감자 볶음에서 흘러나온 물기로 밥알이 부드럽게 넘어간다.

Fourth Theme ○ ○ ○ ● ○

새로운 여행지

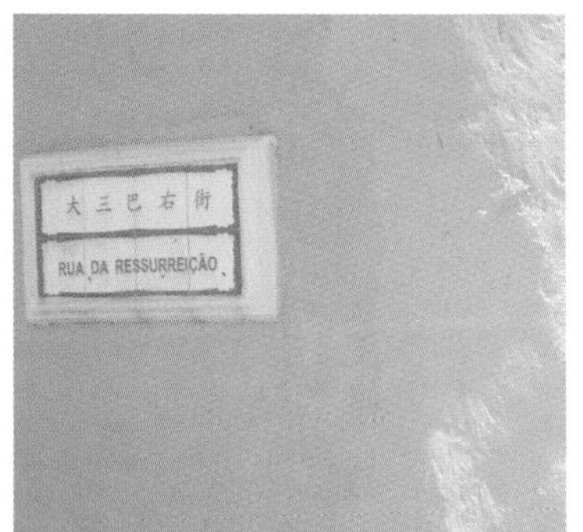

홍콩

선전은 내게 홍콩에 자주 갈 수 있게 해준다. 대단한 선물이다. 출장의 짐을 두 어깨에 짊어진 것도, 홍콩에 사는 것도 아니라는 사실은 홍콩을 부담 없이 즐길 수 있게 해준다. 불과 50분이면 백화점의 진한 화장품 냄새와 튼실한 돼지고기 바비큐 냄새가 사이좋게 버무려진 홍콩의 공기 속에 들어갈 수 있다. 출장, 쇼핑 등의 목적으로 '일부러' 홍콩을 찾는 이들도 수두룩한 마당에 난 여동생네 드나들 듯 편하게 왕래한다.

홍콩은 늘 가도 이국적이다. 발 딛고 사는 중국 본토의 이국적 정취는 홍콩의 그것과는 또 다르다. 중국, 홍콩 모두 그들만의 '향기'를 거머쥐고 있다참고로 홍콩을 중국어로 발음하면 샹강香港, 향기로운 항구라는 뜻을 지닌다. 중국은 광활한 대지, 현란하게 지글거리는 음식 소리, 원시적인 무질서, 끊어질 줄 모르는 불도저의 굉음, 서투른 '유행 맵시'로 본능을 잡아끄는 기이한 마력을 행사한다. 그 스타일이 투박하다. 홍콩은 일찍이 산업혁명을 거친 영국의 '콧대 높은' 냄새가 도시 곳곳에 스며 있다. 모양이 세련됐다. 누군가 그랬다, 홍콩은 애인이고 중국은 본처라고. 중국의 출입국 관리소에서 여권에 입국 도장을 받은 직후 한걸음 떼고 나면 딴 세상이다. 중국엔 없는 활기가 있다. 남다른 활기는 휘황찬란한 불빛에서 흘러나온다. 일단 조명이 환해 눈이 밝아지는 느낌이다. 영어 간판이 현저히 많고 서양 사람들이 눈에 가득 들어온다. 한국말도 여기저기서 들려온다. 친숙한 브랜드들이 앞다투어 유혹의 손짓을 하며 지갑을 열길 재촉한다 선전에는 명품으로 불리는 루이 비통, 구찌 등의 일류 브랜드가 아니면 아디다스, 나이키 등의 대중적인 스포츠 브랜드 혹은 에스프리, 망고, 자라 등의 트렌디 캐주얼 브랜드 외의 글로벌 네임은 찾아보기 힘들다. 아직까지는 로컬 브랜드의 점령세가 크다. 거실에 꽂을 멋진 꽃들이 그득하고 할인된 샴페인과 한손에 잡히는 아담한 사이즈로 잘린 카망베르 치즈도 구할 수 있고 페이지 원Page one 서점에 진열된 한국 패션잡지들의 표지를 통해 잡지 업계 지인들의 활동상을 가늠할 수 있고 남편의 사랑을 독차지하는 조말론 향수와 입에서 살살 녹는 각종 빵들과 소스와 향신료, 중국에 관한 지식 지수를 높여줄 전문가의 저서, 세련된 포장지와 기념 카드, 크리스마스 장식품, 인이 박인 베트남 쌀국수, 수준 높은 퓨전 요리, 최고급 서비스, 최고의 뮤지션 공연을 너무도 쉽게 누릴 수 있는 곳이 쇼핑 천국, 홍콩이다.

홍콩 앞에 '국제적'이라는 수식어가 왜 붙는지 깨닫는 순간을 경험한다. 잠시 멍해진다이건 매번 일어나는 현상이다!. 홍콩 거주 내외국인들과 관광객들로 도시는 발 디딜 틈을 내주지 않는다. 그러나 어린아이처럼 들떴던 기분은 서너 시간이 지나면 피로감으로 급전한다. 집으로 돌아가고 싶은 마음이 간절해진다. 바다가 보이는 안방 침대에 드러눕고 싶은 생각이 애절해진다. 조용히 생각만 하며 쉴 수 있는 그곳, 중국 땅 한조각, 선전 난산구에 터를 잡은 셔커우의 '코스탈 로즈 가든', 그 안에 둥지를 튼 '우리 집'이 그리워진다. 중국에 있으면 홍콩에 가고 싶고 홍콩에 있으면 중국으로 되돌아가고 싶다. 홍콩은 꿈이고 중국은 현실이다. 꿈보다 현실이 좋다. 다잡고 있는 현실이. 세련된 감각을 취하고 싶을 때는 홍콩으로 가면 그만이다. 선전에 높은 점수를 주는 결정적인 이유다. 서울에서 선전으로 떠나기 전 많은 이들이 상하이가 아니라서 실망스럽지 않냐고 물었던 게 기억난다. 상하이라면 가슴이 뛰었을 것이다. 하지만 지금은 다르다. 상하이보다 선전이 여러 모로 낫다는 생각이 든다. 남쪽 특유의 온후한 날씨와 다양한 이주 문화가 내주는 쾌적하고 흥미로운 삶 이전에 홍콩이 바로 옆에 붙어 있다는 사실은 선전만이 가진 특권이다. 해질 무렵 쇼핑백 한아름 들고 선전 땅을 밟으면 왠지 마음이 느긋해진다. 빽빽한 도시에서 향수 냄새 실컷 맡았으니 드넓은 도시에서 이제 순박한 대지의 향을 들이쉬련다.

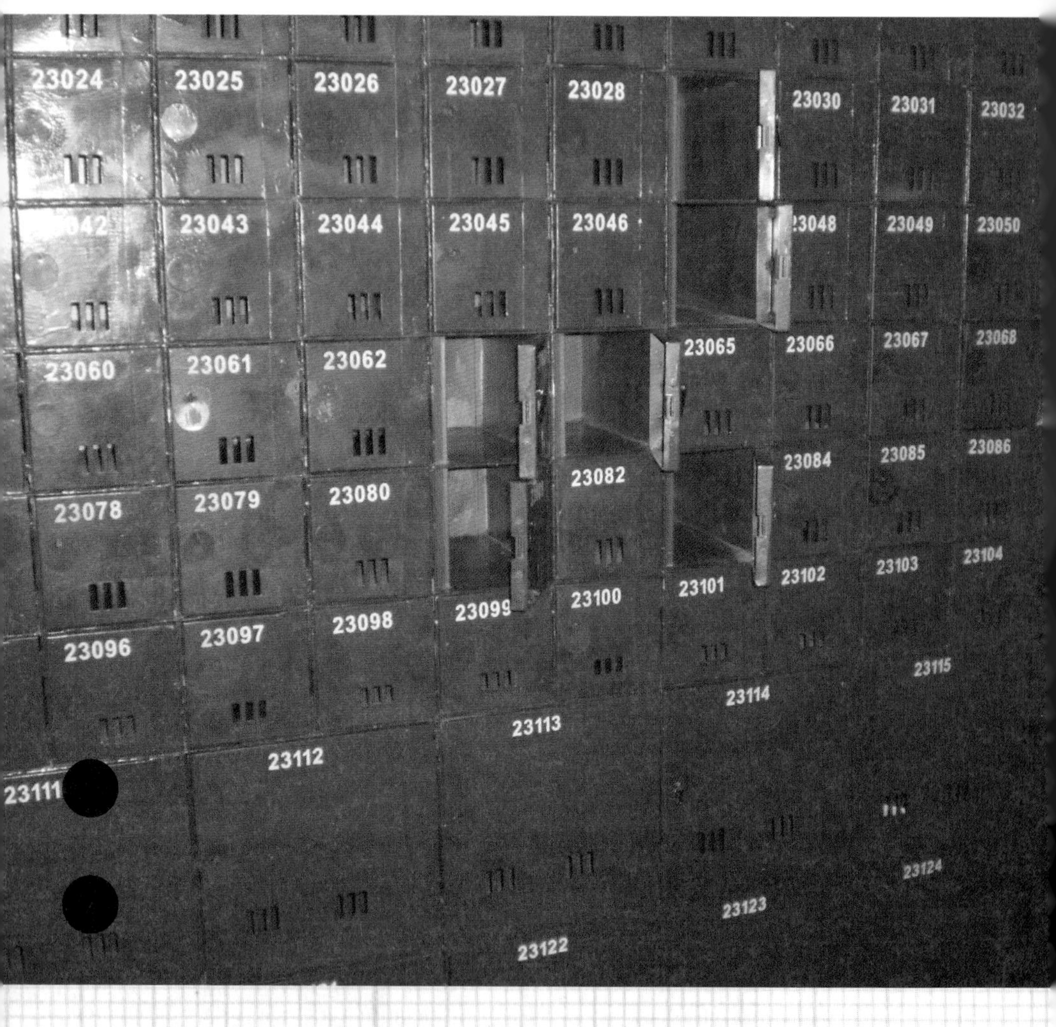
23024
23025
23026
23027
23028
23030
23031
23032
23043
23044
23045
23046
23049
23050
23060
23061
23062
23065
23066
23067
23068
23078
23079
23080
23082
23084
23085
23086
23096
23097
23098
23100
23101
23102
23103
23104
23112
23113
23114
23115
23122
23123
23124

1. 홍콩의 역사를 훑고 싶다면 역사박물관을 가보길 권한다.

2. 선전 푸톈 코우안에서 홍콩으로 가는 기차 안. 선전에서 떠날 때는 한적하다.

3. 카오룽에 있는 오션 터미널에 도착하면 바다에 떠 있는 흰색의 스타크루즈 호가 보인다. 그러면 주변 공기가 갑자기 '럭셔리'해진다.

4. 홍콩은 도시 자체가 거대한 쇼핑몰처럼 느껴진다.

1

1. 홍콩 센트럴 스타페리 주차장에서 열린 '샤넬 모바일 아트' 전시 관람갔을 때.
2. 홍콩 메리어트 호텔 로비. 서울의 그랜드 하얏트 호텔 로비 라운지에서 보이는 남산이 떠올랐다.
3. 세련된 데커레이션과 격 높은 서비스는 홍콩을 갈망하게 만든다.
4. 에어컨이 다닥다닥 붙은 낡은 아파트 건물들은 어느새 '홍콩스러운' 정취로 굳어져 남루하다는 생각이 들지 않는다.
5. 기분 전환을 위한 트렌디한 레스토랑에서의 저녁식사.

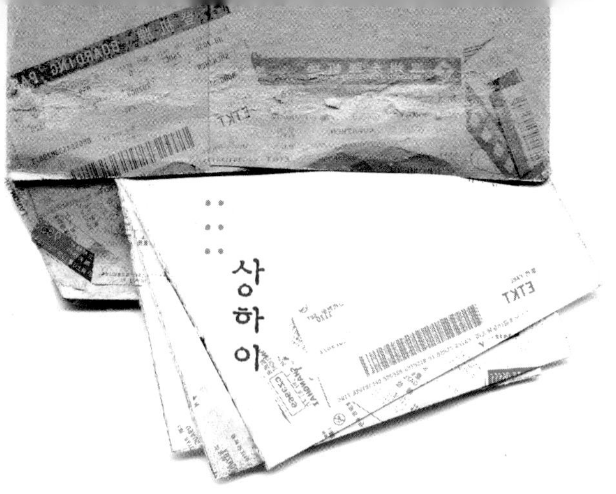

「마담 휘가로」에서 일하던 시절 디올의 초청으로 말로만 듣던 상하이를 난생 처음 다녀왔다. 상하이에 대해 그때 가졌던 첫 느낌은 상당히 '파리적' 이라는 것이다. 구 시가지의 가로수들부터 아르데코풍의 건물들, 도보를 즐겁게 만드는 길가의 아기자기한 숍들, 아늑하고 고급스러운 분위기의 카페, 대리석 계단과 앤티크한 샹들리에가 독보적인 오래된 호텔들에 이르기까지 유럽의 분위가가 곳곳에서 물씬 느껴졌다. 중국이지만 중국 같지 않은 곳이라고 생각했다. 5년이 흐른 지금의 생각은 변했다. 상하이는 역사에 의해 어쩔 수 없이 '서양물'을 많이 먹은 중국이라고. 산을 깎고 바다를 메워 일군 광나는 신도시 선전에 비하면 상하이는 더없이 중국적이다. 상하이에는 파리의 센 강 같은 강[황푸강]이 흐르고 강 위에는 수많은 배들이 분주히 움직이며 수면을 알록달록하게 비추는 다국적 브랜드의 네온 사인은 장대한 빛의 숲을 이뤄내며 와이탄의 '옛 박물관 같은' 건축물들을 예술로 승화시키고 있다. 프랑스 친구들이 상하이를 미치도록 좋아하는 것도 이 때문이다. 동양과 서양의 기운이 어우러져 발산하는 독특한 매력은 세계인들로 하여금 그들의 휴가 계획에 '상하이'를 기꺼이 올리도록 만드는 원동력이다.

처음 한 번, 서울 살면서 상하이에 갔을 때와 중국에 살면서 상하이에 갔을 때는 약간의 차이가 있다. 구시가지 동북쪽에 있는 상하이를 대표하는 관광명소 위위안상청豫园商城에서 판매하는 중국 기념품들과 각종 상품들이 전과는 달리 흥미를 유발하지 않는다는 점이다. 선전에서도 익히 볼 수 있기에 '이국적'으로 느껴지지 않은 것이다. 한국에 살고 있다면 상하이의 낯선 분위기가 흥분을 불러일으켰겠지만 중국에 살고 있으니 '같은 물'이라 감흥이 덜할 수밖에 없다. 상하이에 가는 회수가 늘수록 사갖고 오는 물건은 대부분 예술 관련 책들이다. 상하이 사람들을 바라보는 관점에도 변화가 생겼다. 대부분의 중국인들은 상하이인들을 별로 좋아하지 않는다. 그들이 너무 잘난척한다는 것이 이유다. 상하이인들 역시 다른 도시 사람들을 시골뜨기로 보는 경향이 적지 않다. 실제로 어느 나라 사람이냐고 묻자 "상하이니스"라고 답하는 사람이 있을 정도다. 상하이 출신이라는 점이 그들에게 얼마나 특별한 것인지 짐작할 수 있는 대목이다.

상하이 사람의 드높은 자부심을 보며 난 그들이 홍콩도 자유롭게 드나들 수 있는 줄 알았다. 그런데 사실은 그게 아니었다. 홍콩을 제일 쉽게 오갈 수 있는 건 그나마 선전 후커우호적 소지자들이었다. 물론 얘기를 들어보면 상하이인들은 머리 회전이 빠르고 능률적이며 감각이 특출나 여타 중국인과는 성향적으로 뚜렷한 차이를 보인다고 하니 수긍은 간다고 하지만 다른 한편으로는 그들이 얄밉지 않다고는 말 못하겠다상하이의 국제화는 영국, 프랑스, 미국의 조차지 설립과 결코 무관하지 않으며 상하이인들은 이를 거부할 수 없는 과거로 인정하는 동시에 자랑스러워 하는 부분도 있다. 역사는 상하이로 하여금 열린 사고와 행동을 취하도록 강요했고 결과적으로 상하이는 세계적인 도시로 세인의 주목을 받는 미래지향적인 도시로 거듭나게 된 것이다. 새우도 가재편이라고 오랜 기간 동안 폐쇄된 사회에서 살아왔던 다양한 지방 사람들을 이곳에서 접하면서 상하이에 대한 야릇한 편견이 생겼다. 그렇다고 상하이를 싫어한다는 뜻은 절대 아니다. 상하이는 매우 아름다운 도시다. '동방의 파리'라는 명성이 지나치지 않을 만큼 고혹적이며 국제적이다. 근사한 전시회가 수시로 개최되고 최신 유행이 선보이는 문화의 요지, 남부러울 것이 없는 도시다. 그럼에도 난 선전이 싫지 않다. 사람들은 친절하고 풍경은 도시 반 전원 반으로 나뉘며 쾌적한 조화를 이룬다. 예전엔 달짝지근한 상하이 요리를 꽤나 좋아했으나 지금은 그렇지가 않다. 상하이 요리는 가끔 먹으면 행복하다. 선전에서는 앞에서도 이야기한 것처럼 다양한 지방의 음식을 먹을 수 있는 낙이 있다. 선전에는 선전 요리가 없다.

선전은 또한 패션을 의식하지 않아도 민망함을 느끼게 하는 도시가 아니다. 큰 도시에서는 귀찮아도 옷차림에 신경을 쓴다. 서울도 예외는 아니다. 여긴 거창함이 없다. 단일하다.

선전에서 상하이까지는 비행기로 두 시간쯤 걸린다. 홍콩처럼 가까이 있지 않아 다행이다. 그랬다면 지인들 출장올 때마다 달려갔을 확률이 높다. 소중한 지인들과의 시간은 도시에 대한 추억을 각별히 굳힌다. 그러나 무엇보다 상하이에 갈 때 기분을 삼삼하게 올려주는 건 공항에 도착해 택시를 익숙하게 잡아타고 숙소로 향하는 나 자신을 느끼는 바로 그 순간이다. 어느새 '국내 여행객'이 되어 있으니 말이다.

2007년 가을 상하이 미술박물관에서 운 좋게 관람한 '에르메스 실크 스카프 전시회.'

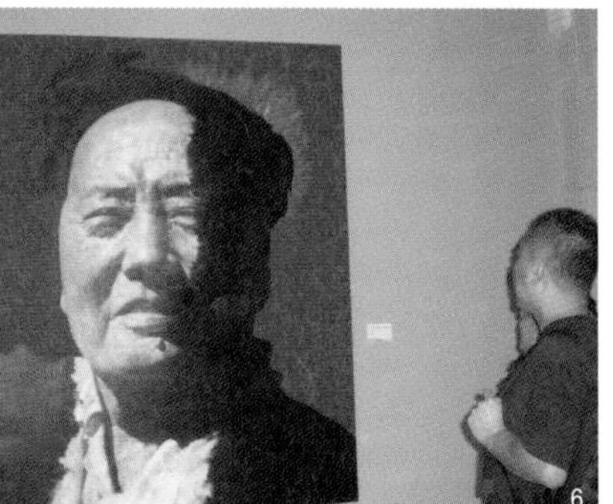

1. 게살 맛을 낸 채소 요리. 채식주의자 식당인 줄 모르고 들어갔던 곳.
2. 신티엔디에서는 모던한 상하이 요리를 서빙한다. 세련되고 정갈한 맛을 즐길 수 있다.
3. 세계 어느 곳을 가도 늘 볼거리를 선사하는 골동품 시장.
4. 아기자기한 갤러리와 레스토랑, 카페의 거리 타이캉루 부근에 자리 잡고 있는 디자이너 최창호의 부티크.
5. 상하이 푸동 국제공항 천정. 처음 발을 딛는 순간 방문객은 미래지향적 문화 기지로 거듭나려는 상하이를 직감한다.
6. 상하이에서 마오쩌둥을 보니 중국에 발붙이고 있다는 사실이 실감났다.

50분. 선전에서 마카오로 페리를 타고 가는 시간이다. 홍콩처럼 마카오도 선전의 '자매'다. 첫 배가 오전 8시 45분, 마지막 편이 저녁 7시 30분, 총 여섯 차례 운행한다. 마카오 관광을 하려면 8시 45분 배로 갔다가 저녁 8시 45분 배를 타고 오면 웬만큼 구경하고 올 수 있다목적이 카지노에 가는 것이 아닌 이상. 하지만 타이파와 콜로안 섬까지 샅샅이 둘러보고 오려면 하루만으로는 모자란다. 마카오를 대표하는 성바오로 성당 유적, 몬테 요새, 성 도밍고 성당, 아마 사원 등 주요 성당과 사찰 방문 외에 타이파와 콜로안 섬에도 볼거리가 쏠쏠하다. 1999년 중국에 (특별행정구역으로) 반환되기까지 마카오를 400여 년 간 지배한 포르투갈의 지중해 양식의 건축물들과 음식을 느끼려면 두 섬을 가보는 게 좋다. 섬 남쪽에 위치한 타이파 빌리지에 발을 들이는 순간 두 눈을 의심하게 될 것이다. 과연 이곳이 동양인지. 사랑스러운 파스텔 톤의 크림 케이크가 연상되는 식민지풍의 빌라들과 마을의 광장, 한적한 해변 등 남부 유럽의 한 작은 어촌에 와 있는 듯한 착각을 불러일으키기 때문이

다. 홍콩에서도 볼 수 없는 그림이다. 같은 유럽이어도 영국과 포르투갈의 확연히 다른 스타일이 도시 구석구석에서 짚인다. 포르투갈의 양식엔 감성을 미세하게 흔드는 낭만적인 울림이 있다. 바로 이 맛이 마카오에 대한 나의 관심을 불러일으켰다. 중국 영토에서 만나는 지중햇빛 물감은 중국빛 일색이었던 뇌세포에 일대 충격을 가했다. 드라마 「꽃보다 남자」의 촬영지로 방송을 탄 리조트 호텔 '베니시안'은 타이파와 콜로안 섬 사이 매립 지대인 '코타이 스트립'에 자리하고 있다. 코타이 스트립은 앞으로 계속 주목할 만하다. 카지노로만 상징되었던 본래 이미지를 벗고 복합적인 리조트 단지로 새로 태어나려는 마카오의 야심 찬 비전이 구현된 꿈의 요람이다. 마카오의 변신은 계속 진행중이다.

중국도 '다른 세계'지만 마카오도 '다른 세계'이다. 카지노, 포르투갈, 매카니즈 음식, 성당, 예수회, 에그 타트, 전당포. 마카오는 2천 년 대 어느 날 갑자기 눈을 뜬 할아버지 책상 서랍 속에 고이 잠들어 있던 괘종시계 같다.

중국이 포르투갈에게 마카오를 양도한 것이 1557년이라고 하니 마카오의 때깔은 자연 틀릴 수밖에 없다. 『론리 플래닛 중국편』에 따르면 주민의 2퍼센트 이하가 포르투갈인이고 중국인이 95퍼센트를 차지하며 나머지는 포르투갈인과 중국인, 아프리카 주민의 피가 섞인 매카니즈라는 혼혈인들로 구성되어 있다고 한다. 우리 가족이 마카오에서 찾는 최고의 즐거움은 바로 이 '매카니즈'라는 단어가 제공해주고 있다. 매카니즈 음식을 한 번 맛보면 그 풍미를 잊을 수가 없다. 한마디로 포르투갈, 중국, 아프리카, 인도, 동남아시아가 한데 모인 풍부한 맛이라 한국인들도 흔쾌히 즐길 요리들이 다양하다. 소금에 절인 마른 대구, 감자를 베이스로 한 야채 수프, 아프리칸 치킨, 부순 비스킷 조각브랜드 '마리marie'를 사용할 것과 크림을 섞어 만든 세라두라Serradura 등은 마카오가 아니면 제대로 된 음식을 맛보기 힘들다.

마카오는 홍콩만큼 가까워도 서울에서 가족이나 지인들이 오지 않는 한 자주 가지 않게 된다. 볼 만한 공연을 함께 엮어 패키지 투어로 베니시안 호텔을 찾지 않는 이상 이상하게도 마카오는 피부에 와닿지 않는다. 완벽한 영화 세트장 같다. 신기루. 과거와 미래를 버무린 초현실적인 또 하나의 세계. 마카오는 기분전환을 위한 묘약이다. 유유자적한 지중햇빛 휴식의 기운을 쬐고 싶을 때 아이팟과 책 한 권, 가방에 후딱 챙겨 넣고 배에 몸을 실으면 가라앉았던 몸과 마음이 원기를 회복하고 돌아올 듯하다.

파스텔빛 옷을 입은 골목골목들. 시끌벅적한 마카오를 잠시 뒤로 하고 타이파와 콜로안 섬으로 향해도 좋을 것이다.
잠시 남유럽 지중해 어촌의 작은 마을에 들어선 착각이 든다. 동양적인 정취와 혼합되어 더더욱 매력적이다.

1. 베니시안 호텔의 트레이드마크는 곤돌라 투어. 목에 빨간 스카프를 매고 줄무늬 티셔츠를 입은 뱃사공들은 손님들에게 노래를 선사하며 베니스다운 기분을 돋워 준다.

2. 베니시안 호텔 내부. 진짜 빰치는 가짜 하늘과 늘 켜져 있는 불빛으로 시간 개념을 상실한다. 반나절을 넘기면 '바깥' 을 보고 싶다.

마카오의 맛은 귀하다는 느낌을 준다. 포르투갈, 아프리카, 인도, 중국과 그 밖의 다른 아시아에서 건너온 풍미가 더해져 더할 나위 없이 신선하고 맛 나는 미각을 전해준다. 새로우면서 낯익은 맛. 어디서 먹어 본 듯 하지만 더한 매력을 배가하는 매카니즈 요리는 마카오를 다시 찾게 하는 즐거움이다.

선전이 홍콩의 동생이라면 주하이는 마카오의 동생뻘이 된다. 홍콩과 선전, 마카오와 주하이, 상호이익이라는 대 명제 아래 도움을 주고받으며 공생공존하는 남부 해안의 '진주'들이다. 고백하자면 주하이에 대해서는 딱히 쏟아낼 '거리'가 없다. 온 지 3개월을 넘기고 며칠 되지 않았을 때 1박 2일로 후다닥 다녀왔으니 기억에 아로새겨진 추억이 강렬하지 않다. 그래서 사진도 몇 장 없다.

2007년 국경절 연휴 기간 우린 남들처럼 여행 계획을 철두철미하게 미리 계획해놓질 못한 결과 어디론가 떠나기엔 선택의 여지가 없는 상황에 놓였다. 오자마자 여름을 보내고 9월부터 선전대학 중국어 수업에 매일같이 매달려 지내다 처음 맞는 방학인지라 어디든 가고 싶었다. 다른 '중국'을 보고 싶었다. 최선책은 선전에서 1시간이 채 걸리지 않는 주하이였다. 주하이가 머릿속에 처음 입력된 것은 다이안 앤 앤젤의 셜리 우리 집을 담당하고 있는 부동산 중개자가 그곳에 아파트 한 채를 마련했다고 말을 꺼낸 때였다. "살기 좋은 휴양도

시"라는 것이 투자 이유였다. 선전만큼 풍광이 이국적인 데다 근사한 골프장도 많고 온천으로 유명한 곳이라는 사실을 그때는 듣고도 잘 몰랐다. 한쪽 귀로 듣고 흘려버렸던 모양이다.

하룻밤 묵을 호텔은 '그랜드 베이 뷰 호텔'이라는 오성급 숙박 업소로 해안가에 위치해 있었다. 솔직히 말만 오성급이었을 뿐 수준은 사성급에도 미치지 않았다. 그래도 바다가 내다보이는 전망과 깨끗한 시설은 낙후되었을 것이라고 지레 짐작했던 불신을 어느 정도 잠재워주었다. 낯선 곳이라도, 그곳이 물가에 있으면, 우선 점수를 따고 들어가게 마련이다. 바다와 하늘, 바람, 해안도로, 도로 가상자리를 메운 야자수들은 늘 봐도 '휴양지스럽다.' 주하이의 첫 인상은 (날씨는 비록 흐렸지만) 생각보다 나쁘지 않았다. 선전처럼 경제특구로 지정되어 힘 있는 도시로 성장 가도를 달리는 모습이 여기저기서 포착되었다. 공장들이 자주 눈에 들어왔다. 길가의 가로등도 이국적인 풍물 중의 하나였다. 여기서 '이국적'이라 하면 '중국스럽지' 않다는 뜻이다. 중국스러우면 그다지 이국적으로 다가오지 않는다 이건 지방마다 다르다. 북부보다 소수민족이 많이 사는 서부가 이국적이다. 옆 동네 마카오의 영향을 받았으리라. 호텔에서 멀지 않은 슈이완루라는 500미터로 이어지는 길 한쪽으로는 웨스턴 스타일의 식당과 바, 클럽들이 줄지어 있었다. 그 모습은 중국이 아니었다. 니스의 중국 버전이라고 상상해보라. 호텔방에는 'IN ZHUHAI'라는 제호의 영문 시티 가이드도 비치되어 있었다. 국제학교가 둘이나 되었다. 영기가 다니는 QSI가 주하이에도 있다는 사실에 어안이 벙벙했다. 선전의 국제화에도 놀랐는데 선전이 다가 아니었다니! 중국의 정책화된 국제화, 앞뒤 눈치보지 않고 이상을 실현하는 중국의 결단력이 부러웠다. 가속화되는 중국의 국제화가 대한민국의 미래에 걸림돌이 되지 않기만을 바랄 뿐이다.

주하이에서의 1박 2일은 중국 남부 광둥성의 활기찬 '세상을 향한 외침'을 들을 수 있는 시간이었다. 듣던 대로 선전보다 낭만적인 도시라는 점도 느낄 수 있었다. 안락한 매력으로 호소하는 도시. 그래도 난 선전에 더 끌린다. 도시다운 면모도, 당일 여행이 가능한 곳이 마카오가 아닌 홍콩이라는 것도 내 적성에 맞기 때문이다. 그러고 보면 선전과 홍콩, 주하이와 마카오, 서로 닮은 것 같다.

쓰촨성의 수도 청두成都는 오래전부터 영기가 가고 싶어했던 곳이다. 어렸을 적부터 팬더의 빅 팬이었던 영기는 팬더의 고향에 꼭 한 번 다녀오길 원했다. 영기가 서너 살 때였으니 벌써 10년 전이다. 영기의 소망은 작년 봄에 드디어 이루어졌다. 중국다운 중국을 가보자, 는 취지에서 우리는 유비와 제갈공명이 세운 촉나라의 문화가 꽃피었던 서부 쓰촨 지방의 청두를 행선지로 정했다. 아울러 매콤하고 향긋한 쓰촨 요리와 한없이 귀여운 팬더도 청두를 택한 중요한 이유였다. 북쪽 베이징을 가기엔 시간적인 여유가 없고 베이징 다음으로 손꼽히는 역사 유적지 시안은 나중에 작정하고 가는 것이 나을 듯싶어 '이국적' 중국 요리의 본고장인 쓰촨에 가게 된 것이다.

신도시 선전에 살면 역사가 그리워진다. 세파를 겪은 도시는 토해낼 넋두리가 한가득이기 때문에 도시 자체와 교감을 나눌 수 있다. 마음을 저미게 하는 뭔가가 땅, 건축물, 공기에 묻어 있다. 잔뜩 기대를 머금고 도착한 청두는 '도시' 였다. 시내 중심에 들어서자 가수 비를 모델로 세운 애니콜의 광고 간

팬더 번식 연구 센터에서는 '팬더 체험'을 유료화하고 있다.
기금은 물론 팬더 번식 연구에 쓰인다.

판이 눈에 먼저 들어왔다. 밤하늘을 어슴푸레하게 밝히는 카르띠에 로고는 서울의 그것과는 또 다른 느낌이었다. 옛 영화의 한 장면을 보는 것 같았다.

청두의 아름다움은 수많은 사찰들과 공원에서 시작된다. 울창한 대나무 숲, 진짜인지 가짜인지 분별을 못할 만큼 선명한 분홍빛의 연꽃이 사뿐히 내려앉은 연못과 당나라의 여류 시인 시에타오雪濤의 조각상이 있는 망강루 공원은 관람자를 단숨에 중국스러움으로 몰아넣는가 하면 두보당나라 시인를 기리는 문학사 박물관과 그가 기거했던 암자가 있는 두보초당의 청록빛 자연에 가해진 가공의 손길은 중국 정원 특유의 정교함을 보여주고 있었다. 여백의 운치를 강조한 일본식 정원과는 딴판인 풍요의 미로 가슴은 녹둣빛으로 물들었다. 신기했다. 전자는 '비움'을 선물하고 후자는 '채움'으로 기운을 북돋아준다는 사실이.

청두는 눈에 넣을 아기자기한 자연으로 가득한 곳이었다. 나무와 연못, 물고기, 돌, 암자 등이 가는 장소마다 만연하여 정신이 비타민을 섭취하는 기분이 들 정도였다. 한껏 걷고 난 후에는 지친 심신을 차로 다스리는 즐거움도 청두가 남긴 추억이다. 청두에서 가장 오래된 선종불교 사찰인 원슈위엔 내의 찻집에서 영기와 나는 차를 천천히 음미하며 마시는 방법을 익혔다. 찻물을 찻잔에 한가득 부어놓은 상태에서 찻잔의 뚜껑 가상자리를 물에 잠기게 한 다음 찻잔 테두리에 입을 대고 마시면홀짝인다는 표현이 더 맞을 듯 뚜껑이 잠긴 부분만큼은 찻잎이 고개를 내밀지 않아 우러난 찻물을 평화로이 마실 수 있다. 남녀노소가 차를 즐기는 모습에서 중국의 실용적인 차 문화를 읽을 수 있었다.

영기에게 청두는 '음식'과 '팬더'로 기억되는 중국이다. 중국을 대표하는 4대 요리 중의 하나인 쓰촨 요리가 왜 그리도 명성이 높은지 이해가 갔다. 붉은색 일색인 음식을 보면 그 맛이 그 맛일 것 같으나 결코 그렇지가 않다.

3일 내내 먹어도 질리지 않는 점이 절묘했다. 중국식 샤브샤브 훠거는 선전에서 먹는 그것보다 훨씬 매우나 국물맛은 담백했다. 가면을 눈깜짝할 사이에 바꿔 쓰는 기상천외한 기술을 비밀로 거머쥔 쓰촨의 전통 공연 '변검'을 관람하며 맛보는 훠궈, 국물이 자작한 딴딴미엔, 고춧가루를 찍어먹는 소고기 수육 등 청두의 미각으로 내 안의 중국은 살을 찌워가고 있었다. 여기에 눈 주위가 둥그런 흑반점으로 얼룩진 두리뭉실한 팬더가 더해져 쓰촨 지방은 거부할 수 없는 땅이 되어버렸다.

난 도시마다 색깔이 있다고 생각한다. 파리는 회색또는 베이지, 서울은 파랑, 도쿄는 검정, 홍콩은 노랑 등 각각의 도시는 저마다의 개성을 가지고 있다. 선전은 초록과 회색이다. 태양을 잔뜩 머금은 회색. 청두는 빨강, 주황, 초록 삼색으로 칠해진다. 쓰촨 지방은 진하고 순수한 매력으로 점철된 또 다른 중국이었다.

1. 중국 예술가들에게 영감의 원천이 되어 온 당나라 시인 두보. 그의 시감을 느끼려면 두보초당에 가도록 한다.

2. 당나라의 여류 시인 시에타오의 조각상이 있는 망강루 공원. 대나무를 배경으로 사진을 찍고 싶다면 이곳을 적극 추천한다.

코믹한 묘기와 변검 공연을 관람하며 정통 쓰촨식 훠궈를 맛볼 수 있는 청두의 명소 황청라오마에서.

광시성[광서 지방]은 중국의 서남부에 위치하여 북으로는 후난성과 구이저우성, 동으로는 광둥성, 서로는 윈난성, 남으로는 베트남을 경계로 둔 다문화적인 지방이다. 중국인, 외국인 너나없이 광시성의 야생미를 찬양한다면 그건 반드시 가야 한다는 소리였다. 중국에 대한 생각을 신비하게 뒤바꿔놓는 곳이 광시성이다. 더이상 내게 중국은 '신비한' 외국이 아니었다. 그렇지만 광시성은 우리 모두의 혼을 빼놓아버린 마법의 장소였다.

대망의 광시성 프로젝트에는 친동생과 나의 멘토 영주 본부장님이 동참했다. 동생, 영주 본부장님 전부 대륙과 친한 중국파가 아닌 관계로 선전에 비해 현대화가 덜 이루어진 곳으로 간다는 점이 사실은 걱정스러웠다. 그러나 그건 기우였다. 결론적으로 광시성은 우리의 중국관에 황홀한 점 하나로 찍혔으니 말이다.

황홀한 점은 구이린[桂林]에서 배를 타고 양숴[阳朔]로 가는 '리장 유람'에서 시작되었다. 리장은 그림보다 더 멋진 풍광을 펼쳐내며 배 안에 모인 세계인들의 입을 다물지 못하게 하였다. 중국 산수화에서 보던 경치가 눈앞에서 그대로 재현되고 있었다. 구김 없는 수면은 겹겹의 산봉우리들을 명확히 비쳐주는 거울이었다. 손으로 그린 듯 부드럽게 이어지는 능선은 자연이 만든 병풍 그 자체였다. 내리쬐는 햇빛을 벗 삼아 갑판에서 바라보는 자연은 도시인을 위한 해독제였다. 똑같은 산 하나 없는 기이한 풍경의 연속. 선전도 서울도 그 안에서 만큼은 잊혀졌다.

배 안은 서양 관광객들로 만원을 이루고 있었다. 여기가 중국의 지방인가. 지극히 '세계적'이라 놀라움이 더욱 커진다. 몇 시간이 훌쩍, 0.1초의 지루함도 없다.

배낭 여행객들의 천국이라고 불리는 양쉬에 도착하면 서구식 카페와 소수민족 아낙네들이 만드는 수공예품을 판매하는 아기자기한 가게들이 즐비하다. 민속적인 이국적 정취에 홀려 무언가를 끊임없이 구매하는 뜻밖의 즐거움을 맛본다. 소수민족 여인네의 노동력이 들어간 소박한 기념품들은 내세울 만큼 그리 싼값은 아니지만 투자한 시간을 계산하면 가격을 밑바닥까지 내리기엔 가슴이 아리다. 어느 정도 선에서 멈추어도 밑지지 않는다.

양쉬를 둘러보는 관광 코스에는 자전거로 인근 마을의 농가들을 구경하는 일명 하이킹 체험과 뗏목을 타고 강을 유람하는 프로그램도 개발되어 있어 여행지를 더 생생하게 느낄 수 있다. 자전거로 달리는 시골길은 자연스럽고 인간적이며 강렬했다. 오랜만에 흘려본 땀다운 땀이었다. 뗏목 위에서 바라보는 강은 배에서 만났던 그것과는 또 다른 인상을 느끼게 한다. 강물에 달라붙은 뗏목은 강과 너무도 가까웠다. 그 순간 양쉬는 살갗에 새겨졌다.

양쉬의 명물 중 또 하나는 장이모 감독의 작품인 '인상 리우산지에印象六三姐' 공연이다. 공연의 출연진들은 전문 배우가 아닌 광시 소수민족으로 사실적인 연기가 압권이다. 배경으로 쓰이는 거대 자연을 밝히는 조명 예술 또한

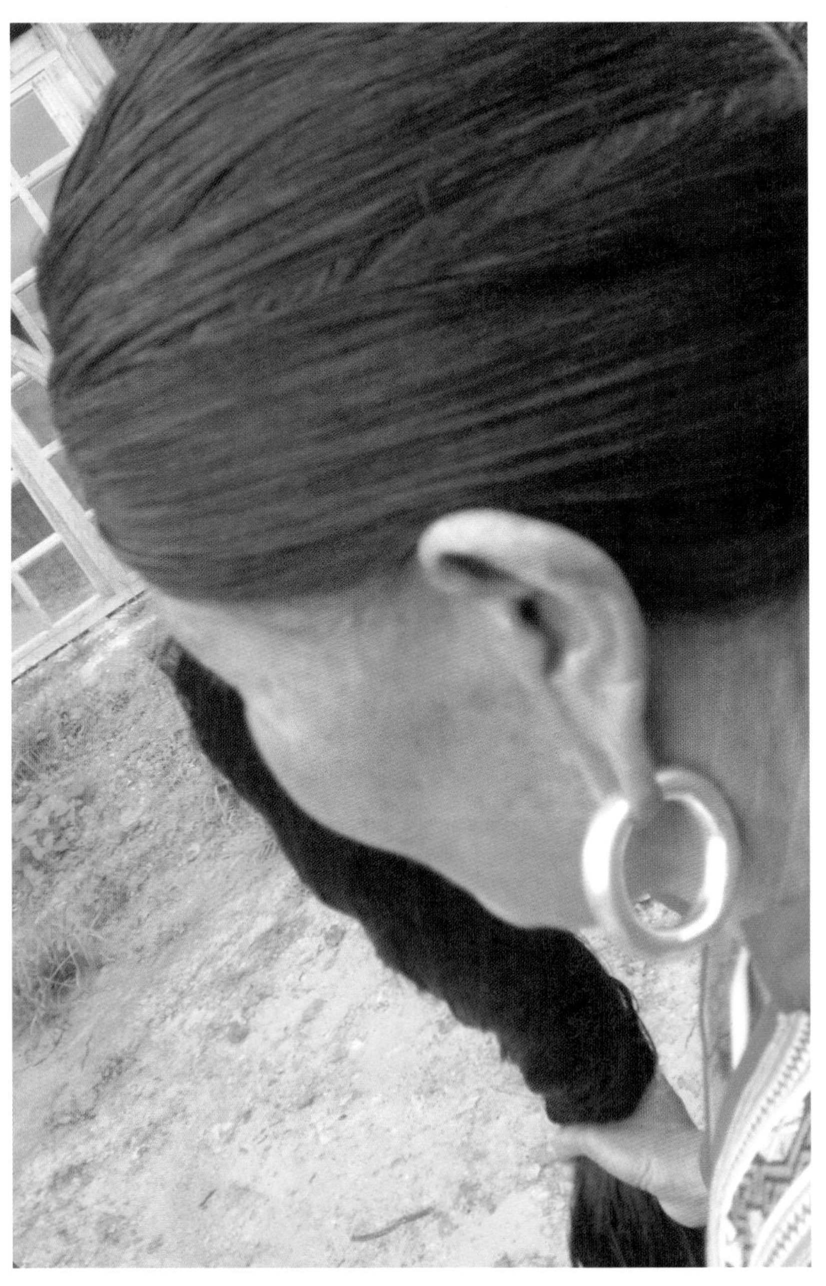

환상이다. 어둠에 묻혀 있다 색색의 빛으로 윤곽을 서서히 드러내는 무대 장면이 주는 감동은 눈시울을 붉힐 만큼 진한 여운을 남긴다.

알렝 드 보통이 지은 『여행의 기술』을 읽다보면 '작아진 느낌'에 대한 서술이 있다. 이스라엘의 시나이 사막 풍경을 논하는 과정에서 화자는 '인간은 그저 늦게 나타난 먼지에 불과한 것으로 보인다'고 말한다. 숭고함을 주는 풍경에 관한 화자의 감정을 엿볼 수 있는 부분인데 이 얘기를 꺼내는 이유는 그런 비슷한 느낌을 소수민족의 거주지인 룽성에서 받았기 때문이다. 정확히 말하면 룽성의 룽지티티엔龙脊梯田이며 산을 깎아 계단식으로 논밭을 일구어 만든 거대한 제전이다. 정상에서 내려다보는 구름 밑 경치는 장관이다. 논밭보다 경이로운 건 산비탈을 삶의 터로 만들어낸 인간의 손이다.

구름이 뭉게뭉게 피어올랐다 자취를 감쪽같이 감추고 난 후의 산은 또 다른 얼굴을 보여준다. 비 온 뒤 층층의 논밭은 더할 나위 없이 선명하여 초현실적이다. 신선놀음이 따로 없다. 일생을 (발목까지 오는) 긴머리로 살아가는 홍야오족의 여인들, 산 한가운데에 지어진 산장식 호텔, 산길을 유유히 산보하는 날개치는 닭들식사시간 닭 요리를 시키면 이들 가운데 누군가 희생된다, 소녀 같은 웃음을 보여주던 짚신 짜는 호호백발 소수민족 할머니, 해맑은 발그스레한 볼, 동양의 알프스를 떠올리게 하는 목조 가옥, '남아메리카스러운' 전통 수공예품, 쫄쫄 나오는 수도꼭지의 물줄기. 그들의 삶이 우리에게 '체험'이었듯 우리의 삶 또한 그들에게 편하게 다가가지만은 않을 것이다. 전통은 그들에게 특별함이 아닌 일상이었다. 그곳에서 얻은 겸허함의 약효는 지속되고 있다. 필요할 때마다 기억의 서랍에서 '광시' 파일을 꺼내서 들춰보면 난 금세 '작아진다'.

1

1. 세계의 배낭족들이 즐겨 찾기로 유명한 양숴에서는 영어 간판을 흔하게 목격할 수 있다. 리강 유람을 마친 후 양숴에서 하룻밤 묵는 것이 일반적. 서구식 카페와 소수민족 여인들이 만든 토산품 가게들이 즐비하여 예기치 않은 쇼핑을 하게 된다.

2. 룽성의 계단식 논밭(룽지티티엔)을 한 번 가보면 입을 다물기가 힘들다. 경사진 산마루를 빼곡하게 메운 목조 가옥은 스위스의 샬레를 연상시킨다. 좡족과 야오족의 터전으로 말로만 듣던 소수민족을 직접 만날 수 있는 곳.

3. 룽지티티엔 입구(입장료를 내야 한다)에서 만난 소수민족 아줌마. 관광객들의 짐(산 속 호텔에서 묵을 투숙객)을 바구니에 담아 운반하며 생계를 유지한다(산 위로는 차량 통행 불가).

2

3

1

2

3

4

1. 검은색 터번처럼 보인 둥그런 뭉치는 자르지 않은 머리였다. 이들 야오족의 틀어 올린 머리를 풀면 발끝까지 내려온다. 기름을 바른 듯 윤기 나는 머릿결의 비결을 물어보니 쌀뜨물에 머리를 감는다고. 입고 있는 옷 역시 손수 지어 만든 것이다.

2. 구이린, 양쉬가 속해 있는 광시성은 베트남과 가깝다. 길거리 풍경, 사람들의 이목구비, 까무잡잡한 피부색, 쓰는 모자까지 어딘지 모르게 베트남적인 요소요소들이 군데군데에서 묻어난다. 난 '동남아시아' 적인 중국의 서남부가 좋다.

3. 룽지티티엔의 좁은 산길을 걷다 보면 소수민족이 운영하는 수많은 가게들이 관광객들의 시선을 가로챈다. 이들의 손끝에서 나온 물건들은 몇 배가 되어 중국 전역으로 나가 팔린다고 한다. 색 조화가 아리따운 이 짚신들은 소수민족 할머니들의 작품이다.

4. 비가 온 후의 논밭 풍경 또한 장관이다. 구름이 공기 속으로 퍼지면서 어느 순간 산과 밭이 전혀 다른 얼굴로 다가온다. 초록과 황토빛으로 물든 선명함은 눈을 찌른다. 중국을 바라보는 시각이 달라지는 순간이다.

양숴의 여흥은 기다란 돌길 지대, 시제(西街)에서 절정을 이룬다. 수백 미터에 달하는 길거리는 (소수민족이 만든) 매력적인 자수 스커트들을 비롯하여 고르는 즐거움을 선물하는 핸드 메이드 품목들, 어설프지 않은 커피, 서양식 먹을거리로 가득하다. 가장 쇼킹했던 사실은 유럽 관광객들이 무수했다는 것.

야오족 여인들은 쉴 새 없이 수를 놓고 있었다. 평소에 입는 옷, 생계를 위해 파는 옷까지 직접 지어 입는다고 한다. 검정과 아름다운 대비를 이루는 색색의 자수에서 중국의 다양성을 체감했다.

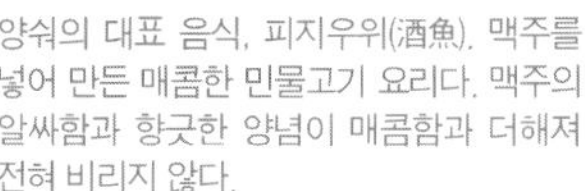

양숴의 대표 음식, 피지우위(酒魚). 맥주를 넣어 만든 매콤한 민물고기 요리다. 맥주의 알싸함과 향긋한 양념이 매콤함과 더해져 전혀 비리지 않다.

Fifth Theme ○○○○●

다채로운 풍경

제갈량을 기리는 우허우츠(武侯祠) 사당에서, 청두.

그 옛날 어떤 일들이
굽이치는 벽을 끼고 벌어졌을까?

머릿속에 자리잡았던 '개념적인 중국'을
청두에서 만났다. 불교사원 원슈위엔(文殊院)에서, 청두.

외국인들의 주거 지대 셔커우의 진산 빌라촌 한구석에서
평화로이 쉬고 있는 오성홍기.

중국 안의 세계,
세계 안의 중국.

새장을 들고 다니는 여유를 배우고 싶다.
난 조급함이 앞서는 참을성 없는 학생이다.

수업을 마치고 집으로 돌아가는 길.

어디에 가나
쉬고 있는 자전거.
검정색의 심플한 이 자전거의
주인은 뭐 하는 사람일지
궁금하다.
원슈위엔에서, 청두.

이것이 중국인가?
그 다양한 표정이란.

광시성 룽성의 계단식 논밭

소설 속 풍경을
어느 날 아침 병원에서 보았다.
슬프지만 눈을 적시는 예스러운 색감.

집 앞 병원 손님 대기실에서.

신비한 광채를 띤 저 블루,
생기를 부여하는 화초가 그려내는 이국적인 정취에
서양인들이 그토록 열광했던 것일까.

명나라 때 성(城)이었던 다펑구청(大鵬古城)에서, 선전.

눈을 어지럽히는 현란한 색상의 꽃들.

진짜도 있고 가짜도 있다. 진짜를 골라내는 게 더 힘들다.

선전의 꽃시장에서.

상품화된 공산주의.

상하이의 한 골동품 시장.

2009년 3월 15일. 명나라가 남기고 간 시간의 흔적에 감 전 됐 다 .

다펑구청.

도시에서 아직 사라지지 않은
재 래 식 골 목 풍 경 .
마카오 시내 어느 골목.

유럽의 품에 가장 오랫동안 있던 식민지.
마카오에 가면 포르투갈이 보인다.
홍콩에 가면 영국이 보이듯이. 집에 와서 구글 검색창에 '제국주의'를 쳤다. 마카오 타이파 섬의 한 골목.

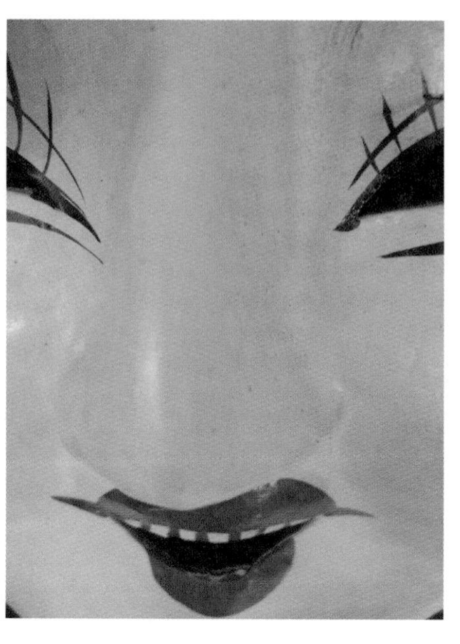

중국인들이 왜 웃는지
잘 모를 때가 많다.

중국 여성들의
핑크 사랑은
무한에 가깝다.

다 큰 여자들이 귀엽고 부드러운 패션에 안주한다.

매일같이 오후 서너 시가 되면
어르신 네 분이 나타나
예술적인 집중 행위를 펼친다.

마작이란 이름으로 거행되는
아 름 다 운 의 식 .

그 린 이 그 토 록 예 뻐 보 일 수 가 없 었 다 .

나무와 콘크리트, F518 창이위엔에서.

중국은 나로 하여금 꽃을 좋아하도록 가는 길마다 꽃을 심어놓는다.
난하이 장미화원(南海玫瑰花园) 단지 내.

반달 눈썹과
붉은 입술로
동양적 매력을 전하는
'상하이 여인'은
세계 어딜 가도
보인다.

셔커우의 한 액자집에서.

통째 집으로 가져가고 싶었던 황금 먹은 연둣빛 나뭇잎.

집 부근 길을 걷다가.

문만 보면 카메라가 달려든다
문을 넘어서면 뭔가 있을 것만 같은 기대감.

선전 민속문화촌.

어디든 자리만 있으면 어김없이 들어서는 빨래들.
햇님보고 바짝 말려달라고 부탁한다.
그런데 옷의 주인들은 알까,
열심히 빨아 말린 옷에서 눅눅한 냄새가 난다는 사실을.

상하이의 한 골동품 시장 근처.

눈부신 햇빛. 건물 사이로 얼굴을 내민 새하얀 솜사탕.

난 선전에 희망을 걸기로 다짐했다.

처 음 갔 지 만 낯 설 지 않 았 다 .

구이린과 양숴 사이를 흐르는 리장(漓江)의 '봉우리 절경'은
20위안짜리 지폐에 새겨져 있다.

백화점에 놓인 꽃 장식이 어쩌면 이리도 나라마다 틀릴 수가 있는지.

초특급 세련미와는 거리가 멀지만 자꾸 보니 정든다.

선전은 서양의 체취가 부유하는 도시다.

중국스럽지 않아서 잘살 수 있는 그런 곳.

아 이 러 니 한 　 진 실 .

빨간 속옷, 빨간 봉투, 빨간 의자, 빨간 장식, 빨간 띠, 빨간 고추기름.

액운을 물리치고 행운을 부른다는 빨 강 은 이 곳 에 선 일 상 이 다 .
집 앞 새로 문을 연 레스토랑 '프로방스' 오픈을 앞두고.

난 꽤나
싫어하던 중국의 색에
반하기 시작했다.

고대 수리시설이었다는
두장옌(都江堰) 에서, 청두.

유화촌의 어느 골목. 페인트가 칠해진 스튜디오의 벽 한 면을 닮았다. 별것도 아닌데 별것이 참 많다.
이방인의 눈으로 들여다봐서 그런 건지도.
다펀유화촌에서.

세월이 흘러도 그녀는 '여자' 였다

크기가 판단 기준의 첫번째.

중국이 커서 좋지 않느냐는 질문을
참으로 많은 택시 기사들로부터 받는다.

황제, 황하, 황사, 황금, 황조,
중국은 진정한 황색의 천국이다.

중국색? 맞다. 남아메리카의 특산물, 절대 아니다.

화초만큼 화분도 중요하다는 사실을 알았다. 화분에 관심을 가진 적은 어렸을 적 소꿉장난하고 놀 때가 전부였다.

내가
태어나지 않았던
시대를
흠모하도록
부추기는
흔적.

그때 그 시절 '힘센' 자들이 일구어낸 국제 도시 상하이는 슬픔과 로망을 다잡고 있다.
상하이 피스(Peace) 호텔.

기와를 까는 데 몇 명이 동원되었을까? 사방에서 메아리치는 규모의 목소리. 다펑구청.

초여름 오전, 나무 파라솔 밑에서 벌어진 조리사들의 만찬.
화교성 딤섬으로 유명한 딴꾸이슈엔(丹桂軒) 레스토랑 테라스 앞.

아주 오래전 화교들이 지었다는 독특한 스타일의 누각들.
중국과 세계를 잇는 고리의 역사를 다시 한 번 생각한다.
광둥성 카이핑(开平).

집 안이 컴컴하다.
바깥은 그들의 놀이터.
그들만의 삶이 거기에 있었다.

다평구청 내 민가 앞.

금고로 채워지는 도시.
물질적 부를 축적한 선전,
이제는 문화를 모아야 할 때.

도시의
삭막함은
고개를
하늘로 향하면
이내 사라진다.
눈을 떠보니 봄이 와 있다

마 음 에　공 짜 로　담 기 는　중 국 .

그곳엔 야생 뿌리를 데친 물과 옥수수 그리고 잠자는 고양이가 있었다.
룽성 핑안춘(平安寸)의 산중턱 찻집에서.

새장, 도자기, 차, 나무, 꽃, 화초, 고양이, 의자, 나무바닥.

마음 안에서 키우고 싶은
휴식의 기운.

소 황 제
신 드 롬 .

아이들이 잘못을 저질러도
야단치는 어른들, 잘 보질 못했다.

야자수가
없는 선전을
난
상상할
수가 없다.
그 이국적인 표정에 아줌마의 감각은 봄날같다.

아직 가보지 못한 중국이 더 있을 것이다.
가까운 홍콩, 마카오, 주하이 모두 내겐 '여행지'로 인식된다.
홍콩과 마카오를 1시간 내로 데려다주는
선전의 지리적 요건은 선전의 점수를 올리는 데
중요한 몫을 하고 있다. 중국 남부에 위치해 있어
동남아시아로의 여행길도 부담스럽지 않다.
선전은 여행을 부르는 도시다.
베이징, 항저우, 쑤저우, 칭다오, 옌볜, 광저우, 하이난, 쿤밍,
리장, 우루무치, 란저우, 후허하오터, 라싸, 시안.
마음속에 적어둔 다음 행선지들이다.
다민족적이어서 다문화적일 수밖에 없는
중국의 다양성을 접할 때마다 나의 편견은 줄어들고 있다.
"중국의 얼굴은 도대체 몇 개나 될까?"
중국인들조차 중국색을 정의해달라고 하면
잘 모른다고 한다. 물론 어느 정도 공통되는 부분이
있기야 하겠지만 지방마다 미세한 차이가 있어
똑 부러지는 대답을 내놓질 못한다.
중국 내 여행은 '끊임 없이 새로운' 중국과 인사하게 만든다.
난, 중국이라는 만화경 안에 들어와 있다.
시시각각 모습을 달리하는 이 특별한 만화경 안에서
난 '행복하다'고, 나지막이 외쳐본다.
그 수줍은 외침은 조금씩 커지고 있다.

Loving

…my life

special theme:

p e o p l e

열정, 그 아름다운 이름들

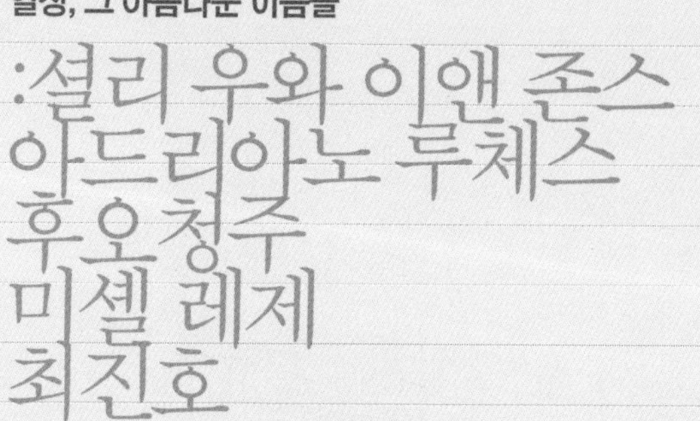

:셜리 우와 이앤 존스
아드리아노 루체스
후오청주
미셸 레제
최진호

낯선 도시가 발 붙이고 살 만한 빛깔로 채색되는 건 열망하고 도전하는 사람들이 있어서다. 피가 유난히 뜨거운 사람들. 그들은 넘치는 책임감과 겸손함을 갖고 있다. 깊숙이 빠져 있기에 그들은 모른다. 그들이 하는 일이 얼마만큼 특별한지 또 얼마나 멋진지. 선전을 삶의 화두로 선택한 5인과의 만남.

행복한 정착을 위한 해결사, 셜리 우와 이앤 존스

말 한마디 통하지 않는 세상에서 생활상의 문제를 누군가 해결해주면 그것만큼 대단한 게 없다. 셜리 우와 이앤 존스와의 만남은 그들이 수장으로 몸담은 하우징 에이전시 '다이얼 앤 앤젤'과 관계를 맺으면서 싹을 틔우게 되었다. 다이얼 앤 엔젤 Dial-an-Angel, www.shekou.biz 은 선전으로 둥지를 옮긴 외국인들이 새로운 환경에 신속히 적응해나갈 수 있도록 필요한 모든 '조치'를 취해주는 리로케이션(이주) 컴퍼니다. 살 집을 구하는 일부터 가정부와 기사 고용, 아이들 학교에 대한 정보제공, 은행구좌 개설, 보험과 관련된 행정적인 업무 지원, 생수 주문, 병원 알선, 쇼핑장소 안내, 복사 및 스캔 대행, 빠른 국제 특송 서비스로 짐을 붙이는 소소한 일까지 다이얼 앤 앤젤이 짊어진 책임의 무게는 상당하다. 이주와 관련된 총체적인 업무를 책임지는 이들 사업의 시발점은 사사로웠다. 이것저것을 알아봐달라는 친구들의 부탁을 들어주는 동안 선전 거주 외국인들의 수가 급속도로 늘어나고 있음을 체감하게 되었고 이는 자연스럽게 틈새시장을 공략하는 계기가 되었다. "중국에 처음 오면 두려움이 앞서는 게 사실입니다. 아무 것도 아닌 일이 소통 불가로 큰일이 되어버리지요. 의사를 대신해줄 든든한 파트너가 되어드리는 것, 저희들이 존재하는 이유가 여기에 있습니다."

중국인 셜리와 호주인 이앤의 연분은 행복한 '결합' 이자 지혜로운 '결탁' 이었다. 중국인 집주인과 외국인 임대인 양쪽의 정서를 관통하는 힘을 반반씩 거머쥐고 있다는 건 다른 에이전시에게선 찾아볼 수 없는 경쟁력이다. 중국인(또는 홍콩인, 대만인일 수도 있다) 집 주인과 계약할 때 중국식으로 대처하지 않으면 낭패를 보기 십상이라고 셜리는 덧붙인다. 중국인과의 협상은 간단하지 않다. 중국인 '부인' 과 호주인 '남편' 은 쌍방이 밀지는 느낌이 들지 않게 하기 위해 조율과 조정을 수 차례 거듭하며 양쪽의 문화를 절충시켜나간다. 그들은 그런 절충 속에서 남다른 보람을 켜켜이 쌓고 있다. 셜리를 처음 봤을 때 난 그녀의 연한 갈색 눈빛에 매료되었다. 햇빛 아래에서 초록빛으로 변하는 그녀의 갈색 눈과 활동적인 가냘픈 몸은 호기심을 자극하기에 충분했다. 하나된 부드러움과 진취성은 매력이 배가되는 법이다. 그녀가 쏟아내는 에너지의 원천이 궁금했다.

"10년 전 저는 윈난성에서 영어를 가르치고 있었지요(그녀는 쿤밍대학에서 영어를 전공했다). 당시 쿤밍은 매우 낙후된 곳이었어요. 젊은 선생들이 저녁 시간 갈 곳이 마땅치 않았어요. 그래서 가볍게 맥주 혹은 차 한 잔 할 수 있는 바를 열기로 결심한 거지요. 10년 전의 중국은 사람들이 커피도 잘 몰랐을 때죠. 난생 처음 하는 일이었는데 결과는 대성공이었어요. 몸은 힘들었지만 이전보다 벌이가 월등히 나아지면서 전 더 큰 꿈을 키우게 되었어요. 더 이상의 비전을 갖기에는 터전이었던 그곳이 너무 좁다고 느껴졌어요. 바로 선전행을 결심한 이유입니다."

이앤을 선전으로 불러들인 건 25년 간 축적된 정보기술, 마케팅, 판매, 관리 노하우였다. 생명과학을 전공한 이 정보기술 전문가는 캐나다의 트라이버시티[Triversity], 미국의 엔씨알[NCR, National Cash Register] 등에서 경력을 다지며 아시아를 찾는 기회가 잦아졌다. 선전에 첫발을 내디딘 건 1999년, 그러나 그는 상상도 못했다. 3년 후 선전에 다시 와서, 살게 될 줄은. 새로운 가능성과 기회를 좇는 도전과 사랑이 만들어낸 운명이었다.

'차별화를 추구하는 기질' 을 공통분모로 가진 두 사람이 일궈낸 사랑은 세 가지 사업을 통해 그 결실을 다져가고 있다. 이주와 정착에 관해 필요한 모든 도움을 제공하는 '다이얼 앤 앤젤' , 정통 태국요리를 선보이는 '타이 오키드' , 차가운 맥주(차가운 걸 요구해도 미적지근한 걸 갖고 오는 수가 많다. 지나치게 찬 건 위장에 좋지 않다는 믿음에서 비롯된다)와 숙련된 서비스, 영어가 시원시원하게 통하는 '익스패츠 바 & 라운지' 가 그들의 일터이자 놀이터다. 이 가운데 '익스패츠 바 & 라운지' 는 가장 늦게 태어난 막둥이다.

이앤은 풍채가 당당하다. 새파란 눈이 맨 먼저 들어오는 웃는 얼굴이 푸근하다. 그도, 그녀도, 둘 다 일에 매달리는 기질이 뛰어나다. 이들의 하루하루는 '집' 때문에 발생하는 크고작은 '사건' 들로 틈이 없다. 또한 '음식' 때문에 신경쓸 일이 무수하다. '사는 장사' 에 '먹는 장사' 그리고 이제는 '마시는 장사' 까지 가세해 하루 16시간 일하는 건 일상이 되어버렸다. 여유 부리는 그들의 모습이 그려지지 않는다. 대신 둘이 손잡고 앞을 향해 걷는 비주얼이 선명하게 그려진다. 거기엔 에너지가 보글보글 끓고 있다.

사람들마다 지닌 열정은 같으면서도 다르다. 열정이라는 대단한 이름 아래 그 껍질은 비슷할지 몰라도 속성은 다르다. 동양과 서양. 조용하면서 강한 자와 강하면서도 조용한 자. 삶을 즐기는 모양이 어색한 자와 그렇지 않은 자. 프라이버시의 중요성을 깨닫지 못하는 자와 그것만큼 중요한 게 없다고 믿는 자. 손님이 자리에 앉기가 무섭게 주문을 받는 종업원의 민첩함이 당연하다고 여기는 자와 그 민첩함이 이해가 안 되는 자. '편하게 대함'을 예의 없다고 생각하는 자와 자연스러움이 미덕이라고 생각하는 자. 차이를 보듬으면 강해진다. 두 세상이 합심하면 접근 가능한 일이 많아진다. 그 풍요로운 향내는 그들을 계속 바라보도록 부추긴다. 쉼 없이 노력하는 이들은 아름답다.

중국에 취한 외로운 작가, 아드리아노 루체스

한자의 아름다움에 취해 하루에 8시간 한자 쓰는 연습을 매일같이 하고 중국을 못 느낄까봐 '백인'들이 바글거리는 곳에는 잘 가지 않으며 선전대학에서 중국어 배우는 때가 가장 행복하다는 남자.

동양에 대한 지독한 관심은 아이키도로부터 비롯되어 중국 철학으로 확산되었다. 말 그대로 '지독한' 그의 중국병은 끝내 그로 하여금 '남들이 잘 하지 않는 일'을 저지르도록 만들었다. 2008년 선전 쇼핑의 알짜배기 노하우를 담은 가이드북 『Shopping in Shenzhen』을 출간한 것www.shenzhenhao.com. 홍콩인들의 쏠쏠한 쇼핑지로 자리매김한 선전에 대해 '알려야 할 것은 알려야 한다'는 사명감이 이룬 쾌거였다.

그가 선전에 오게 된 사연을 얘기하자면 지난 5년 간의 싱가포르 근무 시절로 돌아가지 않으면 안 된다. 휴렛패커드hp에서 착실히 미래를 설계해나가던 어느 날 마음 저 깊은 곳에서 메아리치는 소리가 들려왔다. 뭔가 다른 삶을 갈구하는 목마른 외침이었다. 가장 열렬히 원했던 건 두 가지였다. 무술 아니면 중국어나 일본어. 그러던 와중에 하고 싶었던 MBA 과정이 진행되는 세 도시 중 마지막 거점이 중국 선전이라는 사실을 알게 되었다. 이는 그의 희망사항 중 하나와 일치했다. 중국어. 중국어를 자신의 것으로 만들고 싶었다. 선전에 오자마자 그는 선전대학에서 중국어를 배우기 시작했다. 머리가 채워지는 신나는 나날들의 연속. 그러나 뭔가가 빠진 느낌이었다. 그는 세 학기를 다니다 그만두고 혼자서 중국어를 공부했다. 교재 내용을 듣고 받아적기를 매일 한 시간씩하고 과외 선생을 구해 자신의 방식대로 가르쳐 달라는 '미션'을 주었다. 그만의 방식이란 HSK(중국어 능력을 평가하기 위해 만들어진 국가급 표준화 고시) 교재에 제시된 토픽을 선정하여 그 스스로 내용을 충분히 소화한 다음 이에 대해 선생이 질문하면 본인이 답하는 것이다. 그는 여기서 만족하지 않고 강도를 더 높여 내용 요약에 집중했다. 그러는 사이 그의 중국어 실력은 학교 의자에 앉아 있을 때에 비해 몰라볼 정도로 자라났다. 책을 쓰겠다고 열망한 건 이 즈음이었다.

"돌이켜 보면 글쓰기에 대한 욕구는 오래전부터 내재되어 있었나 봐요.
말로 다할 수 없는 걸 다할 수 있는 수단은 백지에 쏟아내는 거죠.
중국은 제게 그런 영감을 주었어요."

『Shopping in Shenzhen』의 탄생으로 선전 거주 외국인들은 믿을 구석이 생겼다. 대표적인 쇼핑 명소와 주요 호텔과 식당들, 관광 요지 등이 체계적으로 정리된 가이드북이 버젓이 존재하게 되었으니 말이다. 장소와 품목별로 구분한 꼼꼼한 쇼핑 가이드는 지혜로운 쇼핑 노하우가 두둑한 전문가 친구의 도움으로 기반을 다질 수 있었다(참고로 이 전문가 친구는 '나의 친구들' 편에 서 언급되는 프랑스 친구 욜랑드임을 밝힌다). 쇼핑 선수였던 그녀는 '베스트' 반열에 올릴 수 있는 숍 300개에 해당하는 명함들과 요점 메모를 그에게 전하고 프랑스로 돌아갔다. 그 누구로부터도 얻어낼 수 없는 귀중한 정보를 전해 받은 그는 무지막지한 작업에 들어갔다. 명함에 기재된 가게 이름과 주소들을 일일이 영문과 한자로 쳐서 컴퓨터에 입력하기까지 수 개월이 걸렸다. 눈이 돌아가고 손가락이 마비되고 신경이 곤두서는 순간들이었다고 회상한다.

중국에서 책을 내는 일은 절대로 '심플'하지 않다. 출판사들은 일단 영어로 발간하길 꺼린다. 외국인들의 시각에서 '무슨 소리가 나올지' 예측을 할 수가 없기 때문이란다. 베이징, 상하이 등지의 연락을 취할 만한 출판사는 다 시도해보았으나 돌아오는 건 깜깜 소식이었다. 그간의 노력이 수포로 돌아가나 싶었던 찰나 무모한 작가를 살린 건 「선전 데일리」였다. 덕분에 제1호로 선보인 그의 '본격' 쇼핑 가이드는 선전 제일의 '선전 프레스 그룹 퍼브리싱 하우스'에서 인쇄되는 영광을 누렸다(사실 선전의 쇼핑 가이드 책자가 전혀 없었던 건 아니다. 『Shop in Shenzhen』(엘렌 맥낼리 지음, 2002)과 『Suzy Gershman' s Born to Shop』(수지 거쉬만 지음, 2005) 등이 있지만 쇼핑 해결책에 대한 갈증을 해소시키기엔 턱 없이 부족하다).

책에 대한 얘기는 끝없이 이어졌다. '쇼핑' 다음으로 준비하고 있는 것이 '리빙' '다이닝' '사이트 시잉' '비즈니스' 순으로 그의 선전 탐구는 영역을 넓혀가고 있다.

그와의 인터뷰는 서로 잘 가는 셔커우의 한 이탈리안 레스토랑에서 이루어졌다. 유창한 중국어로 주문하는 프랑스 남자와 중국어 반 영어 반으로 종업원에게 말 거는 한국 여자. 웃긴다. 그의 '막힘 없음'과 나의 '막힘 있음'이. 그의 촉수는 중국에, 나의 촉수는 프랑스를 향해 뻗어 있다. 동경하는 게 다르면 이런 그림이 나온다. 문화의 저력이란 이처럼 마술 같은 신기를 부린다. 그 안에는 중국이 꽉 차 있다. 그의 노마드 기질은 양동이 100개는 족히 채울 듯싶다. 그는 변화를 온몸으로 껴안는다. 변화는 그로 하여금 백지에 새로운 이야기를 쓰게 했다. 선전이 그랬고 그의 소망대로라면, 중국의 다른 도시들도 그를 그냥 놔두지 않을 것이다. 이해 안 되는 것을 이해하기 위해 쉴 새 없이 질문을 퍼붓는 그니까.

"삶은 커다란 퍼즐이에요. 전 사물 간의 연관성을 찾으려고 해요.
그러면 어느 순간 연결이 되면서 사는 것 자체가 흥미로워지거든요.
퍼즐 한조각씩을 맞추어나가다보면 이해하게 될 거에요. 세상을 산다는 것 말이에요."

선전을 기록하는 날카로운 눈, 후오청주

사진. 후오청주

후오청주의 펜네임은 뉴먼 후오Newman Huo로 「선전 데일리」의 굵직한 예술 문화란을 책임지고 있는 이름이다. 앞서 밝혔듯 그의 이력은 선전 유일의 영자 신문이 다잡기에는 '황송한' 부분이 여럿 있다. 후베이성 징쩌우 교육대학에서 영어 학위 수여증 취득, 우한대학에서 철학 석사 학위 수여, 기독교로 전향, 성경학 석사 학위 수여, 「선전 데일리」에서 리포터 겸 사진가로 활동 중. 이만하면 공부 전문가라고 해도 과언은 아닐 것이다. 그러나 그가 땀 흘려 일군 열매는 여기에서 멈추지 않고 값진 수확을 하나 더 거두어냈다. 2002년 6월~2006년 9월 사이 「선전 데일리」에 게재된 기사들 가운데 '현대화되어 가는 중국'의 성장이 잘 나타난 96개의 이야기를 엄선하여 한 권의 책으로 엮었다. 『A Window into Changing World』(2006). 변화하는 선전을 통해 개혁하는 중국의 새로운 일면들을 고스란히 담은 기록이다(http://newmanhuo.spaces.live.com/blog/cns!69F67B1B72BD1C85!175.entry로 들어가면 그에 대해 더 자세히 알 수 있다). 세계를 향해 닫혔던 그 육중한 문이 갓 열린 1980년대 이후 본토 현역 리포터에 의해 영어로 쓰여진 최초의 저서라는 점이 뜻 깊다. 저널리즘을 전문적으로 공부하지 않았어도 영어와 철학, 성경학에 정통한 학도에게 관찰, 취재, 기록을 요하는 리포터로서의 사명은 그로 하여금 삶에 열정을 더 갖고 뛰어들도록 끊임없는 반추와 노력하는 자세를 고양시켰다. 그는 명실공히 개방 도시 1호 선전의 발전상에 대해 막힘없이 증언해줄 수 있는 적임자다.

선전의 다펀유화촌이 오늘날의 모습으로 변할 수 있었던 이유, 베이징 아트 비엔날레에 참가한 선전 출신의 아티스트, 선전의 지하철 개통, 선전에서 열린 내로라하는 작가들의 전시회, 선전의 미술관과 박물관 오픈에 깃든 사연, 현대미술에 눈뜬 선전의 예술계, 선전의 그래픽 디자인 비엔날레, 파리 루브르 패션쇼 무대에 작품을 선보인 선전의 패션 디자이너, 불화를 그리는 선전의 어느 한 스님, 마오쩌둥 배지만 1만여 개 모은 컬렉터… '선전' 을 화두로 삼는다면 그가 펼쳐낼 이야기 보따리는 밤을 새도 모자라다.

그는 2002년 「선전 데일리」에 입사한 이래 줄곧 취재, 사진 기자로 뛰어왔다. 영어로 기사를 작성하는 게 힘들지 않느냐고 물어봤다. 영어 전공자여도 취재물을 글로 풀어내는 건 녹록한 작업이 아니기 때문이다. 그의 영어는 참으로 '열심' 인 냄새가 난다. 영어로 쓰는 기량은 초보 기자로 일하면서부터 미국인과 호주인 카피 에디터들의 감수를 받으며 갈고 닦은 것이라고 한다. 정석의 영어로 뉴스를 전달하는 스킬과 사진 촬영에 각고의 노력을 기울였다고 한다. 『A Window into Changing World』의 서문에서 베이징 「차이나 데일리」, 「선전 데일리」의 카피 에디터였던 에이미 스톤은 그의 객관성 높은 취재와 집필 능력을 높이 사고 있다. 아울러 중국인이면서 기독교인이며 기자인 후오청주를 '본토의 이례적인 케이스'라고 서술하고 있다.

그에게 흥미를 느낀 건 그가 단순히 내가 즐겨보는 일간지 소속 기자이기 때문만은 아니다. 그는 기독교 신자다. 중국(선전)에 와서 기독교를 철석같이 믿는 중국 남자는 그가 처음이다. 그는 그곳의 신학교Ashland Theological Seminary에서 성경학 공부를 마치고 석사 학위까지 얻었다. 그가 기독교 신자가 된 연유는 학교에서는 배우지 못한 인생에 대한 비전을 신앙심에서 읽었기 때문이라고 했다.

기독교는 그로 하여금 세상을 아우르는 견해를 새로이 가져다 주었다. 그의 '새로운 지각'을 묻는 질문에 그는 성경문구 인용으로 답을 대신했다(로마서 6장 4~10절, 마가복음 8장 34~38절 등). 그에 따르면 현재 선전에는 20여 개의 교회가 있다고 한다. 신앙 활동은 교회 내에서만 허용되며 기독교 신자 대부분은 젊은 사람들이거나 중장년층 여성들이라고 귀띔한다. 그러고보니 수긍이 갔다. 그의 포스는 철학과 성경학이 합쳐진 심오함에서 나오고 있었다. 그의 심오함은 현실과 먼 꿈에 관한 고백을 하게 내버려 두지 않았다. 그는 꿈을 물어보는 질문이 이상하다고 했다. '꿈'에 대한 그의 대답은 마른 장작처럼 건조했다.

"40대 중반으로 가는 길목에서 꿈이라는 건 의미가 없어요. 40대에 갖는 책임감의 무게는 아주 크죠. 저 자신, 저의 일, 저의 가족, 저희 사회, 저희 국가, 저희가 살고 있는 이 세상에 대한 책임이 묵직해지는 그런 때입니다. 그래서 저는 꿈을 꾸지 않아요. 현실을 바로 보는 걸 좋아해요. 그러면 알게 되죠. 자신이 품었던 꿈이란 게 그다지 중요하지 않았다는 것을. 제가 누구이고 제가 갖고 있는 것에 행복해요."

시간을 보낼수록 그를 마주하고 있다는 사실이 소중하게 느껴진다. 열정을 불사르는 문화 전사들의 고충과 보람을 널리 알리는 후오청주의 기사는 비즈니스 외에는 흥미로울 것이 전혀 없다고 선전을 그저 한쪽 구석으로 치워놓으려 했던 이방인의 마음을 유색으로 물들여 놓는다. 낯선 곳에 도착해서 문화의 가닥을 잡고 싶다면 「선전 데일리」의 '뉴만 호'가 있다. 그는 자신을 열린 사고의 소유자라고 기탄없이 말한다. 선전에서 연을 맺게 된 첫 기자 친구, 난 그를 믿는다. 그를 친구로 두었음에 선전 사랑은 묵직해진다.

불모지에 맛을 심은 개척자, 미셸 레제

헤어밴드가 올라탄 블론드의 긴 머리, 스타일리시한 검은색 레깅스, 단아한 플랫 슈즈, 길쭉한 다갈색의 모아More 담배, 푸른색 눈매를 돋우는 검은색 아이라이너, 금색 크레올(링 모양의 귀고리). 선전의 셔커우 거주자들에게 미셸은 신비한 존재로 각인돼 있다. 미셸을 논하자면 '카사블랑카'부터 거론해야 한다. 카사블랑카www.casablanca-shekou.com는 셔커우에서 유일하게 프랑스 요리를 맛볼 수 있는 미식의 전당으로 특히 부야베스(토마토, 올리브, 마늘, 해산물, 생선 등을 주 재료로 한 프랑스식 해물탕)와 시각과 미각을 두루 충족시켜주는 디저트는 이곳 일류 호텔도 재현해내지 못하는 '애틋한' 맛이 특징이다. 그녀는 맛나고 세련된 요리를 선보이기 위해 인터넷 서핑을 통해 세상의 아이디어를 얻는다. 물론 그 관심 대상은 음식에만 국한되지 않고 패션으로까지 이어진다. 요리도 패션처럼 맵시를 갖춰야 한다는 것이 그녀의 지론이다(물론 여기에는 감동적인 맛이 뒷받침 되어야 한다). 미셸의 요리는 전통과 퓨전의 중간 즈음에 놓인다. 진한 맛과 기분 좋은 날렵함이 공존한다. 혀가 예민한 이들이 카사블랑카를 찾는 이유다. 카사블랑카는 홍콩이 중국으로 양도된 1997년 선전 셔커우에 처음 문을 열었다.

홍콩도, 상하이도, 베이징도 아닌 선전을 선택한 내막은 그녀가 홍콩에 살던 시절 운명적으로 만난 두 사업가로부터 비롯되었다. 요리에 대한 미셸의 열정을 익히 알고 있었던 그들은 (외국인들이 거주하는) 셔커우에 제대로 된 양식당이 있어야 한다며 그녀에게 식당을 열어보라는 권유를 하기에 이른 것. 그녀라면 해낼 거라고 장담했다. 그들의 예상은 적중했다.

"전 모로코에서 태어났어요. 그 시절 저희 집에는 가정부가 여럿 있었는데
전 그들과 부엌에서 노는 걸 좋아했어요. 시장에 가는 걸 특히 즐겼지요.
시장의 빛깔과 냄새, 그 생동감이 제겐 감동으로 다가왔죠.
전 요리하는 게 그렇게 좋을 수가 없었어요."

그녀가 가장 많은 시간을 보내는 곳은 주방이다. 12년을 함께한 대장 셰프 잭과 8년을 같이한 그 밑의 마이클은 중국인이다. 그들은 미셸과 함께 커온 사람들이다. 그들은 카사블랑카를 등에 업고 영어와 회계를 배웠고 공급자들과 협상하는 법을 터득하였으며 유럽식 요리 전문가로 발돋움했다. 미셸 또한 그들을 통해 중국을 가슴에 담았다. 선전은 그녀의 머릿속에 전혀 입력되지 않았던 홍콩의 그저 옆 동네에 불과했다. 그랬던 그녀가 13년을 넘게 선전에서 보낸 것이다.

"선전은 신도시라 문화적으로 건조해요. 하지만 모든 걸 다 가질 수는 없지 않겠어요. 여기 생활은 풍족해요. 그 풍족함은 일 덕분이고요. 제 곁에는 가족 같은 직원들이 있어요. 선전은 제가 열렬히 좋아하는 도시는 아니지만 제 인생에서 큰 부분을 차지한 곳임은 분명해요. 그런 만큼 애착이 커요."

기대에 어긋나지 않는 음식, 깔끔한 분위기, 신속한 응대, 친절한 서비스는 레스토랑이라면 당연히 갖춰야 하는 조건일 터, 고부가가치에 대한 개념이 중국 땅에는 아직까지 폭넓게 스며들지 않은 것이 현실이다. 변화는 급속도로 진행 중이다. 직원 교육 면에서 미셸 사장은 엄격하기로 소문 나 있다.

"영어 교육, 손님을 대하는 교육, 자연스럽게 웃는 교육, 청결 교육 등 처음부터 끝까지 교육으로 점철됐었지요. 정리정돈과 위생의 중요성을 누누이 강조했어요. 며칠 들여다보지 않으면 엉망이 되다보니 매일매일 점검하는 게 큰일이었어요. 끊임없는 반복을 되풀이해야 하지만 그게 또 제 일의 일부 아니겠어요. 그러면 또 보람이 생기더군요."

그녀는 스트레스가 몇 근이어도 '사장님'이 롤 모델이라는 여직원의 충심 어린 한마디만 있으면 살맛이 몽글몽글 피어난다고 했다. 사람들은 모를 것이다. 그녀가 직원으로부터 이런 애정 실린 고백을 듣고 대장 셰프가 그녀의 곁을 12년간 지켜 왔으며 초창기부터 지금껏 늘 같은 중국인 사업 파트너와 협력하고 있다는 것을. 그리고 그녀가 스물여덟 살 난 아들을 둔 엄마이자 손녀를 본 할머니라는 사실을.

말을 섞을수록 인간적이고 세련된 그녀에게 난 동화되고 있었다. 그녀는 카리스마와 소박함을 아우른 모짜르트가 그녀의 롤 모델이라고 했다. 모짜르트는 그녀의 연인이며 오래전부터 그에 관한 글을 틈이 나는 대로 쓰고 있다고 덧붙였다. 그녀는 내부가 드러날수록 더 근사한 여자였다. 그녀는 태양을 사랑하고 책에 열광하고 음악을 즐기고 그림에 미치고 보석을 좋아하는가 하면 같은 프랑스 사람들만 보고 사는 것보다 세계를 느끼며 사는 게 편하며 작은 것의 소중함을 기억하는 것이 얼마나 중요하며 나이듦이 행복해진다고 털어놓았다. 긴 대화가 어느새 끝을 보고 있었다. 장막이 벗겨진 기분이 들었다. 펄펄 끓는 물로 채워진 얼음. 할머니의 손맛을 지닌 아가씨. 설탕이 넉넉히 들어간 에스프레소. 상반된 매력은 가슴을 따뜻하게 어루만진다.

"참, 그거 몰랐죠? 아까 모짜르트에 대한 얘기, 그거, 아무에게도 말하지 않은 비밀이에요. 한국의 독자분들에게 저라는 사람, 진실되게 알려야 하잖아요."

귀여운 세심함. 알고 나면 그녀다운 코멘트다. 그녀의 머릿속에 한국은 그다지 큰자리를 차지하지 않고 있었으나 오늘 이후 그녀의 지각에 미세하게나마 변동이 생길 거라는 긍정적인 예감은 집으로 돌아오는 발걸음의 무게를 가볍게 해주고 있었다.

앨범의 역사를 새로이 쓰는 선전 속 한국인, 최진호

선진문구 유한공사 최진호 법인대표의 삶을 지배하는 단어는 '앨범'이다. 선전에 오게 된 것도 사진 앨범이 불러서 왔고 그 덕분에 중국의 남쪽 땅에서 14년을 보내며 명실공히 '세계의 공장'으로 등극한 중국의 발전상을 체험하는 수혜자가 되었다. 선진문구 www.ej-photoalbum.com는 앨범 제조 및 수출로 신뢰를 굳혀온 선진 홍콩 유한공사의 중국 투자 법인으로 미국, 동유럽, 호주 등지로 수출되는 연간 250만 권에 이르는 앨범의 생산을 책임지고 있다. 미국의 코스트코, 타깃, 월마트 등에서 판매되는 선진문구의 앨범들이 이곳 선전에서 만들어진다.

선전은 무역업 종사자들에게는 비즈니스 맥락에서 여러 모로 매력적인 조건을 제공하고 있다. 장기적인 안목에서 원부자재 조달이 용이한 곳은 광둥성이며 해안 지대라는 이점은 해상 운임비 절감 차원에서 결코 간과할 수 없는 힘으로 작용하며 홍콩의 바이어들이 선전을 자주 찾을 수 있는 것 또한 홍콩과 가깝기 때문에 가능한 일이다. 바로 이러한 이유로 그는 선전을 선택했다. 1996년 선전에 도착한 이들은 첫 6개월을 공장 부근 다세대 주택에서 살았다. 1960년대를 방불케 했던 '그때 그시절'에 대한 얘기가 나오자 옆에 있던 부인이 거들었다.

"지붕만 덮은 집이라고 생각하시면 되요. 부엌 바닥엔 타일이 깔려 있고 싱크대도 없었어요. 온통 벌레의 왕국이었어요. 중국말 한마디 못하시는 친정어머니께서 우여곡절 끝에 모기장을 사 오시는 일도 있었고 아이들을 바깥에 내보내지 못했던 일도 있었어요. 외국인인 티가 나니 위험한 일도 일어날 수 있을 것 같아 본의 아니게 '감금'시켰던 거죠."

급한 일이 있어 길거리를 뛰어가는데 경찰에게 붙잡히는 해프닝도 겪었다. 숨가쁘게 뛰는 모습을 보고 경찰은 그녀를 소매치기로 여긴 것이다.

'선전에서 앨범을 만든다'는 성명 뒤에는 사상과 정서가 다른 직원들을 끊임없이 교육하는 고충이 어김없이 뒤따른다. 변명을 늘어놓으며 책임을 회피하는 태도부터 조직을 무시하며 하고 싶은 대로 행동하는 잘못된 자율성을 거쳐 하나부터 열까지 일일이 설명하는 노력까지 상식을 심는 일조차 단순하지 않았다. 이를테면 커피를 부탁했을 때 커피만 달랑 갖고 오는 식이다. 프림과 설탕, 스푼 등이 필요할 거라는 판단을 못 내린다.

2009년, 신세대는 스마트해졌다. 물론 뒤처리가 어설퍼 지적을 하면 싫어하는 태도는 아직 남아 있으나 개혁개방된 중국에서 자란 젊은 층의 의식은 변화의 흐름에 맞춰 선진화되었다. 그는 얼마전 직원들을 한정식 집에 데리고 가 한식의 정식 코스를 보여주었다. 불고기는 알아도 제대로 된 한정식은 잘 모르기 때문이다. 이들의 이야기 보따리 속엔 한국의 드라마가 반드시 들어 있다. 한국 연속극을 좋아하는 이유는 정서가 통하는 데다 중국 드라마에는 없는 감각적인 인테리어와 패션 스타일링이 감성을 자극하기 때문이란다.

대화는 다시 앨범으로 돌아왔다. 디지털화가 되어가도 앨범을 고수하는 이들은 계속 있을 거라고 그는 믿고 있다. 전 세계로 200여 만 권이 팔려나가는 걸 보면 그도 놀랍다고 한다.

앨범을 대하는 동서양인의 자세가 어떤지 물어보니 중국인들은 눈길을 끄는 근사한 앨범을 사서 기념이 될 만한 것만 책장에 꽂는 경우가 대부분이며 스튜디오나 공원 등에서 연출해서 찍어 완성된 앨범을 기념으로 소장하는 식이 일반적이라고 했다. 일본인들은 집이 작아 앨범마저 작고 얇은 것을 선호하는 경향이 짙다는 것이다. 앨범 구매는 집의 크기와도 비례한다는 것이 경험을 통해 축적된 그의 의견이다. 맞는 말이다. 주변 서양 친구들을 보면 기록의 중요성 못지않게 책장을 채우기 위해서도 앨범을 중시한다. 데커레이션 기능이 이들에겐 기능성만큼 구매 조건에 큰 영향력을 행사한다. 이들은 마음에 드는 모델 하나가 정해지면 그 모양에 그 사이즈로 계속 구매하는 패턴을 보인다.

앨범만 보고 사는 사람은 앨범에 대해 할 말이 많게 마련이다.

"앞으로 주력할 키워드는 '여행'이에요.
무한한 추억을 남겨줄 수 있는 건 여행이라고 생각해요.
'여행 + 저널' 포맷을 강화하여 소비자 스스로가 여행의 추억을
자유롭게 펼쳐나갈 수 있도록 다양한 컨텐츠를 개발 중이에요."

14년이라면 주재원 다섯 명이 3년씩 살다간 시간과 맞먹는다. 그간의 시간이 그에게 알려준 교훈은 남의 나라에 있는 한 우리는 손님이라는 사실이다. 우리가 주인인 것처럼 잘못하면 큰소리부터 치는 한국인들을 중국인들이 고운 시선으로 바라볼 리 만무하다. 발 빠른 피드백이 없으면 울분을 터뜨리는 한국인의 '빨리빨리' 정서를 중국에서 고집할 이유는 없는 것이다. 느긋함을 배우려 한다.

그는 어느덧 선전이 가져다주는 편안함에 익숙한 이가 되었다. 중국에서 먹는 음식, 중국에서 마시는 차, 중국에서 치는 골프, 중국에서 한국말을 하며 나누는 지인들과의 소주 한 잔, 중국의 한인교회에서 보내는 주말 그리고 중국에서 교감하는 직원들과의 온정은 언젠가는 그에게 그리움을 안겨줄 애잔한 풍경으로 아로새겨질 것이다.

말을 걸어보지 않으면 열정의 정체를 알 턱이 없다. "특별히 할 말이 없다"고 한사코 나서기를 꺼려했던 그로부터 나는 진화하는 앨범의 숨소리를 들을 수 있었다.

그는 아날로그적인 앨범의 미래에 확신을 갖고 있다.
소중한 기억의 샘이 마르는 걸 원치 않는 세상을 위해
그는 '세계의 공장'으로 불리는 광둥성에서 그만의 삶을 살게 하는
원동력을 애지중지 키워가고 있다.

Epilogue

셰셰謝謝

끝났다. 작년 가을부터 온 정신과 몸을 고통스럽게 짓눌렀던 글쓰기가 멈췄다. 맥이 탁 풀리는 느낌이 엄습해 왔다. 10개월 동안의 가슴앓이가 한 순간 사라져 버렸다. 대신 '시원함 50퍼센트 섭섭함 50퍼센트'를 선물로 주고 갔다. 잡지와 멀어진 지 4년 가까이 되다 보니 활자에 꽤 굶주렸던 모양이다. 채움이 컸던 만큼 꽉 들어찼던 마음의 소리들이 빠져나가자 그 비움의 자리가 남긴 공허함은 파리 유학 시절 딸 보러 파리에 오셨던 엄마가 드골 공항 출국 게이트 저 너머로 사라지고 난 후의 여백만큼이나 휑했다. 마술에 홀린 듯, 매일같이, 난, 빽빽이 짜놓은 원고 스케줄 안에서 기거하며 백지를 까맣게 채우는 일에 몰입했다. 그렇게 한 달 두 달이 지나, 해가 바뀌었고 눈을 떠보니 새파란 하늘엔 찬란한 태양이 걸려 있었다. 그 사이 한창 사춘기를 맞고 있었던 영기의 음성도 변했다.

맨 처음 중국에서 펼쳐나갈 생활에 관해 글을 써보라는 제의를 받았을 때 내 솔직한 생각의 바늘은 '불가능' 70, '가능' 30을 가리키고 있었다. 말도, 글자도 생소한 곳에서, 그것이 설령 소소한 일상을 서술하는 것일지라도, 표현과 해독 능력이 있어야 끼적일 수 있을 터, 완벽한 '무'의 상태에서 책을 내놓는다는 계획은 사자고기를 날로 먹는 부담처럼 비현실적이었다. 길거리 간판 하나 제대로 읽지 못하는 자가 무슨 낯으로 책을 써낼 수 있을지 막막하고 답답하고 고통스럽고 한심했다.

엄밀히 말하면 중국도 '외국'이었다. 외모가 비슷하다고, 친숙한 한자를 쓴다고, 유교 문화권이라고, 젓가락을 사용한다고, 쌀밥을 먹는다고 안심할 곳이, 중국은, '전혀' 아니었다. 살아있는 글을 탄생시키지 못할 거라는 두려움은 하루가 멀다고 의식의 문을 두드려 왔다. 여기에 더해진 또 하나의 압박은 글쓰기와 멀어졌던 그간의 공백이었다. 잘 돌아가던 기계가 멈췄다 작동하면 버거운 소리를 내기 마련이다. 그 삐걱거림의 정체를 익히 인식하고 있었으면서도 난 멀리하고 있었다. 두려웠다. 그저 '언젠가는 수리가 되겠지'라는, 막연하고 게으른 생각에 몸을 기대고 있었다. 중국은 감정을 타이핑해주는 세포 속 나의 소중한 기기를 들여다보도록 부추겨주었고 선전은 녹슬어 가던 기기에 기름 방울을 기분 좋게 떨어뜨려준 내 삶의 주유기가 되었다.

오자마자 선전대학에서 중국어를 익히지 않았다면, 새로이 연을 맺은 좋은 사람들, 진정한 벗이 된 보석 같은 사람들이 없었다면, 중국임을 잊게 하는 '휴식적인' 야자수와 하늘색 크레파스빛 하늘이 없었다면, 때깔 좋은 태양빛이 없었다면 이 책 또한 존재하지 않았을 것이다.

책을 쓴다는 소식이 알려지자(우리가 사는 외국인 밀집 거주 지역인 셔커우는 좁은 곳이라 이웃의 소식을 일명 '징검다리 모드'로 접하게 된다) 만나는 이들마다 자신의 일처럼 기뻐해 주었고 그들의 무한한 격려는 시시때때로 풀 죽어 있던 두 어깨를 잡아 흔들며 날 앞으로 잡아당겨 주는 힘이 되었다. 이들 모두 선전이 이슈화된다는 점에 흥분을 감출 줄 몰랐다.

흥미로운 일은 미국 친구들은 이 책이 영어로, 프랑스 친구들은 프랑스어로, 중국 친구들은 중국어로 번역될 거라고 믿었다. 한국어로 쓰이고 한국에서만 선보일 거라고 하자 책이 발간되면 '선전 주민들'을 위해 설명의 시간을 가져달라는 부탁을 해왔다. 그럴 수밖에 없는 것이 정말 많은 이들이 관심을 가져주고 황송할 정도로 도와주었다. 그들은 더 아는 게 없어 미안해했고, 중국과 선전에 대해 지식이 제한돼 있음에 미안해했고, 적합한 표현을 찾는 데 동지가 되어주지 못함에 또 미안해했다. 누가 될까 밥 먹자고 전화도 못하고 메일이나 문자 메시지로 안부를 물어왔다.

중국어와 관련된 문의 사항이 생길 때마다 지체 없이 의문을 풀어준 플로라와 선전대학의 마이클 선생과 남편의 전 비서였던 레이첼, 수많은 질문에 꼬박꼬박 대답을 보내준 친구들, 또한 그들의 친구들, 익명의 취재원까지…. 가슴 전체를 적신 그들의 배려는 뼈와 살이 되어 더 튼실한, 더 바람직한, 더 자신 있는 나로 키워주었다. 또 다른 삶 속에서도 웃으며 잘 살 수 있는 나로. 수십 번에 걸친 커피 타임으로 그들의 호의를 갚기에는 턱 없이 부족하다. 그들, 나, 우리 가족의 삶이 녹아있는 중국의 이 한 조각 땅에 여러분들이 관심을 가져준다면, 그것이, 진정한 보답일 것이다.

무엇인들 그렇지 않겠냐 마는. 책 한 권이 세상에 나오기 위해서는 무수한 손길의 어루만짐이 수반된다. 책이 언제 나올 거냐며, 그 고마운 궁금증을 선물한 절친한 후배와 선배, 친구들. 중국에 있는 날 잊지 않아주었음에 얼마나 행복한지 이 자리를 빌어 전하고 싶다.

글을 쓰게 되면 목부터 어깨를 타고 온 몸으로 흐르는 통증을 대비해 가장 먼저 몸부터 챙기라고 누누이 조언해주신 나의 영원한 멘토 김영주 님(잡지사를 그만둔 후 그녀는 여행작가가 되어 내겐 그 누구보다 글을 쓴다는 것에 대해 일만 가지 도움을 주신다). 책에 대해 요만큼의 생각도 하지 않았던 내게 책 쓰기에 대한 의욕과 영감을 두둑이 제공해주신 윤동희 님, 설익은 나의 글이 번듯한 책으로 나올 수 있도록 고생 주머니 몇 백 개를 짊어지고 편집 여정에 기꺼이 동참한 앨리스의 편집장 고미영과 여지영 님, 담당 디자이너 손현주 님을 향한 이 마음은 남다르고 특별하다. '잡지식'에 습관이 지독히 젖은

필자를 '단행본의 체제'로 이끄는 길에는 무릇 야들야들한 꽃잎만 깔려 있지만은 않은 법이다. 돌멩이도 있고 자갈도 있다. 또 걷다 보면 꽃이 다시 보이고 샘물도 나온다. 모든 길에는 의미가 더해진다. 이들 덕분에 걸어보지 않았던 이 길을 무던히 지나올 수 있었다. 감사하다. 정말로.

며느리 방해할까 우려되어 안부전화마저 조심스러워하셨던 우리 어머님, 책 쓰는 며느리 장하다며 용기를 북돋워주신 우리 아버님, 통화 때마다 "뭘 먹고는 하는 거니?"로 대화를 늘 시작하시는 우리 엄마, 다 큰 딸에 대해 끝없이 염려하는 우리 아버지. 언니보다 선전 홍보에 무지막지하게 적극적인 여동생 은수, 큰 누나의 건강을 걱정하는 남동생 종우, 그리고 책상 앞에 앉는 순간부터 꿈쩍도 않는 엄마와 아내를 묵묵히 이해해준 나의 영원한 두 남자, 영기와 성준 씨, 집안에 신경을 일체히 쓰지 않도록 성심을 다해 가사를 돌보아 주신 우리 집 아주머니, 늘 자신감을 심어주는 내 안의 하느님께 깊이깊이 감사드린다(일요일에 꼬박꼬박 교회에 나가는 진정한 신자는 아니다. 그러나 난 내게 늘 용기와 확신을 심어주는 나의 하느님을 신봉한다. 아마추어 신자로 보여도 어쩔 수 없다).

P.S. 원고를 전부 쓰고 난 후 A4로 몇 장이 되는지 세어보니 1장(떠남)과 3장(사랑)의 덩치가 비슷했다. '리빙(정착)'에 해당하는 제2장은 '적응'을 다룬 부분이라는 점에서 분량 면에서 단연 1장과 3장을 압도하고 있었다. 낯선 땅에 도착하여 정착의 과정을 겪으며 사랑하게 된 이곳 중국에서 맞는 제2의 삶이 살집 있는 모습이라는 사실에 마지막 깊은 안도의 숨이 내쉬어졌다.

Leaving Living Loving

초판인쇄 | 2009년 10월 20일
초판발행 | 2009년 10월 28일

지은이 | 김은정
펴낸이 | 정민영
편집장 | 고미영
편집팀장 | 주상아

책임편집 | 고미영
디자인 | 손현주
마케팅 | 이숙재, 우영희

펴낸곳 | (주)아트북스
출판등록 | 2001년5월18일 제406-2003-057호
브랜드 | 앨리스
주소 | 413-756 경기도 파주시 교하읍 문발리 파주출판도시 513-8
전화 | 031-955-8888 관리부 031-955-2642 편집부
팩스 | 031-955-8855
전자우편 | alicesalon@naver.com

ISBN 978-89-6196-044-1 03910

이 도서의 국립중앙도서관 출판시도서목록(CIP)은 e-CIP홈페이지
(http://www.nl.go.kr/cip.php)에서 이용하실 수 있습니다. (CIP제어번호:2009003097)